21世纪高等院校经管类应用型人才系列规划教材
江西科技师范大学教材出版基金资助图书

经济学基础
JINGJIXUE JICHU

- 主　编　吴光华　李子豪
- 副主编　刘　瑛　王凌洪
- 参　编　陈明军　夏　蕾　刘　晨
  　　　　王　希　何金莲　崔　超
- 主　审　李玉保　袁青燕

中国·武汉

图书在版编目(CIP)数据

经济学基础/吴光华,李子豪主编. —武汉:华中科技大学出版社,2017.6(2023.9重印)
ISBN 978-7-5680-1822-7

Ⅰ.①经… Ⅱ.①吴… ③李… Ⅲ.①经济学-高等职业教育-教材 Ⅳ.①F0

中国版本图书馆 CIP 数据核字(2016)第 103137 号

经济学基础
Jingjixue Jichu

吴光华　李子豪　主编

策划编辑：曾　光
责任编辑：李双双
封面设计：孢　子
责任监印：朱　玢
出版发行：华中科技大学出版社(中国·武汉)　电话：(027)81321913
　　　　　武汉市东湖新技术开发区华工科技园　邮编：430223
录　　排：武汉正风天下文化发展有限公司
印　　刷：武汉邮科印务有限公司
开　　本：787mm×1092mm　1/16
印　　张：11.25
字　　数：280千字
版　　次：2023年9月第1版第3次印刷
定　　价：29.00元

本书若有印装质量问题,请向出版社营销中心调换
全国免费服务热线：400-6679-118　　竭诚为您服务
版权所有　侵权必究

前言

经济学被公认为是社会科学中的"皇后"和20世纪社会科学中名副其实的"显学"。1776年亚当·斯密《国民财富的性质和原因的研究》一书的发表,标志着该门学科的诞生。经济学历经两百多年的发展,现已形成一套完整的理论体系,该体系对市场经济运行方式、运行结果及所产生的各种问题进行了比较详尽的理论分析,在一定程度上揭示了市场经济现象的内在本质。因此,在美国许多大学经济学是最受欢迎、选修人数最多的课程之一,这彰显了经济学是一门"显学",许多大学生将它视为通识教育的重要一环,不可或缺。

经济学是以研究稀缺资源配置为对象的一门经济学科,经济学基础是经济学和管理学两大学科门类重要的专业基础课程之一。本教材根据经济类、管理类各专业的专业基础课程来编写,以适应理论教学改革的需要为出发点,努力贴近教学实际,力求通俗易懂,从形式到内容都力求有所突破和创新,以编写出一本适合中国读者思维方式和理解习惯的具有中国特色的经济学教科书。

在教材编写过程中,编者在借鉴、参阅国内外有关教材的基础上,结合多年的教学经验和成果,在教材内容、体系等方面力求做到介绍经济学的基本原理、理论和思维方式,避开复杂的数学符号、公式及图表,重在培养学生对经济学的直觉,打开思维空间,理性地思考周围世界及未来发展进程,让学生觉得经济学不仅是有用的,而且是有趣的。本教材共有十三章,主要介绍经济学研究对象、内容、经济学分析问题的出发点及基本框架,依次介绍供求理论、消费理论、生产理论、成本理论、市场理论、分配理论、市场失灵与微观经济政策、国民收入核算理论、国民收入决定理论、经济周期与经济增长、宏观经济政策、开放经济等理论。全书各章节尽量采用案例导入方式,以引起学生的学习兴趣和思考。每章附小结、思考与练习,便于学生巩固知识。

本教材可以作为经济类、管理类专业的基础课教材,也可以作为其他专业的选修课教材,还可作为经济类、管理类成人教育及社会在职人员的自学参考书。

本教材由李玉保、袁青燕任主审,由吴光华、李子豪任主编,刘瑛、王凌洪任副主编,陈明军、夏蕾、刘晨、王希、何金莲、崔超等参与编写。

在本教材的编写过程中,我们借鉴、参考和引用了众多国内外作者的观点和有关文献,在此向各相关作者表示衷心感谢。由于编者水平有限,本书内容不一定妥当,章节设置也不一定合理,对于本书不足之处,欢迎不吝赐教,我们将不胜感激,以便再版时进一步完善此教材。

编 者
2016年10月8日

目录

第一章　导论 …………………………………………………………………………（1）
　第一节　经济学的产生与发展 ……………………………………………………（1）
　第二节　经济学的研究对象与学科体系 …………………………………………（4）
　第三节　微观经济学与宏观经济学 ………………………………………………（7）
　第四节　经济学思考问题的方式 …………………………………………………（10）
　本章小结 ……………………………………………………………………………（13）
　思考与练习 …………………………………………………………………………（13）

第二章　供求理论 ……………………………………………………………………（15）
　第一节　需求理论 …………………………………………………………………（15）
　第二节　供给理论 …………………………………………………………………（18）
　第三节　均衡价格 …………………………………………………………………（22）
　第四节　需求与供给的价格弹性 …………………………………………………（26）
　本章小结 ……………………………………………………………………………（30）
　思考与练习 …………………………………………………………………………（31）

第三章　消费理论 ……………………………………………………………………（33）
　第一节　效用论概述 ………………………………………………………………（33）
　第二节　基数效用论 ………………………………………………………………（34）
　第三节　序数效用论 ………………………………………………………………（37）
　第四节　消费者行为理论的应用 …………………………………………………（40）
　本章小结 ……………………………………………………………………………（44）
　思考与练习 …………………………………………………………………………（44）

第四章　生产理论 ……………………………………………………………………（46）
　第一节　厂商与生产函数 …………………………………………………………（46）
　第二节　短期生产函数 ……………………………………………………………（48）
　第三节　长期生产函数 ……………………………………………………………（50）
　第四节　规模报酬原理 ……………………………………………………………（54）
　本章小结 ……………………………………………………………………………（56）
　思考与练习 …………………………………………………………………………（57）

第五章　成本理论 ……………………………………………………………………（59）
　第一节　成本理论概述 ……………………………………………………………（59）

第二节 短期成本分析 ………………………………………………………… (61)
第三节 长期成本分析 ………………………………………………………… (65)
第四节 利润最大化原则 ……………………………………………………… (68)
本章小结 ………………………………………………………………………… (69)
思考与练习 ……………………………………………………………………… (70)

第六章 市场理论 …………………………………………………………………… (72)
第一节 市场理论概述 ………………………………………………………… (72)
第二节 完全竞争市场的厂商均衡 …………………………………………… (73)
第三节 完全垄断市场的厂商均衡 …………………………………………… (78)
第四节 垄断竞争市场的厂商均衡 …………………………………………… (80)
第五节 寡头垄断市场的厂商均衡 …………………………………………… (83)
本章小结 ………………………………………………………………………… (84)
思考与练习 ……………………………………………………………………… (85)

第七章 分配理论 …………………………………………………………………… (87)
第一节 收入分配和生产要素市场 …………………………………………… (87)
第二节 工资、利息、地租和利润的决定 …………………………………… (89)
第三节 洛伦茨曲线与基尼系数 ……………………………………………… (93)
本章小结 ………………………………………………………………………… (95)
思考与练习 ……………………………………………………………………… (95)

第八章 市场失灵与微观经济政策 ………………………………………………… (97)
第一节 垄断 …………………………………………………………………… (97)
第二节 外部影响 ……………………………………………………………… (99)
第三节 公共物品 ……………………………………………………………… (102)
第四节 不完全信息 …………………………………………………………… (104)
本章小结 ………………………………………………………………………… (105)
思考与练习 ……………………………………………………………………… (105)

第九章 国民收入核算理论 ………………………………………………………… (107)
第一节 国内生产总值及其核算 ……………………………………………… (107)
第二节 国民收入核算中的其他总量 ………………………………………… (109)
第三节 国民收入的基本公式 ………………………………………………… (110)
第四节 名义 GDP 和实际 GDP ……………………………………………… (112)
本章小结 ………………………………………………………………………… (112)
思考与练习 ……………………………………………………………………… (113)

第十章 国民收入决定理论 ………………………………………………………… (115)
第一节 简单的国民收入决定理论 …………………………………………… (115)
第二节 IS 曲线 ………………………………………………………………… (117)
第三节 LM 曲线 ……………………………………………………………… (119)

第四节　IS-LM 分析 ……………………………………………………………(121)
　　本章小结 …………………………………………………………………………(124)
　　思考与练习 ………………………………………………………………………(124)

第十一章　经济周期与经济增长 ……………………………………………………(126)
　　第一节　经济周期的一般问题 …………………………………………………(126)
　　第二节　失业与通货膨胀的关系 ………………………………………………(129)
　　第三节　经济增长 ………………………………………………………………(137)
　　第四节　经济增长模型 …………………………………………………………(138)
　　本章小结 …………………………………………………………………………(139)
　　思考与练习 ………………………………………………………………………(140)

第十二章　宏观经济政策 ……………………………………………………………(142)
　　第一节　宏观经济政策目标与工具 ……………………………………………(142)
　　第二节　财政政策 ………………………………………………………………(144)
　　第三节　货币政策 ………………………………………………………………(147)
　　第四节　财政政策与货币政策的相互关系 ……………………………………(150)
　　本章小结 …………………………………………………………………………(154)
　　思考与练习 ………………………………………………………………………(154)

第十三章　开放经济 …………………………………………………………………(156)
　　第一节　国际贸易 ………………………………………………………………(156)
　　第二节　国际金融 ………………………………………………………………(162)
　　本章小结 …………………………………………………………………………(166)
　　思考与练习 ………………………………………………………………………(167)

参考文献 ………………………………………………………………………………(169)

第一章 导论

【学习目标与要求】

了解经济学的产生与发展,掌握经济学的研究对象与学科体系;掌握经济学的核心原理,理解经济学的研究方法和学科精神,明确学习经济学的意义和作用;重点掌握稀缺性、选择性、机会成本、边际量等基本概念和原理,能够解释生活中常见的基本经济问题。

我们所处的世界是一个按一定秩序运动着的系统,人类居于这个系统中,作为地球看护者,依存于地球并从中汲取营养、繁衍生息,展开了无穷系列的经济活动。中国自改革开放以来,现代经济学及其运用在这个古老国度里空前发展,经济学已贵为"显学"。那么,什么是经济学,什么是经济学研究的基本问题,什么是经济学家运用的基本模型,什么是经济学家思考问题的方式等是本章重点讨论的问题。

第一节 经济学的产生与发展

经济学不能具体教人如何赚钱致富,但却关系一个民族、一个国家的致富之道,这是由于经济学是一种理念,是让人对周围世界与未来进程进行把握的一种思维框架,它不像哲学那样抽象,它所对应的是我们周围所面临的种种限制,以及经过种种努力也许能达到的若干可能性。它也不像 MBA 课程那样具可操作性,但真正杰出的政府决策者和实业界人士的头脑里必定会有某种经济学理念,这种理念若合乎潮流,便是一个组织的大幸,甚至是一个国家的大幸。那么,我们如何去学习和掌握它呢?首先我们应了解该门学科的产生及其发展历程。

一、经济学的由来

人类从进行经济活动那一天起,可以说就开始了对经济学的思考和研究。研究其技术方面,形成了农艺、工艺等技术科学以及与其有关的自然科学知识;研究其社会方面,产生了经营、管理等经济科学及与其相关的其他社会科学知识。

我国是世界上具有悠久历史和丰富文化遗产的文明古国之一,很早对经济问题就有了系统研究。早在春秋战国时期我国就出现了一批杰出的改革家,如管仲、范蠡、李悝、商鞅等。他们在推行一系列经济变革的过程中,提出过不少有价值的经济思想。如管仲强调:"仓廪实而知礼节,衣食足而知荣辱"。他认为只有发展经济,才能足食富民,才谈得上礼节和荣辱。用今天的话说,就是物质文明是精神文明的基础,可惜这一思想在当时没有得到系统发展。

据现在所知,世界上流传下来的第一本经济学专著是古希腊哲学家色诺芬的《经济论》,他认为经济学是关于家庭管理的学问,其研究的宗旨是奴隶主如何管理好自己的财产(包括奴隶),并尽快地增加自己的财富。这实际上是在家庭奴隶制度条件下的经济学。在奴隶制和封建制存在的漫长过程中,社会经济的发展较为缓慢,经济学的探讨和发展也处于缓慢甚至停滞的状态。

1615年,法国重商主义者蒙克莱田发表《献给国王和王后的政治经济学》一文,认为商业是国家活动的基础,政府应致力于保护本国商人利益,发展本国商业和手工业。所谓"政治",不过是国家或社会的代名词,表示他的论述已超越家庭管理范围,是涉及整个国家的经济问题。从此,"政治经济学"一词时髦起来,短时间内风行整个西欧,但蒙克莱田的研究主要限于流通领域,从历史上看,这种研究是从资产阶级古典经济学开始的。

二、古典经济学的贡献与不足

西方古典经济学产生于资本主义发展上升时期的西欧,主要发源地为英国,由威廉·配第创始,主要代表人物为亚当·斯密和大卫·李嘉图。他们抨击封建制度,主张自由贸易。他们的思想和理论在某些方面如实地反映了在资本主义条件下市场经济运行和发展的内容和本质,包含不少合理、进步的成分,具有一定的科学性,是新兴资产阶级反对封建主义的思想武器。但是古典经济学者不敢触及资本主义制度的矛盾,极力为资本主义辩护,把它说成是天然、合理、永恒的制度。古典经济学包含了许多错误、庸俗的成分,具有极大的局限性,甚至被某些西方经济学家任意夸大,形成种种庸俗经济理论,如马尔萨斯的"人口论"、西尼尔的"节欲论"、萨伊的"三位一体"公式等。

亚当·斯密(1723—1790年)生活于工场手工业时期,是古典经济学最主要的代表之一,其代表作《国民财富的性质和原因的研究》(简称《国富论》),首创古典经济学理论体系,先后被译成几十种文字,在世界上产生了广泛而深远的影响。斯密认为国民财富由商品构成,社会分工伴随商品交换,商品交换实际上是劳动量的交换,商品价值十分自然地由劳动量决定。斯密认为利己是人的本性,是一切经济活动的原动力。每个人追求的都是个人利益,同时又不能不顾及他人的利益。市场力量作为一只"看不见的手"会自动调节经济运行,任何政府干预都是不必要的。

大卫·李嘉图(1772—1823年)是英国工业革命时期的著名经济学家,其代表作是《政治经济学及赋税原理》。该书理论体系的中心是分配学说,即社会产品如何在社会各阶级之间分配,地租、利润、工资的比例应当如何确定等。此时,资本主义已进入机器大工业发展阶段,资本积累的要求更加迫切,工业资本家与地主贵族的斗争日益尖锐。李嘉图把分配问题提到首位,指出地租、利润、工资都是工人劳动创造价值的一部分,并力图论证压低工人工资和限制地租收入的合理性,从而增加资本家利润,为资本主义经济发展提供有利的条件。

三、马克思主义政治经济学的产生与发展

马克思主义政治经济学是马克思主义三个组成部分之一,也是马克思主义的最主要内容。马克思和恩格斯运用科学的世界观,深入剖析了资本主义经济运动,批判地吸取了古典经济学的科学成分,建立了科学的劳动价值论、剩余价值论、社会再生产理论,从而揭示了资本主义制度的本质及其产生、发展和灭亡的必然性,论证了人类社会经济发展的一般规律,创立了马克思主义政治经济学。它的产生不是偶然的,而是历史发展进程的必然,它是建立在资本主义运行出现的两个问题的基础上的。早期资本主义经济运行产生两大问题:第一是严重的社会不平等;第二是反复出现的萧条、过剩、周期性的经济危机,大量的社会财富、社会生产能力的浪费和高度的无效率等。当时,如何解决这些问题,有很多种思潮,其中一种重要的思潮就是用国家计划经济的办法来解决。也就是说,马克思从经济制度来研究早期资本主义社会,得出用社会主义把经济管起来,把社会组织起来,创造更协调的社会。人类不经过这个"实验",不走这一步,总是不甘心的,只有实验这些东西,才发现这里面有问题:一是缺乏激励机制;二是集中计划缺乏竞争机制,导致信息不完全。因此,经济学是直接源于生活,源于人类面临的资源稀缺性的两难选择。进一步说,经济学是因人类在为满足自己的需要而展开的各项经济活动中遇到各种各样的选择,为做出合理选择而形成的一门科学。

四、现代西方经济学简介

现代西方经济学是一个总称,其学派众多,体系庞大。从总体上看,它是西方各派经济学家以经济资源配置和利用问题为中心,对以私有制为基础的市场经济运行所做的理论描述和理论概括,其基本理论大体上包括微观经济学和宏观经济学两大部分。现代西方微观经济学以英国经济学家阿弗里德·马歇尔的均衡价格论为基础,由美国经济学家张伯伦和英国经济学家琼·罗宾逊等人加以补充、丰富和深化,逐步形成一个完整体系。现代西方宏观经济学则由英国经济学家凯恩斯的有效需求论奠定基础,在第二次世界大战后获得广泛而深入的发展。

西方微观经济学以单个经济单位为研究对象,其研究方法是个量分析,即观察经济变量的单项数值的决定、变化及其相互关系。它从某一经济主体,即居民与厂商的经济行为的目标是实现利益最大化的原则出发,研究居民如何把有限的收入分配于各种物品的消费,以实现效用最大化。价格理论是微观经济学理论体系的中心,它研究商品的价格是如何决定的,以及价格的决定与变化又如何调节市场供求以至整个经济的运行。

西方宏观经济学以整个国民经济为研究对象,其研究方法是总量分析,即观察各个经济总量的决定、变化及其相互关系,从而说明整体经济的运行状况及其规律。所谓总量是指能反映整个经济运行情况的经济变量,例如国民收入、总投资、总消费、价格水平等。国民收入决定理论是宏观经济学理论体系的中心,它从总需求与总供给的角度出发,观察国民收入的决定及其变动的规律,从而达到充分利用经济资源,促进国民经济增长的目标。

现代西方经济学在一定程度上反映了市场经济的一般规律,反映了现代化大生产的内在要求,可以供我们学习和借鉴。例如,微观经济学研究如何使市场对资源配置起基础性作用,宏观经济学研究如何加强和改善国家对经济的宏观调控,它们都是我们在发展社会主义市场经济过程中,必须充分考虑、研究和妥善解决的重大课题,我们可以从中吸取许多有益的东西。

第二节 经济学的研究对象与学科体系

【案例导入】

经济学是研究资源配置、利用等问题的学科。例如：为了得到某种喜爱的东西，通常我们就不得不放弃其他的东西。当我们选择把一元钱用于某种物品时，我们在其他物品上就要少花一元钱。这些我们时时处处面临的选择是由资源的稀缺性造成的，稀缺和选择的普遍存在体现在英国经济学家阿弗里德·马歇尔给经济学所下的定义：经济学是一门研究人类一般生活事务问题的学问。

一、生产资源的稀缺性与经济问题

经济学对人类经济活动的研究是从资源开始的。资源是指用于满足人们从事生产和其他经济活动的一切要素，是指在一定时间条件下，能够产生经济价值以提高人类当前和未来福利的自然资源、人力资源、资本资源及其他资源的总称。资源主要有三类：①自然资源，如土地、森林、矿藏、河流等；②人力资源，即人的智力和体力的总和——劳动；③资本资源，人们制造出来用于生产过程的生产工具、机器和设备等。

1. 资源的稀缺性

资源的稀缺性是指相对于人类多种多样且无限的需求而言，满足人类需求的资源是有限的。一方面，从人类社会经济发展史可见，人的欲望是一种缺乏和不满足的感觉及求得满足的愿望，并具有从低层次到高层次的多样性特点，人的欲望及由此产生的对社会产品的需求是无穷无尽的。同时，人的消费欲望也是随着产品和服务的不断发展而发展的。另一方面，相对于人类无限的需求来说，用来满足这些需求的社会资源是有限的。这里要注意的是，经济学上所说的稀缺性是指相对的稀缺性，它产生于人类欲望的无限性与资源的有限性这一矛盾。也就是说，稀缺性强调的不是资源的绝对数量的多少，而是相对于欲望无限性的有限性。但是，这种稀缺性是人类社会永恒的问题，只要有人类社会，就会有稀缺性，经济学正是由于稀缺性的存在而产生的，也是为了解决稀缺性问题而存在的，没有稀缺性就没有经济学存在的必要性，经济学的研究对象也正是由这种稀缺性所决定的。

2. 经济问题

资源稀缺性的存在使得人们必须考虑如何使用有限的、相对稀缺的生产资源来满足无限多样化的需求，这就是所谓的经济问题。自古以来，人类就面临着一对矛盾：一方面，人类社会所能利用的资源存在稀缺性，不能使自己的欲望得到完全满足；另一方面，人类又不能将这些稀缺的资源充分利用，免不了有浪费资源的事情发生。在工业革命以前，由于科学技术不发达，人们无法解决这一对矛盾。那么，以目前的科学技术发展水平来衡量，人类是否已将科学和技术上的进步尽量加以运用，使世界上的自然资源都能得到充分的开发呢？进一步地说，人类是否已将这些科学和技术进步所开发出来的自然资源，以及由此所制成的各种工具都加以充分利用了呢？人类是否已将培养出来的人才都合理利用,使他们充分发挥才能了呢？显然人类当前还没有做到这一点。假如我们认为,人类社会已经解决了上述矛盾,那么是否可以说人类社会就感到满足了呢？事实并非如此,因为人的欲望与生产资源的稀缺有紧密的联系。如果一个人所支配的物品和劳务增加了,那么他的欲望也会相应增加。假如欲望的增加不超过物品和劳务的增加,他当然会感到满足;但如果欲望的增加超过了物品和劳务的增加,他则仍会产生不满足的感觉。事实上,人的欲望是无穷尽的,一种欲望得到满足,另一种欲望又随之产生,这也正是人类社会不断进步的原因之一。既然人的欲望无穷尽,那么人们为使自己的物质生活水平不断提高,自然希望将有限的稀缺的资源充分利用,这样就会产生经济问题。由此可见,经济问题的产生是与资源的稀缺性密不可分的。如果世界上物品丰富,取之不尽,用之不竭,个人的欲望都能得到完全满足,经济问题当然不会产生。然而,社会中可以自由获取的"免费物品"是很少的,一般人生活上所需的各种物品都要付出代价才能换取。因此经济问题就一直存在,而且就目前经济发展的情况来看,社会中"免费物品"一天比一天减少。例如,城市中水的供应,需要经过人工净化,就不能免费供给或自由取水,水的使用必须付出代价,于是水就不再是"免费物品"了。现代生活中的阳光、空气在一些场合都由于稀缺的原因成为"经济物品"了。

由此可见,只要稀缺的资源不能完全满足人类欲望这一事实客观存在,经济问题就会存在。资源稀缺是经济问题产生的根源。

二、经济学定义与性质

那么,究竟什么是经济学？对初次接触经济学的读者来说需要一个有关经济学的简短定义,我们将其归纳为:"经济学是研究人和社会对有不同用途的稀缺资源加以选择的科学,其目的是有效配置稀缺资源以生产商品和提供劳务,并在现在或将来把它们合理地分配给社会成员或集团以供消费之用。"关于这个定义有如下几个关键词。

(1) 资源稀缺性是经济学分析的前提。存在资源稀缺性才有经济学,没有稀缺性也就没有经济学。某种资源或产品具有稀缺性或稀缺性程度高低,是相对于需求和供给关系而言的,而不是就其本身总量而言的。资源稀缺性通常具有比我们意识到的更大普遍性,因为经济学意义上的资源不仅指自然资源(如石油、树林、土地、水)与资本资源(如资金、机器、工厂),而且包括人力资源(劳动力以及劳动力承载或体现的知识、技能)等。

(2) 选择行为是经济学分析的对象。如果任何行为都由外在因素给定,对于主体而言没有选择可能性,那么就没有经济学。简而言之,经济学是一门适于选择行为的科学。例如,人们必须决定用什么方式来利用他的时间,因而,人人难免需要处理经济学广泛意义上的选择问题。选择意味着在给定约束条件下,可能通过不同的行动方案来达到某种目标。

(3) 资源有效配置是经济学分析的中心目标。这里的"有效"是指"有效率",而不是"有效果"。"有效果"是就事物发生了行为主体希望的变化结果而言的,它没有包含通过付出了什么代价获得这一结果的内涵。"有效率"则不仅包含结果形态,而且还要考虑获得这一结果付出的成本。"有效果"不等于"有效率"。如果机会成本过高,一个"有效果"的决策可能是缺乏效率的。由于资源具有稀缺性,而且人们具有行为选择性,因而必然会发生如何有效利用稀缺资源来增进社会财富的问题。

在这一问题上,现代经济学与苏联版政治经济学有两点重要区别。第一,苏联版政治经济学虽然也重视生产力,但其体系安排侧重点是变革生产关系,为暴力革命夺取政权提供理论基础,因此,可将其看作是"论证革命的经济学"。现代经济学则关注与研究制度改革和创新问题,但其根本着眼点是如何有效合理地利用社会拥有的稀缺资源,因此,可将其看作是"服务建设的经济学"。第二,苏联版政治经济学强调市场机制的盲目性,主张通过暴力革命打破以私有制为基础的生产关系,用中央计划配置资源体制完全取代市场调配资源体制,因此,可将其看作是"计划经济学"。现代经济学也肯定政府适当干预市场对于实现经济有效、公平、稳定等目标的重要性,但是其更看重市场机制的功能,强调企业、消费者等微观行为主体依据自身利益和市场信号进行分散自发的决策是市场机制的基础,认为市场机制对于有效利用稀缺资源,对于激发和保持经济的内在活力,对于增进社会福利,具有不可替代的作用,因此,可将其看作是"市场经济学"。

三、经济学研究对象

从科学的发展看,各门学科的研究对象都有一个外延不断调整而内涵不断充实完善的过程。在欧洲,经济学最早以家庭财产管理为研究对象,研究对象的最初确定似乎与中国古代的"经邦济世"之说不同。到中世纪末,经济学逐步扩大到以个别部门为重点研究对象,产生了重商主义、重农主义等着眼于从部门经济研究出发来解释国民经济现象的经济学说。直到18世纪,斯密等人才将经济学的研究范围扩大为对整个国民经济活动的研究。在英国快乐主义思潮影响下,经济学的研究对象逐渐规定在人本身,从而确定了经济学是研究人类之经济行为的学问。

在人与自然交往以获取物质资源的过程中,人始终处于经济活动的主体地位。任何科学发明、技术进步都是在人的主持下完成的。国家、民族间的经济差异归根到底是由于人们在各自的经济活动中采用了差异很大的制度形式和管理方式造成的。各国的经济差异,其根源在于人(包括培育人、管理人、看待人、运用人等方面)的差异,物(自然资源)的差异并不总是能决定一个地方的强弱富贫。

从人的无限欲望与实现欲望的有限手段这一对矛盾看,这对矛盾是推动社会生产力和人类社会辩证地向前发展的最根本的矛盾。人不仅引发了这对矛盾,使之无穷化,而且是激化矛盾的主要因素。解决稀缺性的手段也在人,人是社会经济技术进步的根本推动者。所以,减少稀缺以满足人类不断增长的需求的根本出路在于提高人类自身的能力。因此,经济学研究的范围是十分广泛的。只要一种资源有多种用途,而它本身又是稀缺的,那么,有关这种资源的分配和选择问题,就可以纳入经济学的研究范畴。从这个意义上讲,不仅金钱、财富,而且时间和人的经历,乃至人的一生应该怎样度过,都是经济学的研究内容。因此,英国著名文学家萧伯纳曾经说过:"经济学是充分利用人类生命的艺术"。

四、经济学学科体系

单就目前经济学的发展而言,我们知道,在经济分析中,现实经济世界被分为实体经济和货币经济两个方面。所谓实体经济,是指由经济资源、产品、劳务、劳动生产率、技术等"实体"因素构成的经济世界。货币经济则指的是由饥不能食、寒不能衣的货币资金的运动所构成的经济世界。这样,在一定意义上,全部经济学可以被分为关于三个问题的学问体系:一是揭示经济的实体面运动规律的学问体系,它是一般意义的"经济学"所要讨论的问题;二是揭示经济的货币面运动规律的学问体系,它是一般意义的"金融学"所要讨论的问题;三是探讨实体经济和货币经济相互沟通的桥梁及其相互影响方式的学问体系,这是一般意义的经济学和一般意义的金融学都应讨论的学问体系。毫无疑问,本书介绍的是揭示经济实体面运动规律的学问体系。

第三节 微观经济学与宏观经济学

经济学的基本内容可分为研究资源配置问题的微观经济学与研究资源利用问题的宏观经济学。因此,在本节中,我们先对微观经济学与宏观经济学做概括性的介绍,为整个课程提供一点预备性知识。

一、微观经济学

"微观"的英文为"Micro",原意是"小"。微观经济学以单个经济单位为研究对象,通过研究单个经济单位的经济行为和相应的经济变量单项数值的决定来说明价格机制如何解决社会的资源配置问题。

1. 微观经济学的特点

微观经济学的特点主要表现在以下四个方面。

第一,研究的对象是单个经济单位。单个经济单位指组成经济的最基本的单位:居民户和厂商。居民户又称家庭,是经济中的消费者。厂商又称企业,是经济中的生产者。在微观经济学的研究中,假设居民户与厂商经济行为的目标是实现最大化,即消费者居民户要实现满足程度(即效用)最大化,生产者厂商要实现利润最大化。微观经济学研究居民户与厂商的经济行为就是研究居民户如何把有限的收入分配于各种物品的消费,以实现满足程度最大化,以及厂商如何把有限的资源用于各种物品的生产,以实现利润最大化。

第二,解决的问题是资源配置。资源配置是指生产什么、如何生产和为谁生产的问题,解决资源配置问题就是要使资源配置达到最优化,即在这种资源配置下能给社会带来最大的经济福利。微观经济学从研究单个经济单位的最大化行为入手,来解决社会资源的最优配置问题。因此,如果每个经济单位都实现了最大化,那么,整个社会的资源配置也就实现了最优化。

第三,中心理论是价格理论。在市场经济中,居民户与厂商的行为要受价格机制的支配,生产什么、如何生产和为谁生产都是由价格决定。价格像一只"看不见的手",调节着整个社会的经济活动,通过价格的调节,社会资源的配置实现了最优化。微观经济学正是要说明价格如何使资源配置达到最优化。因此,价格理论是微观经济学的中心,其他内容都是围绕这一中心问题展开的。也正是因为这样,微观经济学也被称为价格理论。

第四,研究方法是个量分析。个量分析是研究经济变量的单项数值如何决定。例如,某种商品的价格,就是价格这种经济变量的单项数值。微观经济学中所涉及的变量,如某种产品的产量、价格等都属于这一类。微观经济学分析这类个量的决定、变动及其相互间的关系。

2. 微观经济学的基本内容

微观经济学包括的内容很多,其中主要有均衡价格理论、消费者行为理论、生产者行为理论、分配理论、一般均衡理论与福利经济学、微观经济政策。

第一,均衡价格理论,也称为价格理论,其主要研究商品的价格如何决定,以及价格如何调节整个经济的运行。这一部分是微观经济学的中心,其他内容都是围绕这一中心而展开的。

第二,消费者行为理论。研究消费者如何把有限的收入分配于各种物品的消费上,以实现效用最大化。

第三,生产者行为理论。其主要研究生产者如何把有限的资源用于各种物品的生产以实现利润最大化。这一部分包括研究生产要素与产量之间关系的生产理论,研究成本与收益的成本与收益理论,以及研究不同市场条件下厂商行为的厂商理论。

第四,分配理论。其主要研究产品按什么原则分配给社会各集团与个人,即工资、利息、地租和利润如何决定。

第五,一般均衡理论与福利经济学。其主要研究社会资源最优化的实现,以及社会经济福利的实现等问题。

第六,微观经济政策。其主要研究政府有关价格管理、消费与生产调节,以及实现收入分配平等等各项政策。这些政策属于国家对价格调节经济作用的干预,是以微观经济理论为基础的。

此外,在现代微观经济学的基础上还产生了成本-收益分析、时间经济学、家庭经济学、微观消费经济学等内容与分支。同时,微观经济学还是现代管理科学的基础。在本教材中,我们主要介绍微观经济学最基本的内容:均衡价格理论、消费者行为理论、生产者行为理论、分配理论以及微观经济政策。

二、宏观经济学

"宏观"的英文为"Macro",原意是"大"。宏观经济学以整个国民经济为研究对象,通过研究经济中各有关总量的决定及其变化,来说明资源如何才能得到充分利用。

1. 宏观经济学的特点

宏观经济学的特点主要表现在以下四个方面。

第一,研究的对象是整个经济。这就是说,宏观经济学所研究的不是经济中的各个单位,而是由这些单位所组成的整体;不是树木,而是由这些树木所组成的森林。这样,宏观经济学就是研究整个经济的运行方式与规律,从总体上分析经济问题。

第二,解决的问题是资源利用。宏观经济学把资源配置作为既定的,研究现有资源未能得到充分利用的原因,达到充分利用的途径,以及如何增长等问题。

第三,中心理论是国民收入决定理论。宏观经济学把国民收入作为最基本的总量,以国民收入的决定为中心来研究资源利用问题,分析整个国民经济的运行。其他理论都围绕这一中心理论展开的。

第四,研究方法是总量分析。总量是指能反映整个经济运行情况的经济变量。这种变量有两类:一类是个量的总和,例如国民收入是组成整个经济的各个单位的收入之总和,总投资是各个厂商的投资之和,总消费是各个居民户消费的总和等;另一类是平均量,例如价格水平是各种商品与劳务的平均价格等。总量分析就是研究这些总量的决定、变动及其相互关系,从而说明整个经济的状况。正因为如此,宏观经济学也被称为总量经济学。

2. 宏观经济学的基本内容

宏观经济学包括的内容很多,其中主要有国民收入决定理论、失业与通货膨胀理论、经济周期与经济增长理论、开放经济理论、宏观经济政策。

第一,国民收入决定理论。国民收入是衡量一国经济资源利用情况和整个国民经济状况的基本指标。国民收入决定理论是指从总需求和总供给的角度出发,分析国民收入决定及其变动的规律。这是宏观经济学的中心理论。

第二,失业与通货膨胀理论。失业与通货膨胀是各国经济中最主要的问题。宏观经济学把失业与通货膨胀和国民收入联系起来,分析其原因及其相互关系,以便找出解决这两个问题的途径。

第三,经济周期与经济增长理论。经济周期是指国民收入的短期波动,经济增长是指国民收入的长期增加趋势。这一理论主要分析国民收入短期波动的原因,长期增长的源泉等问题,以期实现经济长期稳定增长的发展。

第四,开放经济理论。现实的经济都是开放型的经济。开放经济理论主要分析一国国民收入的决定与变动如何影响别国,以及如何受别国的影响,同时也要分析在开放经济下一国经济的调节问题。

第五,宏观经济政策。宏观经济学是为国家干预经济服务的,宏观经济理论要为这种干预提供理论依据,而宏观经济政策则是要为这种干预提供具体的措施。政策问题包括:政策目标,即通过宏观经济政策的调节要达到什么目的;政策工具,即用什么具体办法来达到这些目的;政策效应,即宏观经济政策对经济的作用。

对宏观经济运行的不同分析,以及由这种分析所得出的不同政策,构成了不同的经济学流派的基本内容。

三、微观经济学与宏观经济学的关系

从以上的分析中可以看出,微观经济学与宏观经济学在研究的对象、解决的问题、中心理论和分析方法上都是不同的。但它们之间又有着密切的联系,这主要体现在以下三个方面。

1. 微观经济学与宏观经济学是互相补充的

经济学的目的是要实现社会经济福利的最大化。为了达到这一目的,既要实现资源的最优配置,又要实现资源的充分利用。微观经济学在假定资源已实现充分利用的前提下分析如何达到最优配置的问题;宏观经济学在假定资源已实现最优配置的前提下分析如何达到充分利用的问题。它们从不同的角度分析社会经济问题,从这一意义上说,微观经济学与宏观经济学不是互相排斥的,而是互相补充的,它们共同组成经济学的基本原理。

2. 微观经济学是宏观经济学的基础

整体经济是单个经济单位的总和,总量分析建立在个量分析的基础之上。因此,微观经济学是宏观经济学的基础。也正因为如此,宏观经济学的许多理论是建立在微观经济学理论的基础上的。例如,对整个经济消费的分析是以分析单个消费者消费行为的理论为基础的,对整个社会投资的分析也是以单个生产者的投资行为分析为基础的。微观经济学如何成为宏观经济学的基础,是当代西方经济学的热门话题之一。

应该强调的是,微观经济学与宏观经济学是经济学的基本原理,其他的经济学分支,例如,管理经济学、国际经济学、发展经济学、财政学、货币银行学、区域经济学、家庭经济学、人口经济学等,都是在这一基础之上发展而来的,是微观经济学与宏观经济学的原理在其他领域的具体运用。因此,我们在学习与研究经济学基础时,应该从微观经济学与宏观经济学入手,这也是我们把这些内容作为本门课程基本内容的原因。

第四节 经济学思考问题的方式

每门学科都有自己的思考方式,经济学也不例外,它的价值在于能够为人们提供一种在他们所生活的世界里有用的思考方式。

一、经济学使用实证分析法和规范分析法

经济学家力求通过实证分析的方法,形成经验和历史所证明的经济原则和理论,并将其运用于经济预测和决策,帮助解决社会面临的各种经济问题。在涉及经济政策的问题上,有了经济学是否应当涉及价值判断的争论,于是经济学就有了实证分析法和规范分析法之区分。

实证分析法力求描述经济现象的存在、运行状况及其相互之间关系,讨论对象"是怎么样的"这类问题。它主要涉及事实判断,并试图在对象之间建立联系。例如,2003年我国生产了多少辆自行车和汽车?物价变化与失业压力关系如何?汽油涨价会对不同社会成员产生什么影响?这些都属于实证分析需要研究的问题。规范分析法考察经济行为后果,并提出它们好坏优劣的意见,解决"应该怎样"这类问题。它主要涉及价值判断,并试图在理解和行动之间建立起联系。例如,是否应当对汽油实行税费改革?是否应当增发1 000亿元国债实行扩张性财政政策?这类问题就涉及规范评价。

从方法论角度看,现代经济学的研究方法在大部分场合采用实证分析法,同时也经常运用规范分析法。然而无论在实证还是规范分析领域,经济学家都存在意见分歧。相对而言前者有比较确定的标准,因而受争议程度小些,或者争论比较有可能趋向于不同程度的共识;后者较多受到人们立场、感情和信念因素影响,争议较大并更难以取得共识。

区分实证分析法和规范分析法,有助于我们把关于世界应该是什么样子的观点,与实际上世界是如何存在和运行的看法相互分离开来。如果我们让关于世界应该是什么样子的观点,屏蔽了对现实世界是如何存在和运行的观察,我们只会离真理更远。当然,实证分析和规范分析的区分也是相对的,两者存在相互联系和渗透性。

二、经济学使用假设和模型

有一个广为流传的笑话,一个物理学家、一个化学家和一个经济学家被困在一座荒岛上,这时海面上漂来一个罐头。怎么打开罐头充饥呢?物理学家建议"用岩石砸开罐头",化学家提出"生火把罐头加热后再打开",经济学家却说"让我们假设有一把开罐头刀"。据说这个调侃经济

学家的笑话正是美国经济学大师萨缪尔森杜撰的。

假设使得研究对象简化,它一方面使科学分析成为可能,同时也使得分析结论具有条件性。例如,物理学家在研究一块石头从15层高的楼顶掉下来所需的时间时,他会通过假设石头是在真空中落下来回答这个问题。当然这个是不现实的,事实上空气对下落的石头产生摩擦,并使其下落速度变慢。但物理学家指出,空气对石头的摩擦力如此之小,以至于其影响可以忽略不计。

经济学家同样经常运用假设方法。例如,在研究消费者或厂商行为时,经济学家对他们的动机加以设定,假定他们行为受到效用最大化或利润最大化目标支配,尽管实际上企业的目标并不总是追求最大利润,但这一假设有助于我们理解实际生活中厂商的微观决策行为。又比如,现实国际贸易有很多国家参与,涉及成千上万不同类型产品,经济学家在分析国际贸易问题时,会假设世界上只有两个国家,而且每个国家仅生产两种商品。这一假设使得我们能够对促进国际贸易发展的根本原理进行集中思考,从而更好地理解现实中国际贸易的复杂情形。

科学理论的本质是假设,表达形式是模型,一系列假说和推论有机地结合在一起就构成模型,它为经济学家提供了对经济变量关系进行简化描述和分析的工具。经济理论和经济模型的含义大致相同,一个经济理论的建立和应用,可以看作是一个经济模型的建立和使用。所谓经济模型是指用来描述所研究的经济事物的有关经济变量之间相互关系的理论结构,它可以用语言文字也可以用几何图形或数学公式来表示,如均衡价格决定问题。

三、经济学分析的基本框架

我们经常提到记者经济学。记者经常写一些经济学文章,写得非常有感染力,但是有时他们缺乏分析框架,就事论事,使得分析问题没有基本准则。现代经济学有一套大家公认的切入点和分析问题的基本框架,使得经济学家在分析问题时能很快认识到分歧在哪里,而且具有共同的语言。基本框架包含以下三个基本要素。

第一个要素是经济人行为,这是一个出发点。现代经济学的假设,不论是消费者、经营者、工人、农民、经理,还是政府等,这些人在做出经济决策时,出发点总是自利的。所谓自利,就是说在他所能支配的资源限度内,他总是希望成本比较低,利润比较大。所以消费者总是想买到物美价廉的东西,政府部门总是想为本地区、本部门的经济利益着想。

第二个要素是经济效益,这是在经济学分析中的一个非常重要的环节。所谓经济效益,指人们从事经济活动中的各项付出同获取收益的数量之比。我们从事任何事情都要讲究经济效益。

第三个要素是市场经济。现代经济学又称为市场经济学,我们要在市场经济大环境中思考问题。所谓市场经济,是指通过市场机制的作用来配置经济资源的一种经济方式,如价格机制、竞争机制等。

以上三个要素构成了经济学分析的基本出发点。以这三个要素为前提,可以构建出经济学思考问题的三个基本框架。

第一个基本框架是在第二章中要讲的供给与需求框架。这个框架从马歇尔开始就是经济学家在进行可行性分析时的一个重要的工具。它看上去是非常简单的一个图,但是这个图可以千变万化,在很多经济问题上都可以用这个简单的图形,以及它的变化,做出非常好的解释。因此,这个框架对初学经济学者尤为重要。

第二个基本框架是在充分竞争条件下的一般均衡模型,即在一定的条件下,不经过政府干预的市场结果。在存在企业、消费者等行为主体的社会中,只要是在某些条件下,如必须接受充分竞争的价格,每个人必须使利润和效用最大化,生产的集合必须满足某种条件,市场价格必须均衡等,市场资源配置是最有效率的。这个框架的结论是一个局部均衡,而不是一个全局性的一般均衡理论。这里主要的机制是价格机制,不能有外部性。

第三个基本框架是科斯定理。科斯定理是指只要交换的交易成本为零,法定权利的最初分配从法律角度看是无关紧要的。无交易成本就像物理学上的无摩擦平面一样是一种假设,在现实生活中是不存在的。因此,科斯定理说明,即使是在有外部性的条件下,只要产权有好的定义,如果交易成本是零,那么通过谈判,同样可以达到有效率的资源分配,而不需要政府的干预。

后面两个分析框架需要很强的假定,这些假定很多是不现实的,为什么这样的分析框架仍然有这么重要的地位呢?如交易成本怎么可能是零呢?怎么可能有完全竞争呢?事实上在经济学中,一个合理的参照系可以给大家提供一个强有力的分析工具,经济学家在争论时有一个共同的框架,使得其不必再有很多其他的参照系。当然,后两个分析框架比较难掌握,作为初学者应该在供求模型上多花点时间,因为本书思考问题的切入点,都是建立在其上的。经济学家在看待政府和市场的生态系统以及政府在经济中的作用时,同样是以一定的分析框架为出发点的。比如,政府的首要职责是要保证市场动作,而在供给与需求框架、一般均衡模型及科斯定理中都隐含了几个重要假定,如政府要规范和保护产权,要执行合同,要保护竞争,以及要制定规则等。因此,政府对市场失灵有纠正作用,能实现市场稳定。

四、经济学家的价值追求与经济学的学科精神

每个学科的学者都有自己特定的价值追求,这种价值追求构成这个学科特有的学科精神。例如,法学家追求公平、正义、秩序,公平精神、正义精神、秩序精神构成法学的基本学科精神。经济学也有自己特定的价值追求的学科精神。正是知识领域不同学科的精神,构成人类知识层面的总体精神追求,成为人类社会发展的精神导向。学习经济学,除了掌握经济学的基本知识体系、思维方式、分析方法以外,还应该掌握经济学的学科精神。

第一,效率精神。经济学的精髓在于承认稀缺性的现实存在,并研究一个社会如何进行组织,以便最有效地利用资源。这一点是经济学独特的贡献,也是经济学的基本精神追求。经济学的这一精神是由两个基本原则支撑的。一是配置最优原则,即追求资源的最优化和福利的最大化。这一点突出体现在边际分析方法之中。在确认资源稀缺性的前提下,经济学通过边际分析方法,研究如何使有限资源的配置和利用效率达到最优,使人们的福利达到最大。二是成本最小原则,即经济学力图通过制度研究和政策研究,设计尽可能节约资源、减少成本的经济运行机制和经济政策。所以,经济学十分关注成本的研究,除了一般的经济成本以外,还注重交易成本、制度成本、信息成本等成本要素的研究。

第二,竞争精神。正是由于经济学将效率放在突出位置,经济学崇尚自由竞争和自由贸易,当代主流经济学立足于自由竞争的市场经济,可以达到资源的优化配置和全社会福利的最大化。它反对对市场的过度干预,反对任何形式的市场垄断,其主旨就在于主张和维护市场的充分自由竞争。

第三,公共精神。经济学家将经济学当作一门经邦济世的学科,正如当代经济学家曼昆所指出的,"经济学的目标往往是改善世界的运行""一个社会的兴衰在某种程度上取决于其政府

所选择的公共政策,理解赞成或者反对某项政策的各种意见是我们研究经济学的一个理由"。因此,经济学家力图挖掘出每个原理的公共政策含义。在这样做的时候,实际上他们除了体现自己的学科精神以外,还试图体现社会良知和公平精神,以及对现实的批判精神。

本 章 小 结

经济学最早产生于17世纪,经历了重商主义、古典经济学、新古典经济学和当代经济学等发展阶段。经济学与个人、厂商及其他组织的关系都极为密切,当前,我国正处于社会主义市场经济建设时期,辨证学习和合理借鉴现代西方经济学理论具有十分重要的意义。例如:政府在决策时越来越愿意听听经济学家的建议;一些企业也喜欢在投资决策时请经济学家判断经济风向;个人经济生活的多样性和复杂性,也使人们开始重视经济学。

经济学对人类经济活动的研究是从资源开始的,是研究人和社会对有不同用途的稀缺资源的利用加以选择的科学。由于资源具有稀缺性,因此必须合理进行配置和利用。资源的配置最终要解决的问题是经济学的三个基本问题,即生产什么、如何生产、为谁生产。

合理地使用本章介绍的经济学思考问题的方式,有助于在复杂的经济现象中做好抉择。例如:实证分析描述经济活动"是什么",以及社会经济问题实际上是如何解决的,这种方法旨在揭示有关经济变量之间的函数关系和因果关系;规范分析研究经济活动"应该是什么",以及社会经济问题应该怎样解决。这种方法通常要以一定的价值判断为基础,提出某些准则作为树立经济理论的前提和制定政策的依据,并考察如何才能符合这些准则。

思 考 与 练 习

一、重要概念

稀缺性 经济学 实证分析 规范分析 经济人

二、选择题

1. 经济学可定义为( )。
   A. 政府对市场制度的干预
   B. 消费者如何获取收入
   C. 研究如何最合理地配置稀缺资源于诸多用途
   D. 企业取得利润的活动
2. 从根本上讲,经济学与( )有关。
   A. 政府对市场制度的干预　　　　　B. 企业取得利润的活动
   C. 稀缺资源的配置　　　　　　　　D. 人们靠收入生活
3. 资源的稀缺性是指( )。
   A. 世界上大多数人生活在贫困中
   B. 相对于需求而言,资源总是不足的
   C. 资源必须保留给下一代
   D. 世界上的资源最终将由于生产更多的物品而耗尽

4. 经济学的研究对象是（　　）。
   A. 资源配置　　　　　　　　　　　　B. 资源配置和资源利用
   C. 经济体制　　　　　　　　　　　　D. 资源利用
5. 以下问题（　　）不是微观经济学所考察的问题。
   A. 一个厂商的产出水平　　　　　　　B. 消费者行为分析
   C. 不发达国家的经济增长　　　　　　D. 某一产品的成本分析
6. 研究个别消费者与企业决策的经济学称为（　　）。
   A. 宏观经济学　　　　　　　　　　　B. 微观经济学
   C. 实证经济学　　　　　　　　　　　D. 规范经济学
7. （　　）不是宏观经济学的内容。
   A. 国民收入决定　　　　　　　　　　B. 经济周期
   C. 经济增长　　　　　　　　　　　　D. 厂商均衡
8. 微观经济学与宏观经济学的区别在于（　　）。
   A. 微观经济学研究个体经济行为，宏观经济学研究总体经济现象
   B. 微观经济学研究厂商行为，宏观经济学研究政府行为
   C. 微观经济学研究产品市场，宏观经济学研究失业问题
   D. 微观经济学研究范围较小，宏观经济学研究涉猎较广
9. 下列属于实证表述的是（　　）。
   A. 通货膨胀对经济发展有利　　　　　B. 通货膨胀对经济发展不利
   C. 只有控制货币量才能抑制通货膨胀　D. 治理通货膨胀比减少失业更重要
10. 下列命题中不是实证经济学命题的是（　　）。
    A. 1982年8月，某银行把贴现率降到10%
    B. 2003年，某国失业率超过4%
    C. 某国所得税对中等收入家庭是不公平的
    D. 社会保险税的课税依据现已超过3万元

三、思考题

1. 什么是经济学？
2. 为什么稀缺性的存在意味着我们必须做出选择？
3. 微观经济学的研究内容有哪些？
4. 宏观经济学的研究内容有哪些？
5. 实证经济学和规范经济学的区别是什么？
6. 判断下列命题属于实证分析还是规范分析，请加以说明。
   ① 中国应该限制私人小轿车的发展。
   ② 20世纪70年代世界油价暴涨主要是由垄断力量造成的。
   ③ 经济发展过程中出现收入差别扩大的现象是正常的。
   ④ 利率上升有利于增加储蓄。
   ⑤ 效率就是生产率的提高。
   ⑥ 效率比公平更重要。

第二章 供求理论

【学习目标与要求】

通过本章的学习,重点掌握需求和供给的含义、均衡价格的决定和变动、需求价格的弹性和计算以及需求弹性与总收益的关系;一般掌握供给定理、影响需求弹性的因素、供给与供给量变动的区别、均衡价格理论的运用;了解支持性价格及其影响、限制性价格及其影响和其他弹性概念的含义。

微观经济学所要解决的是资源配置问题,这一问题是通过价格机制来解决的,因此,微观经济学的核心是价格机制,而价格机制的核心是市场机制。市场机制的基本力量是供给和需求,供给和需求的变动会导致产出和价格的变动。只有理解供给和需求如何运作,才能深入理解市场经济的原理,它是我们学习微观经济学的逻辑起点。供给和需求原理是经济学的基本理论,掌握供给和需求原理是学习经济学的前提条件。

第一节 需求理论

【案例导入】

美国面临的许多环境问题之一就是如何处理家庭和企业每天产生的大量垃圾。在1960年,美国平均每人丢弃的垃圾为每天2.6磅,在20世纪90年代中期这个数目为3.6磅。随着垃圾量的增长,现有的垃圾堆积场都已经被填满,要在城区附近寻找新的堆积场已经越来越困难了。

有一个社区利用需求定理,使垃圾的收集压力得到了缓解。1987年,宾夕法尼亚州伯卡西的居民,每人每年向市政当局交纳的垃圾收集费是120美元,当时他们每人每天丢弃的垃圾为2.2磅。由于收集费是固定的,居民如果再增加丢弃量,增加的部分就不再收费,因此对居民来说,减少垃圾丢弃量就没有利益驱动。

1988年,伯卡西改变收费方法。市政当局要求所有的垃圾都装在由市政当局出售的专用垃圾袋里,未经批准的垃圾袋不得使用。例如,一个容积为40磅的大垃圾袋收费1.50美元。因此,居民丢弃垃圾的边际成本就从0增加到每磅约4美分。另外,市政当局还实施了一项废物再利用计划。它发给每个家庭主妇一个桶,用来装废弃的罐头和瓶子,由专人每周收集一次。此外,当局还每月收集一次旧报纸。

结果和预料的一样,人们开始减少丢弃垃圾。第一年就见效,每人每天丢弃的垃圾减少到1磅以下。伯卡西居民开始受益,因为他们每年可以少付30美元的费用,市政当局收集垃圾的成本也减少了40%。

一、需求与需求规律

需求是指消费者在某一特定时期内,在某一价格水平上愿意并且能够购买的一定数量的物品和劳务。需求要具备两个条件:第一,有购买的欲望;第二,有购买能力。两者缺一不可。例如:有关购买房子的问题,当人们想购买而无力购买的时候,这就只是一种购买的欲望,而不能构成需求;虽然有购买能力却没有购买欲望,同样不能构成需求。

生活经验告诉我们,消费者对于商品的需求,受商品价格的影响很大。就单个消费者而言,商品价格高时买的商品少些,商品价格低时买的商品多些。就整个消费者群体而言,一部分人可能因为比较富裕,也可能因为需求迫切,价格高时也要买,另一部分人却可能要在价格低一些的时候,才愿意购买或才有能力购买。所以,无论就单个消费者而言还是就整个消费者群体而言,对商品的需求,都表现出价格越高需求量越小,价格越低需求量越大的规律。价格与需求量之间这种呈反向变动的关系,称为需求规律。

二、影响需求的因素与需求函数

1. 需求表

表2-1为消费者在不同价格水平下对某商品的需求量。这种表明商品的价格与需求量之间关系的表称为需求表。

表2-1列示了在每一价格水平上,消费者购买商品的数量。例如,在商品价格为6元时,需求量为2 000件。在价格较低时,消费者购买的数量会较多。例如:在商品价格为5元时,需求量为3 000件;在商品价格降为3元时,需求量为5 000件。

表2-1 消费者对某商品的需求表

单位价格/元	需求量/件
6	2 000
5	3 000
4	4 000
3	5 000
2	5 500
1	6 000

2. 需求曲线

将需求表用图形表示出来就是需求曲线,图2-1中横轴表示商品的需求量,纵轴表示商品的价格,D表示商品的需求曲线。需求曲线就是根据需求表画出来的表示价格与需求量关系的曲线。

从图2-1中可以看出,需求曲线是一条从左上方向右下方倾斜的曲线,这表明价格与需求量之间存在着反方向变动的关系。为什么需求曲线一般总是向下倾斜呢?一方面是收入效应,即价格的变化导致消费者实际收入的变化,从而引起需求量的变化(商品价格上升意味着实际收入的减少,导致这种商品需求量下降;商品价格下降意味着实际收入的增加,导致这种商品需求量上升);另一方面是替代效应,即当一种商品价格上升时,人们用类似的商品去替代它。

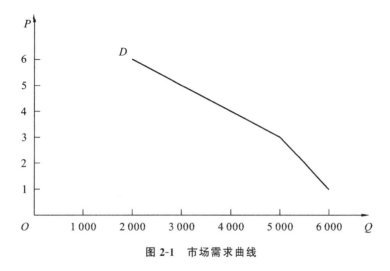

图 2-1　市场需求曲线

2. 影响需求数量的因素与需求函数

需求表和需求曲线表示的是商品的价格和需求量之间的关系,它们将价格视为影响需求量的唯一因素。但实际上,还有其他众多的因素影响需求。

(1) 消费者的收入。消费者收入愈高,消费者对一定价格条件下的某种商品需求量就愈大。这种需求与收入为正相关函数的商品称为正常商品。另外,消费者对某些粗劣商品的需求却会随着收入的增加而减少。这种需求与收入为负相关函数的商品称为低档商品。

(2) 相关商品的价格。相关商品包括替代品和互补品。替代品是指具有相同功能和用途的商品,如牛肉和鸡肉。由于商品之间相互替代,当一种商品价格升高,而另一种替代品价格保持不变时,消费者就会减少对该商品的需求量而增加对价格不变的商品的需求量。例如当牛肉的价格提高而鸡肉的价格不变时,消费者会减少对牛肉的需求量,增加对鸡肉的需求量。互补品是相互补充才能使用的商品,如汽车和汽油。互补品之间存在着相互依存的关系,一种商品的价格上升,其需求量下降,会导致另一种商品的需求量也随之下降。如汽油价格下降会提高汽车的需求量。

(3) 消费者的消费偏好。消费者的消费偏好在一定程度上支配着他对消费品的选择。当然,这种偏好并不是一成不变的,随着外界条件的改变也会逐步变化。如果消费者对某一商品的偏好,或者说对它的兴趣和喜好程度发生了变化,那么,他对这类商品的需求量自然会产生同方向的变化。

(4) 对未来价格的预期。如果消费者预期商品价格还会进一步上涨,就会刺激消费者提前购买;反之,则会推迟购买。在预期心理作用下,即使价格不变,需求也会骤然放大或缩小。

(5) 消费者的货币储蓄倾向。在收入水平一定的条件下,消费者用于储蓄的比重增大,用于现期消费的比重则会减少;反之,用于现期消费的比重则会增加。随着我国改革的深入,原来许多属于福利分配的范畴,如住房、医疗等,将逐步走向商品化。为适应这种变化,人们将增加储蓄在收入中的比重,这在一定程度上会抑制人们的现期消费的扩大。

影响商品需求量的因素还有很多,例如,人口增减、国民收入分配状况等。由此可见,商品需求的变化受多种因素的影响,其中有客观的物质因素,也有主观的心理因素,甚至还有政治、社会风尚的因素等。

如果把影响需求的因素作为自变量,把需求量作为因变量,则可以用函数关系来表示影响需求的因素与需求量的关系,这种函数就是需求函数。用 D 代表需求,$a,b,c,d,\cdots,n$ 代表影响需求的因素,则需求函数为

$$D = f(a,b,c,d,\cdots,n)$$

如果假定其他因素不变,只考虑商品本身的价格与该商品的需求量的关系,并以 P 代表价格,则需求函数为

$$D = f(P)$$

三、需求的变化

前面我们讲的需求曲线,是指商品的需求量随价格变化而变化的曲线。通过进一步分析需求的变化,可将其区分为需求量的变化和需求水平的变化。需求量的变化是指在决定需求的其他因素,如消费者的收入、相关商品的价格、偏好等不变的情况下,由于商品本身的价格变化所引起的对该商品需求的变化。在需求曲线上,需求量的变化的表现形式为同一条需求曲线上点的移动,如图2-2所示。当价格从 P_1 下降到 P_2 时,需求量从 Q_1 增加到 Q_2。

需求水平的变化或需求状况的变化是指在商品本身的价格保持不变的情况下,由于其他因素的变化,如消费者收入等变化所引起的需求的变化。在需求曲线上,需求水平的变化的表现形式为整条需求曲线的移动,左移或右移,如图2-3所示。当消费者的收入降低或提高时,需求曲线 D_0 左移至 D_1,或右移至 D_2,需求量 Q_0 减少到 Q_1 或增加到 Q_2。

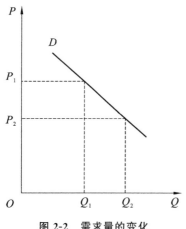

图2-2 需求量的变化

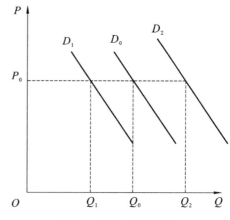

图2-3 需求水平的变化

第二节 供给理论

【案例导入】

四天严重的霜冻摧毁了美国加州一年的柑橘收成的三分之一以上,导致50多亿美元的损失,而且,到下周时超市橘子的价格会上升三倍。另外,从阿拉斯加海湾吹来的寒冷、干旱的空

气使温度从周日开始降到冰点以下——今天早晨富饶的中部谷地温度最高为 10 ℉,下降了 20 ℉——这是自 1990 年 10 天的霜冻以来最严重的寒流。农民发疯般地与风竞赛,灌溉机连夜工作以使树保温,但官方宣布谷地几乎全面遭受损失,并说也许要损失全州一半的柑橘。加州种植了全国将近 80% 直接作为水果食用的橘子,以及 90% 的柠檬,而且,批发商说,在以后几天中橘子的零售价格会上升三倍,柠檬的价格肯定也要上升,但橘子汁的价格不会受很大影响,因为榨汁的橘子生长在佛罗里达州。在加州一些市场上,批发商说,星期三本地橘子的价格已从一磅 35 美分上升到 90 美分。

一、供给与供给规律

所谓供给是指生产者在某一特定时期内,在每一价格水平上愿意并且能够出售的商品或劳务的数量。供给包含两个不可缺少的条件:生产者出售的愿望和具有的供给能力。例如,面包、可乐的供给量表示的是在每一个价位上面包、可乐可供销售的量。

由于管理水平、技术水平和经济环境的差异,即便是生产同样的商品,不同的厂商也可能需要不同的成本。所以,当这种商品的市场价格比较高的时候,众多厂商都愿意生产和销售这种商品。相反,如果这种商品的市场价格比较低,有些厂商就会面临价不抵本的局面,不得不退出市场;有些厂商虽说还不至于价不抵本,但是觉得利润太薄,失去激励,也会退出市场。即使在某个范围局限于一个供给者,也有价格高则供给量大的倾向。例如,某人是一栋公寓的房主,他自己也住在这栋公寓里。当市场公寓租价较低时,他宁愿自家住得宽敞一些。当市场公寓租价较高时,他则乐于自家住得挤一点,多向市场提供几个客间,趁价格高多收取一些租金。所以,无论就生产某种商品的个别厂商还是生产这种商品的整个行业来说,对商品的供给,都表现出价格越低供给量越小,价格越高供给量越大的规律。这种价格与供给量之间呈正向变动的关系称为供给规律。

二、供给曲线和供给函数

1. 供给表

表 2-2 为供给者在不同价格水平下对某种商品的供给量。这种表明商品的价格与供给量之间关系的表称为供给表。

表 2-2 市场供给表

单位价格/元	供给量/件
6	7 000
5	6 500
4	6 000
3	5 000
2	4 000
1	3 000

表 2-2 列示了在每一价格水平上,生产者供应某商品的数量。例如,在商品价格为 2 元时,供给量为 4 000 件;当商品价格上升到 4 元时,供给量增加为 6 000 件。

2. 供给曲线

将供给表用图形表示出来就是供给曲线,图 2-4 中横轴表示商品的供给量,纵轴表示商品的价格,S 表示商品的供给曲线。供给曲线就是根据供给表画出来的表示价格与供给量关系的曲线。

从图 2-4 中可以看出,供给曲线是一条从左下方向右上方倾斜的曲线。为什么供给曲线总是向右上方倾斜呢?一是因为较高的价格意味着较多的利润,厂商会增加供给;反之价格下降,利润下降,厂商会减少供给。二是在一定的技术和生产规模条件下,产量达到一定程度之后收益会递减。例如,消费者钟情于无公害蔬菜,这就会促使更多的劳动投入到无公害蔬菜的生产中,但是土地资源是有限的,在此情况下,新增的每一单位劳动所增加的产量是递减的。因此,为刺激产量增加就必须使价格上升,只有提高商品的价格,才能促使生产者生产并出售更多的商品。

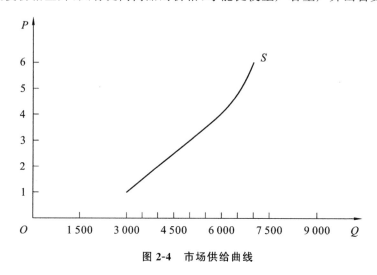

图 2-4 市场供给曲线

3. 影响供给数量的因素与供给函数

除了商品本身的价格外,影响商品供给数量的因素还有如下几个方面。

(1) 厂商的目标。厂商经营的目标不同,对供应的影响也不同。若厂商以扩大市场占有率为目标,即使商品价格不变,也会努力扩大产量,增加供应,以提高本企业的市场占有率;若厂商以获取短期高额利润为目标,则势必控制产量,限量供应,以维持高价。

(2) 生产成本的变化。一般来说,生产成本呈下降趋势的商品,供应量会增加。因为成本的下降使利润增大,这不仅会刺激原有生产者增加产量,而且还会刺激其他投资者投资于该商品的生产;反之,生产成本呈上升趋势的商品,在价格不变的情况下,供应量会减少。

(3) 生产技术水平。生产技术进步意味着劳动生产率提高,单位产品成本下降。在商品售价不变的情况下,成本下降会给厂商带来更多的利润。因此,生产技术越进步,厂商一般就越愿意并能够提供更多的商品。

(4) 相关商品的价格。与消费领域的商品有互替作用一样,在生产领域的商品也有互替作用。例如,1公顷土地可以种植土豆,也可以种植玉米。如果土豆的价格上涨,生产者自然愿意把种植玉米的土地转向种植土豆,于是玉米种植缩减,供应相对减少。

(5)厂商对未来价格的预期。如果某种商品的行情看涨,厂商就会减少现在的供应量,等着行情上涨后增加供给;如果某种商品的行情看跌,厂商就会把现有的存货尽快抛售出去,从而增加现在的供给。

影响商品的供给量的因素还有很多,例如气候的影响(农作物最为明显)、新资源的开发或旧资源的耗竭等,都会给供给带来巨大的影响。

如果把影响供给的因素作为自变量,把供给作为因变量,则可以函数关系来表示影响供给的因素与供给量之间的关系,这种函数就是供给函数。用 S 代表供给,用 $a,b,c,d,\cdots,n$ 代表影响供给的因素,则供给函数为

$$S=f(a,b,c,d,\cdots,n)$$

如果假定其他因素不变,只考虑商品本身的价格与该商品供给量的关系,并以 P 代表价格,则供给函数为

$$S=f(P)$$

三、供给的变动

上面讲的供给曲线是指商品的供给量随价格的变化而变化的曲线,实际上可以将供给的变化区分为供给量的变化和供给水平的变化。

供给量的变化是指在决定供给量的其他因素,如生产成本、要素价格、技术水平保持不变的情况下,由于商品本身价格变动所引起的该商品供给的变化。在供给曲线上,供给量变化的表现形式为同一条供给曲线上点的移动,如图 2-5 所示。价格从 P_1 上升至 P_2,供给量从 Q_1 增加到 Q_2。

供给水平的变化是指在商品本身价格保持不变的情况下,由于其他因素的变化,如生产成本等变化所引起的供给的变化。在供给曲线上,供给水平变化的表现形式为整条供给曲线的移动,左移或右移,如图 2-6 所示。当生产成本升高或降低时,供给曲线 S_0 左移至 S_1 或右移至 S_2,供给量 Q_0 减至 Q_1 或增至 Q_2。

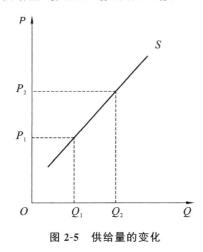

图 2-5 供给量的变化

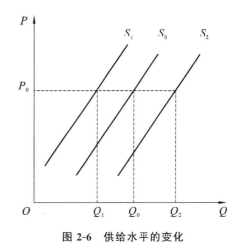

图 2-6 供给水平的变化

第三节 均衡价格

【案例导入】

在四川成都,有关部门曾经规定电影票的价格最低不得少于10元。这就是我们所说的价格下限。四川峨眉电影发行放映公司在2000年11月初首先突破价格下限,把进口大片《完美风暴》的票价降为5元。此事在四川以至全国引起了激烈的争论,成为媒体炒作的热点。长期以来,电影的价格完全由有关部门决定,发行公司和电影院不得自行调整价格。当有关部门把价格下限调整为10元时,电影院遭冷落,观众人数直线下降,由数年前的十几亿人次减少为近年来的不足五亿人次。这就造成电影院供给过剩,30%以上的电影院赔钱。价格下限并没有减少供给,却减少了需求,供给过剩将是必然的。没人去看电影,电影院当然要赔钱了。四川峨眉电影发行放映公司把票价降至5元,观众人数大大增加,场场爆满,电影院也因此而赢利。可见在这种情况下取消价格下限是有利的。

一、均衡价格的决定

1. 均衡价格的概念

均衡是物理学中的名词,当一物体同时受到方向相反的两个外力的作用,且这两种力恰好相等时,该物体将处于静止的状态,这种状态就是均衡。均衡价格论认为,在价格问题上也存在这样一种相反的力量,即在一个市场内,买者和卖者对某一商品的要求和控制的程度及能力,或者说存在需求和供给两种力量,这两种力量相互冲击和制约,分别影响与推动需求价格和供给价格的变动。

当供求双方力量达到均势时,所形成的价格便是均衡价格。也就是说,均衡价格是一种商品的需求价格和供给价格相一致时的价格,表现在直角坐标系上,就是这种商品的市场需求曲线和供给曲线相交时的价格。

如图2-7所示,需求曲线D与供给曲线S的交点E为均衡点,其所对应的价格P_0为均衡价格,所对应的数量Q_0为均衡数量。

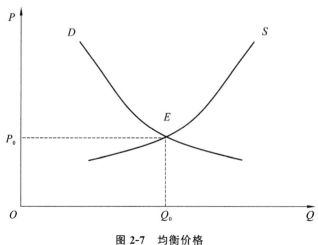

图2-7 均衡价格

2. 均衡价格的形成

西方经济学家认为,均衡价格是在完全自由竞争的条件下,通过市场供求的自发调节而形成的。下面我们以图 2-8 来说明均衡价格的形成,在图 2-8 中横轴表示商品数量,纵轴表示商品价格,D 和 S 分别表示商品需求曲线和供给曲线。当价格为 P_1 时商品的供给量为 Q_1,而需求量仅为 Q_1',供给大于需求($Q_1 > Q_1'$),因此,价格会自动下降;当价格为 P_2 时,商品的供给量为 Q_2,而需求量却为 Q_2',供给小于需求($Q_2 < Q_2'$),于是价格会上升。这样,价格经过上下波动,最后会趋向于使商品的供给量和需求量都为 Q_0,从而使价格达到 P_0,即形成均衡价格。

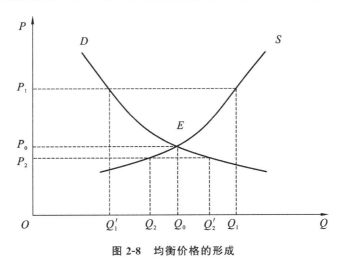

图 2-8 均衡价格的形成

均衡价格论认为,均衡价格一旦形成,就具有一定的稳定性,市场价格如背离均衡价格,就会通过商品的需求量和供给量的变动,使市场价格恢复到均衡价格,并在此稳定下来。

3. 均衡价格的分类

根据均衡时间的长短,均衡价格可分为三类,不同类的均衡价格,供给和需求的作用也不相同。

(1) 暂时的市场均衡。所谓暂时,其经济学的意义是指因时间短暂而无法改变生产量和供给量。这时,均衡价格的高低将取决于需求状况,或者说,需求对均衡价格的形成起主导作用。

(2) 短期的市场均衡。所谓短期,是指在该期间内可在现有的技能、生产组织和机器设备的基础上伸缩产量,但无足够的时间来增加设备、更新技术、改变组织和增加新的生产能力,以适应需求的变动。在这种情况下,均衡价格的形成将取决于供给和需求的均衡。换言之,在短期的市场均衡中,供给和需求对均衡价格的形成起着同等重要的作用。

(3) 长期的市场均衡。所谓长期,是指在该期间内,除土地外,一切生产要素均可以改变,包括技术改造、调整生产组织结构、更新设备或提高劳动者素质等,从而导致供给量的变动以适应需求变动。在这种情况下,供给对均衡价格的形成起着主导作用。

二、均衡价格的变动

在现实的经济生活中,各种商品的价格无时不处在变化之中。均衡价格在形成之后,受多种因素的影响,也经常处于不停的位移运动中。导致均衡价格发生位移的根本原因是影响供求曲线发生位移的各种因素会经常变动。下面,我们将分别从需求和供给的角度来分析这种位移的状况。

1. 需求因素的变动对均衡价格的影响

需求曲线由于偏好、收入、其他商品价格等变化而变化,会产生两种位移,向右或向左移动,如图 2-9 所示。

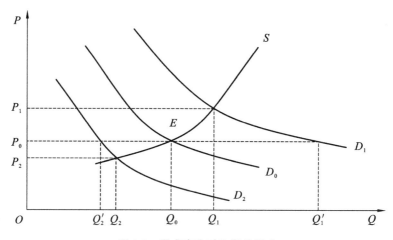

图 2-9 需求变化对均衡的影响

先分析需求曲线向右移动的情况。假定供给曲线不变,消费者偏好增强,商品需求增加,需求曲线从 D_0 右移至 D_1。当需求曲线为 D_0 时均衡价格为 P_0。当需求曲线右移至 D_1 时,如果价格不变(仍为 P_0),需求会出现 $Q_1' - Q_0$ 数量的短缺,此时厂商会提高价格。经过反复调整,价格 P_1 为新的均衡价格,均衡数量为 Q_1。

再分析需求曲线向左移动的情况。假定供给曲线不变,消费者偏好减弱,商品需求减少,需求曲线从 D_0 左移至 D_2。如果价格不变(仍为 P_0),需求会出现 $Q_0 - Q_2'$ 数量的富裕,此时厂商会降低价格。经过反复调整,价格 P_2 为新的均衡价格,均衡数量为 Q_2。

因此,当供给曲线不变时,需求曲线右移使均衡价格提高,均衡数量增加;需求曲线左移使均衡价格降低,均衡数量减少。

2. 供给因素的变动对均衡价格的影响

同理,影响供给的因素发生变化,也会导致供给曲线及均衡价格的位移。现假定需求曲线不变,如图 2-10 所示,由于技术进步,厂商对商品的供给增加,供给曲线右移至 S_1,如果价格保持不变(仍为 P_0),此时的需求为 Q_0,供给量为 Q_1',供大于求,此时厂商会降价。经过反复调整,价格 P_1 为新的均衡价格,均衡数量为 Q_1。

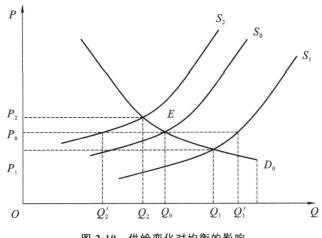

图 2-10 供给变化对均衡的影响

如果要素价格上升,成本上升,厂商供给减少,供给曲线左移至 S_2。如果价格保持不变(仍为 P_0),此时需求数量为 Q_0,供给量为 Q'_2,供不应求,此时厂商会涨价。经过反复调整,价格 P_2 为新的均衡价格,均衡数量为 Q_2。

因此,当需求曲线不变时,供给曲线右移引起均衡价格下降,均衡数量增加;供给曲线左移会使均衡价格提高,均衡数量减少。

将以上两个方面的分析概括起来,就是供求定理:需求水平的变动引起均衡价格和均衡数量同方向变动供给水平的变动;供给水平的变动引起均衡价格反方向变动,引起均衡数量同方向变动。

注意,在实际上,供给和需求会同时变动。此时,均衡价格和均衡数量变动的程度和方向,取决于供求两方面各自变动程度的大小和方向。

(1)需求的增加大于供给的增加时,价格上升,均衡数量增加;
(2)需求的增加小于供给的增加时,价格下降,均衡数量增加;
(3)需求的减少小于供给的减少时,价格上升,均衡数量减少;
(4)需求的减少大于供给的减少时,价格下降,均衡数量减少;
(5)只有当供求变动方向和程度都相同时,无论供求增加还是减少,价格不变,只有均衡数量的改变。

三、均衡价格理论的运用——支持价格与限制价格

西方经济学家经常用均衡价格理论来分析政府的各种价格政策对经济的影响,关于支持价格与限制价格的分析即是一例。

支持价格是政府为了扶植某一行业的生产而规定的该行业产品的最低价格。图 2-11 可用来说明支持价格政策所产生的后果。从图 2-11 中可以看出,该行业产品的均衡价格为 P_0,均衡数量为 Q_0。但政府为了支持该行业的生产,确定了支持价格为 P_1,$P_1 > P_0$,即支持价格高于均衡价格。这时需求量为 Q_1,而供给量为 Q_2,$Q_2 > Q_1$,即供给大于需求,$Q_2 - Q_1 = Q_1 Q_2$,为供给过剩部分。为了能维持支持价格,政府就要收购过剩产品,用于储备和出口等。

限制价格是政府为了限制某些生活必需品的物价上涨而规定的这些产品的最高价格。图 2-12 可用来说明限制价格政策所产生的后果。从图 2-12 中可以看出,某种产品的均衡价格为 P_0,均衡数量为 Q_0。但政府为了防止物价上涨,确定了这种产品的限制价格为 P_1,$P_1 < P_0$,即限制价格低于均衡价格。这时需求量为 Q_1,而供给量为 Q_2,$Q_1 > Q_2$,即需求大于供给,$Q_1 - Q_2 = Q_1 Q_2$,为供给不足部分。为了维持这种限制价格,政府会采用配给制,市场上会出现抢购和黑市交易等现象。

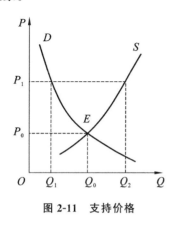

图 2-11　支持价格

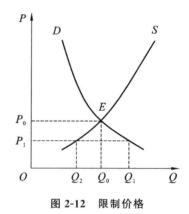

图 2-12　限制价格

第四节　需求与供给的价格弹性

供求规律揭示了商品价格调节供求的一般规律,即价格上升会使供给量增加和需求量减小,价格下降会使供给量减小和需求量增加。但是,价格变动究竟会引起供求多大程度的变动,则需要借助于价格弹性理论的分析。

所谓弹性,一般是指反应程度,即在两个函数关系的变量之间,其因变量对自变量变化的反应灵敏度,或者说,因变量的变动幅度(变动的百分比)对自变量变动幅度的比例关系。弹性原本是一个物理学概念,于 19 世纪被法国经济学家古诺应用于经济学中,以反映作为因变量的经济变量的相对变化对作为自变量的相对变化的反应程度或敏感程度,这一概念后来被英国经济学家阿弗里德·马歇尔运用于供求与价格关系的分析中,并逐步形成了一套价格弹性理论。需求弹性可以分为需求的价格弹性、需求的收入弹性和需求的交叉弹性,分别说明需求量变动与价格、收入和其他商品价格变动之间的关系。

一、需求弹性

1. 需求价格弹性

(1)需求价格弹性,也称为需求弹性,是指需求量的变化与价格变化的百分比之间的比值,反映了市场需求量或销售量对价格变动的敏感程度。其公式为:

$$\text{需求价格弹性} = \frac{\text{需求量变动的百分比}}{\text{价格变动的百分比}}$$

如果以 E_d 代表需求弹性系数，P 代表价格，ΔP 代表价格的变动量，Q 代表需求量，ΔQ 代表需求的变动量，则需求弹性的公式为：

$$E_d = \frac{\dfrac{\Delta Q}{Q}}{\dfrac{\Delta P}{P}}$$

例如，某商品的价格从每单位 5 元下降为 4 元（$P=5$ 元，$\Delta P=-1$ 元），需求量由 20 单位增加到 30 单位（$Q=20$ 单位，$\Delta Q=10$ 单位），则该商品的需求弹性为：

$$E_d = -2.5$$

这里我们要注意，因为需求量变动的方向与价格变动的方向相反，因此需求价格弹性值始终为负值。为使用方便，一般省略负号而用其绝对值表示。

（2）需求价格弹性的分类。需求价格弹性按系数值大小不同，可分为需求富有弹性、需求单一弹性、需求缺乏弹性、需求完全弹性和需求完全无弹性五种类型，如图 2-13 所示。

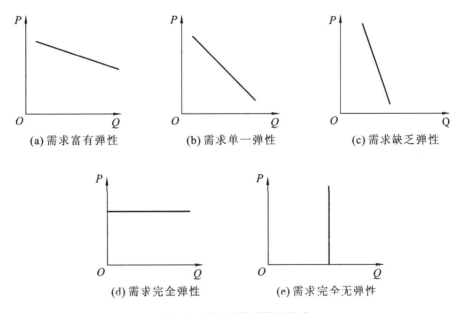

图 2-13　需求价格弹性的分类

① 当 $E_d > 1$ 时，需求富有弹性，需求变动的百分比大于价格变动的百分比，即如果价格变动 1% 将导致需求量的变动大于 1%，如图 2-13(a) 所示。

② 当 $E_d = 1$ 时，需求单一弹性，需求变动的百分比等于价格变动的百分比，即如果价格变动 1% 将导致需求量变动 1%，如图 2-13(b) 所示。

③ 当 $0 < E_d < 1$ 时，需求缺乏弹性，需求变动百分比小于价格变动百分比，即如果价格变动 1%，则引起需求量的变动小于 1%，如图 2-13(c) 所示。

④ 当 $E_d = \infty$ 时，需求完全弹性，价格的微小变动引致需求量无穷大的变化，表示某种商品在某一既定价格水平上，需求量无穷大，需求曲线是与横轴平行的平线，如图 2-13(d) 所示。

⑤ 当 $E_d=0$ 时，需求完全无弹性，价格的变动不引起需求量的丝毫变化，需求曲线是与横轴垂直的一条直线，如图 2-13(c)所示。

上述几种类型，在现实经济生活中，(a)、(c)两种类型比较常见，其余三种类型则较罕见。

(3) 影响需求价格弹性的因素主要表现在以下五个方面。

① 人们对这种商品的需求程度的大小。一般来说，生活必需品的需求弹性小，而奢侈品的需求弹性大。

② 商品本身的可替代程度。一般来说，越易于被替代的商品其需求弹性越大，而越不易于被替代的商品其需求弹性越小。

③ 商品的用途是否广泛。一般来说，用途广泛的商品需求弹性大，而用途少的商品需求弹性小。

④ 商品使用时间的长短。一般来说，非耐用品的需求弹性小，而耐用品的需求弹性大。

⑤ 商品在家庭支出中所占的比例。在家庭支出中占比例小的商品，价格变动对需求的影响小，所以其需求弹性也小。在家庭支出中占比例大的商品，价格变动对需求的影响大，所以其需求弹性也大。

(4) 需求价格弹性与销售收入的关系。我们知道，销售收入等于单位商品售价乘以销售量。各种商品的需求弹性不同，即价格变动对销售量的影响程度不同，因而销售收入的变化不同。正因为如此，才使得对需求弹性的研究显得更有意义。

① 需求富有弹性商品价格变动对销售收入的影响。当商品需求富有弹性时，即 $E_d>1$ 时，价格下降会使销售收入增加；反之则使销售收入减小，两者运动方向相反。这是因为单位商品售价虽然降低，但由于销售数量增幅更大，不仅能弥补降价损失，还能盈余。

② 需求单一弹性商品价格变动对销售收入的影响。当商品需求单一弹性时，即 $E_d=1$ 时，价格无论如何变动，销售收入均不变。这是因为单位商品价格变化所增减的收入，恰好被销售量减增的收入所抵消。

③ 需求缺乏弹性商品价格变动对销售收入的影响。当商品需求缺乏弹性时，即 $0<E_d<1$ 时，价格下降则使销售收入减小；反之则使销售收入增加，两者运动方向相同。这是因为降价后销售量的微小增加，不足以抵消降价损失，故销售收入减小。

④ 需求完全弹性商品价格变动对销售收入的影响。当商品需求完全弹性时，即 $E_d=\infty$ 时，价格下降会使销售收入无限增加；反之则使销售收入无限减小，两者运动方向相反。

⑤ 需求完全无弹性商品价格变动对销售收入的影响。当商品需求完全无弹性时，即 $E_d=0$ 时，价格升降会使销售收入同幅度增减。这是因为价格无论如何变动，销售量都保持不变，在"销售收入＝价格×销售量"的公式中，销售量为一固定常数，故销售收入与价格同幅度增减。

2. 需求收入弹性

需求收入弹性是商品需求量对消费者收入变动的反应灵敏度，或者说，是商品需求量变化的百分比对消费者收入变化的百分比的比值。其公式可表示为：

$$需求收入弹性=\frac{需求量变动的百分比}{收入变动的百分比}$$

如果以 E_m 代表需求收入弹性的弹性系数，I 代表收入，ΔI 代表收入的变动量，Q 代表需求

量，ΔQ 代表需求的变动量，则需求的收入弹性的公式为

$$E_{\mathrm{m}}=\frac{\dfrac{\Delta Q}{Q}}{\dfrac{\Delta I}{I}}$$

与需求价格弹性大致相同，低收入弹性的商品属于必需品，而收入弹性远远大于1的商品，可以认为是奢侈品。

应当注意，收入变化对需求量的影响，有可能是同方向变动，也有可能是反方向变动。因此，需求收入弹性有可能是正数，也有可能是负数。对于大多数商品来说，收入增加，将导致消费者对其需求量的增加，收入弹性为正数，这类商品称为正常商品，如咖啡、耐用消费品等；但有些低档商品，收入增加，反而会使其需求量减少，收入弹性为负数，如低劣食品等。

3. 需求交叉弹性

需求交叉弹性是指商品需求量对其他某一相关商品价格变动的反应灵敏度，或者说，是指商品需求量变动的百分比对其他某一相关商品价格变动百分比的比值。其公式可表示为：

$$需求交叉弹性=\frac{X 商品需求量变动的百分比}{Y 商品价格变动的百分比}$$

如果以 E_{XY} 代表需求交叉弹性的弹性系数，P_Y 代表 Y 商品的价格，ΔP_Y 代表 Y 商品价格的变动量，Q_X 代表 X 商品的需求量，ΔQ_X 代表 X 商品需求的变动量，则需求交叉弹性的公式为

$$E_{XY}=\frac{\dfrac{\Delta Q_X}{Q_X}}{\dfrac{\Delta P_Y}{P_Y}}=\frac{\Delta Q_X}{\Delta P_Y}\cdot\frac{P_Y}{Q_X}$$

这里应当注意，相关商品有两种情况：一是互补商品，由于它的需求量变动与其相关商品的价格变动呈反方向变化，因此，需求交叉弹性为负数；二是替代商品，由于它的需求量变动与其相关商品价格变动呈同方向变化，因此需求交叉弹性为正数。

二、供给价格弹性

1. 供给价格弹性的含义

供给价格弹性亦称供给弹性，是指某一商品的供给量对其自身价格变化的敏感程度，即用来衡量价格变动比率所引起的供给量变动的比值，等于供给量变化百分比与价格变化百分比的比值。其公式可表示为：

$$供给价格弹性=\frac{供给量变动的百分比}{价格变动的百分比}$$

如果以 E_s 代表供给弹性系数，P 代表价格，ΔP 代表价格的变动量，Q 代表供给量，ΔQ 代表供给的变动量，则供给弹性的公式为

$$E_s=\frac{\dfrac{\Delta Q}{Q}}{\dfrac{\Delta P}{P}}$$

根据供给规律,供给量的变动与价格的变动呈同方向变动,因此,供给弹性系数 E_s 始终为正值。

2. 供给价格弹性的分类及与销售收入的关系

供给价格弹性按系数值大小不同,可分为以下五种类型。
(1) 当 $E_s > 1$ 时,供给富有弹性,即供给量变动的幅度大于价格变动的幅度。
(2) 当 $E_s = 1$ 时,供给单一弹性,即供给量变动的幅度等于价格变动的幅度。
(3) 当 $0 < E_s < 1$ 时,供给缺乏弹性,即供给量变动的幅度小于价格变动的幅度。
(4) 当 $E_s = \infty$ 时,供给完全弹性,即价格既定,供给量无限。
(5) 当 $E_s = 0$ 时,供给完全无弹性,即无论价格如何变化,供给量不会发生变化。

对于供给者来说,市场价格越高,其愿意提供的商品数量就越多,销售收入就越高;反之则越低。因此,不管商品供给是否富有弹性,其销售收入与价格变动的方向总是一致的,只是变动的幅度不同而已。从这个意义上说,需求弹性能给企业的收益变动提供某种预兆,而供给弹性则不能。

3. 影响供给价格弹性的因素

(1) 价格变动的时间长短。一般来说,价格变动时间短,供给弹性较小;反之,供给弹性较大。这是因为在短期内,生产者不可能调整生产规模,供应量也难以有太大变化;而在长期内,生产者则可以根据价格变动的情况,扩大或缩小生产规模,使供应量出现较大的变化。价格变动时间的长短对供应量的影响,还与商品再生产周期的长短密切相关。再生产周期越长,供应量在短期内增长的可能性就小;反之,则供给弹性越大。如农产品生产,因受生产周期的影响,短期内价格波动,生产者无法根据价格变动去调整生产,价格对其供应量的影响往往需要经过一年甚至更长时间才能表现出来。因此,在短期内,其供给弹性几乎为零。

(2) 生产的技术装备规模。一般来说,生产商品的技术装备越简单,形成新的生产能力所费的时间就短,对价格变动的反应也越快,其供给弹性相对就较大,如劳动密集型产品等;反之,资本密集型产品技术装备复杂,资金需求量大,增减供给量较难,其供给弹性就较小。

(3) 生产所需耗费的资源品种和数量。一般来说,生产某种商品所需耗费的稀缺资源品种和数量越少,供给弹性就越小;反之就越大。这是因为稀缺资源供给量有限,限制了以稀缺资源为投入要素商品对价格变动做出反应的能力。

(4) 生产成本的增加量。若因扩大生产所引致的成本增加量大于价格上升额,生产者就不愿意扩大生产,因而其供给弹性较小;反之,生产者就会积极增产,因而其供给弹性较大。

本 章 小 结

供求理论是经济学的基础理论,供给与需求分析方法是现代市场理论最基本的分析方法。供求理论通过供求定理阐明了市场机制的作用。

供给定理说明,一般商品供给量与价格呈同方向变动的关系。需求定理说明,一般商品需求量与价格呈反方向变动的关系。供求相等时的价格和产量,是均衡价格和均衡产量。市场价格正是在供求压力下,不断地偏离和趋于均衡价格。

供求定理:假定供给不变,需求增加(或减少)引起均衡价格上升(或下降)和均衡数量增加(或减少);假定需求不变,供给增加(或减少),引起均衡价格下降(或上升)和均衡数量增加(或减少)。

弹性理论分析了影响供给和需求的因素,如价格、收入等变量的相对变化引起的供给和需求相对量的变化。

思考与练习

一、重要概念
需求　需求规律　供给　供给规律　均衡价格　替代品　互补品　需求价格弹性　需求收入弹性　需求交叉弹性

二、选择题

1. 保持所有其他因素不变,某种商品的价格下降,将导致(　　)。
   A. 需求量增加　　　　　　　　B. 需求量减少
   C. 需求增加　　　　　　　　　D. 需求减少

2. 保持所有其他因素不变,某种商品的价格下降,将导致(　　)。
   A. 需求增加　　　　　　　　　B. 需求减少
   C. 需求量增加　　　　　　　　D. 需求量减少

3. 下列因素除(　　)外都会使需求曲线移动。
   A. 消费者收入变化　　　　　　B. 商品价格变化
   C. 消费者偏好变化　　　　　　D. 其他相关商品价格变化

4. 如果商品 X 和商品 Y 是相互替代的,则 X 的价格下降将导致(　　)。
   A. X 的需求曲线向右移动　　　B. X 的需求曲线向左移动
   C. Y 的需求曲线向右移动　　　D. Y 的需求曲线向左移动

5. 某种商品价格下降对其互补品的影响是(　　)。
   A. 互补品的需求曲线向左移动　B. 互补品的需求曲线向右移动
   C. 互补品的供给曲线向右移动　D. 互补品的价格提高

6. 假定某商品的价格从 10 美元下降到 9 美元,需求量从 70 增加到 75,则需求为(　　)。
   A. 缺乏弹性　　　　　　　　　B. 富有弹性
   C. 单一弹性　　　　　　　　　D. 难以确定

7. 下列哪种情况使总收益增加?(　　)
   A. 价格上升,需求缺乏弹性　　B. 价格下降,需求缺乏弹性
   C. 价格上升,需求富有弹性　　D. 价格下降,需求单位弹性

8. 劣质品需求的收入弹性为(　　)。
   A. 正　　　　　　　　　　　　B. 负
   C. 零　　　　　　　　　　　　D. 难以确定

9. 假定生产某种产品的原材料价格上升,则这种产品的(　　)。
   A. 需求曲线向左移动　　　　　B. 需求曲线向右移动

C. 供给曲线向左移动　　　　　　D. 供给曲线向右移动

10. 下列哪种情况不正确？（　　）

    A. 如果供给减少,需求不变,均衡价格将上升

    B. 如果供给增加,需求减少,均衡价格将下降

    C. 如果需求增加,供给减少,均衡价格将上升

    D. 如果需求减少,供给增加,均衡价格将上升

11. 在需求和供给同时减少的情况下,将出现（　　）。

    A. 均衡价格下降,均衡产销量减少

    B. 均衡价格下降,均衡产销量无法确定

    C. 均衡价格无法确定,均衡产销量减少

    D. 均衡价格上升,均衡产销量减少

12. 均衡价格随着（　　）。

    A. 需求和供给的增加而上升　　　　B. 需求和供给的减少而上升

    C. 需求的减少和供给的增加而上升　　D. 需求的增加和供给的减少而上升

三、思考题

1. 简述需求定义和需求定理。

2. 影响需求变动的因素有哪些？并举例说明。

3. 替代品和互补品之间有什么区别？下面哪对商品是替代品,哪对商品是互补品,哪对商品两者都不是？

    ① 可口可乐和百事可乐；

    ② 计算机硬件和软件；

    ③ 盐和糖；

    ④ 粉笔和黑板；

    ⑤ 图书和书架。

4. 简述供求定理。

5. 通常,公共交通公司、自来水公司都会再要求涨价,请以所学有关理论加以解释。

6. 借助于图像分析在下列市场条件下的均衡价格与均衡产量的变动情况,并简要说明：

    ① 需求增加,供给不变；

    ② 需求减少,供给减少；

    ③ 需求减少,供给增加。

7. 下列成对物品中,你认为哪一种物品更富有需求价格弹性,为什么？

    ① 啤酒和水；

    ② 未来五个月的原油和未来五年的原油；

    ③ 指定教科书和武侠小说。

第三章 消费理论

【学习目标与要求】

本章站在消费者角度,进一步阐明消费者在追求自身最大利益的前提上来选择自己的所为,即追求自身效用最大化。因此,通过本章的学习,重点掌握基数效用论和序数效用论的有关概念及边际效用分析法和无差异曲线分析法对消费者均衡的分析;掌握消费者均衡的条件;了解预算线、收入效应与替代效应、消费者剩余及消费者行为理论的运用。

需求产生于消费,供给产生于生产。要说明需求与供给是如何决定的就应该解释消费与生产。消费是由消费者(居民)所进行的行为,生产是由生产者(厂商)所进行的行为。本章的消费理论和下一章的生产理论分别说明消费者的行为决定和生产者的行为决定,从而进一步阐明需求与供给。

第一节 效用论概述

【案例导入】

人们都追求幸福。对于幸福,1 000个人有1 000种理解。幸福到底是什么?美国经济学家萨缪尔森提出了一个幸福方程式:幸福=效用/欲望。从这一公式来看,幸福取决于两个因素:效用与欲望。当欲望既定时,效用越大越幸福;当效用既定时,欲望越小越幸福。幸福与效用同比例变动,幸福与欲望反比例变动。如果欲望无限大,幸福即为零,所以人们常说"知足常乐"。经济学讲的人的欲望的无限性是从发展的角度而言的,即一个欲望满足后,又会有新的欲望产生,但是在一个欲望未满足时,这个欲望是既定的,当欲望既定时,人的幸福就取决于效用。因此,追求幸福就是追求效用的最大化。

1. 效用

效用是一个抽象概念,在经济学中用它来表示商品和劳务满足人们欲望或需要的能力。满足程度高则效用大,满足程度低则效用小。

理解效用的概念时,必须注意三点。第一,一种物品有效用不一定具有价值或价格。这主要是由于物品的价值或价格是由稀缺程度决定的,如空气,其效用很大,但不一定有价格,因为商品的价格是用机会成本来衡量的。所以经济学中所讲的效用,实际上是物品的使用价格。第二,效用本身并不含有伦理学的意义。这就是说,一种商品或劳务是否具有效用,取决于它能否满足人的欲望或需要,而不论这一欲望或需要是好是坏。如吸毒是坏欲望,但毒品能满足吸毒者欲望,它就具有效用。第三,效用有正有负。负效用是指某种商品或劳务所具有的引起人们不舒服或痛苦的能力。如某人吃两碗饭已饱了,再吃第三碗饭身体就不舒服,所以,第三碗饭对他而言具有负效用。

效用大小因人、因地、因时而不同,同一物品对不同的人,效用的大小是不可比的。比如,一支香烟对吸烟者来说可能有很大的效用,而对不吸烟者则可能完全没有效用;又如,冷气在夏天降温是有效用的,而在冬天则没有什么效用。

2. 总效用和边际效用

(1)总效用。总效用是消费者消费一定量商品或劳务所得到的边际效用的总和,也就是从消费一定量商品或劳务中得到的总的满足程度。随着消费量增加,总效用也增加,但总效用按递减比率增加,达到最大值后,继续增加消费量,将会使总效用减少,边际效用出现负数。

(2)边际效用。边际效用是指当某种商品的消费量增加一单位时所增加的满足程度。"边际"一词是经济学中一个关键术语。所谓"边际"就是"增加量"的意思,边际效用的概念对于理解使总效用达到最大的条件是必不可少的。例如:一个人从第一块面包所获得的总效用为10个单位,再消费一块面包,即他消费两块面包所获得的总效用为17个单位,这表示他因增加第二块面包的消费所增加的效用,即边际效用是7个单位。

边际效用分析在发展过程中有基数效用和序数效用之别。基数效用是指消费者的满足程度可以像距离、重量一样用"1,2,3,…"这样的基数衡量其绝对大小。比如,某消费者吃第一块面包所得到的满足程度是2个效用单位,吃第二块面包所得到的满足程度是1个效用单位,消费者消费这两块面包所得到的满足程度就是3个效用单位。这就是所谓的基数效用论。序数效用是指消费者的满足程度不能用基数来衡量其绝对大小,但可以用"第一,第二,第三,…"这样的序数来衡量不同满足程度的相对高低。比如,尽管你不知道,从吃一块面包或者看一场电影中所得到的满足程度到底是多大,但是,你却可以比较这两个行为的满足程度究竟谁大谁小。为了做到这一点,只需要让你在这两种行为中进行选择就行了。如果你选择了吃面包,那么说明吃面包的满足程度更大。这就是所谓的序数效用论。消费者购买并消费商品或劳务的目的是实现效用最大化。在消费者收入既定条件下,如何实现效用最大化,经济学家曾在基数效用论和序数效用论的基础上研究过这个问题,这两种理论又分别采用了边际效用分析法和无差异曲线分析法。

第二节 基数效用论

【案例导入】

有这样一个事例:一个人必须走完一段路程,但他只走完一半却已饿得瘫倒在地上,他需要5个馒头才能吃饱。第一个馒头可以使他站立起来继续行走,因而其效用是最大的,之后几个馒头的效用依次递减。当开始吃第 5 个馒头时,他已有八九分饱,因而这个馒头对于他走完那段路程来说,几乎是可有可无的了,故其效用最小。第二个事例是一个农民在原始森林中建了一座小木屋,独自在那里劳动和生活。他收获了 5 袋谷物,这些谷物要用到来年秋天,但不必留有剩余。他是一个善于精打细算的人,因而安排了一个在一年内使用这些谷物的计划。第一袋谷物是他维持生存所必需的。第二袋是在维持生存以外增强体力与精力的。此外,他希望有些肉可以吃,所以留第三袋谷物来饲养鸡、鸭等家禽。他爱喝酒,于是他将第四袋谷物用于酿酒。对于第五袋谷物,他觉得最好用它来养几只他喜欢的鹦鹉,这样可以解闷。显然,这 5 袋谷物的不同用途决定了其重要性是不同的。

一、边际效用递减规律

随着消费者对某种物品消费量的增加,他从该物品连续增加的消费中所得到的边际效用是递减的。也就是说,随着一个人所消费的某种物品的数量增加,其总效用虽然相应增加,但物品的边际效用(即所增加的一定量的物品中最后增加的那一个单位所增加的效用,或最后一个单位物品提供的效用),随所消费物品数量的增加而有递减的趋势。总效用有可能达到一个极大值,超过这一极大值,物品的边际效用等于零或变为负数。所谓边际效用是负数,意指对于某种物品的消费超过一定量以后,其不但不能增加消费者的满足和享受,反而会引起消费者的讨厌和损害。这个规律对我们理解消费者的消费行为非常重要。

二、边际效用递减规律与需求规律的关系

需求规律表明,消费者愿意购买的任一商品的数量与该商品的价格呈反方向变化,即:价格提高,需求量减少;反之,价格降低,需求量增多。为什么消费者对商品的需求量与其价格之间有这样一种反向变动关系呢?在经济学中,可以用边际效用递减规律来解释。既然存在边际效用递减趋势,那么当一个人要购买商品时,他就要衡量自己的货币收入以及该商品所能产生的边际效用。如果他的货币的边际效用固定不变,那么他对该商品所愿意付出的价格就以其边际效用为标准。如果其边际效用大,则愿意多付;反之则少付。但根据边际效用递减规律,一种商品的边际效用是随其数量增多而递减的。因此,当他所拥有的该商品数量越多时,其边际效用就越小,这时他所愿意支付的价格就越低;反之,当他所拥有的该商品数量越少时,其边际效用就越大,这时他所愿意支付的价格就越高。由此可见,决定商品价格的是它的边际效用。当一个消费者已经拥有较多的某种商品时,如果希望他再购买,只有降低该商品的价格;反之,当他拥有的某种商品的数量较少时,提高价格也无妨。由此可见,需求曲线应该向右下方倾斜。

例如,某消费者对衬衣的需求状况是:当价格为 125 元时,他愿意购买 1 件;当价格为 100 元时,他愿意购买 2 件;当价格为 80 元时,他愿意购买 3 件。为什么价格越低他愿意购买的数量越多?用边际效用理论来解释:该消费者愿意用 125 元购买 1 件衬衣,表示 1 件衬衣的效用至少等于他为此付出的 125 元的效用,即 250 个效用单位(假定 1 元货币的效用是 2 个单位);当价格降到 100 元时,他愿意购买 2 件,这表明他追加购买的第二件衬衣的边际效用应等于 100 元的效

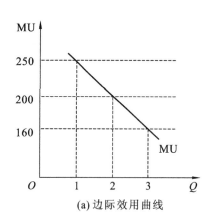
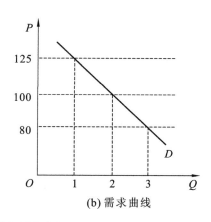

图 3-1 边际效用曲线与需求曲线

用,即 200 个效用单位;同理,他愿意以每件 80 元的价格购买 3 件衬衣,这表明第三件衬衣的边际效用应是 80 元的效用,即 160 个效用单位。图 3-1 表示可以从消费品的(a)边际效用曲线推导出(b)需求曲线,它说明由于存在边际效用递减规律,使得消费者购买的商品数量越多,对每单位商品愿意支付的价格就越低。

三、消费者均衡

消费者在商品市场上可以在多种商品中间进行选择,自由地改变消费的方向。为此,我们需要了解,一个消费者,在什么条件下,可以从消费品的市场组合中得到最大满足,即消费者怎样实现效用最大化。

满足效用最大化的基本条件是:在消费者的收入固定和他面临的各种商品的市场价格既定的条件下,当花费在任何一种商品上的每 1 元钱所得到的边际效用等于花费在其他任何一种商品上的每 1 元钱所得到的边际效用时,该消费者就得到最大的满足或效用。这是因为,如果消费者发现多花 1 元钱在一种商品上所得到的边际效用,比多花 1 元钱在另外一种商品上所得到的边际效用小,那么,他就会把得到边际效用较小的那种商品的花费转移到较大的边际效用的商品上,直到边际效用递减规律使得花费在该商品上的 1 元钱的边际效用降到与其他商品的边际效用相等为止。

现在假设,消费者在市场上用其收入只选购两种商品,即面包和咖啡,那么边际效用均等和消费者均衡可以用这样一个表达式来表示:

$$\frac{\text{面包的边际效用}}{\text{面包的价格}} = \frac{\text{咖啡的边际效用}}{\text{咖啡的价格}} = \text{每 1 元收入的边际效用}$$

即所购商品带来的边际效用与其价格之比相等,也就是说,每 1 单位货币不论用于购买面包,还是用于购买咖啡,所得到的边际效用都相等。

上述表达式还可写为:

$$\frac{\text{面包的边际效用}}{\text{咖啡的边际效用}} = \frac{\text{面包的价格}}{\text{咖啡的价格}} = \text{每 1 元收入的边际效用}$$

上式说明两种商品之间的边际效用之比,必定等于它们的价格之比。如果咖啡的边际效用是面包的边际效用的两倍,那么,咖啡的价格也必定是面包价格的两倍。

消费者按照消费者均衡的原则来购买物品,在收入既定的条件下,多购买面包就要少购买咖啡,反之亦然。只有当消费者购买最后 1 单位面包带来的边际效用与价格之比等于购买最后 1 单位咖啡带来的边际效用与价格之比时,总效用达到最大,这时,消费者不再调整购买面包和咖啡的数量,从而实现了消费者均衡。

第三节　序数效用论

【案例导入】

小红和小芳一起上街去买衣服。她们走进了一家服装店,正好赶上这家服装店搞促销活动。小红看到自己一个月前买过的一件衣服现在打对折,心里不是个滋味;仅仅一个月,衣服的价格降了一半。心里得到安慰的是这件衣服的款式、颜色、面料都很适合自己,穿在身上别人都说好。现在价格降了正好可以再买一件,她将这个想法告诉了小芳。没想到小芳坚决反对:为什么要买两件一样的衣服呢?应该用这些钱去买一件不同款式、不同颜色的衣服。如果是你,你会做怎样的选择?

一、无差异曲线

无差异曲线是用来表示两种商品的不同数量的组合给消费者所带来的效用完全相同的一种曲线。

假设你是一个消费者,在给定的价格水平下,你要购买两种不同的商品,比如食品和衣服。你可以多购买一点食品,少购买一点衣服,也可以少购买一点食品,多购买一点衣服。总之,你可以购买各种不同的商品组合,从每一种商品的组合中,你可以得到一定的效用。对于任意的两种组合 A 和 B,你或者更加偏好 A,或者更加偏好 B,或者对选择 A 还是 B 无所谓,即认为 A 和 B 无差异。

我们任意选择一种商品组合 A,比如 1 个单位的食品和 6 个单位的衣服。然后,我们把所有与这一商品组合无差异的其他商品组合找出来,它们可能是 B,即 2 个单位的食品和 3 个单位的衣服,或者是 C,即 3 个单位的食品和 2 个单位的衣服,等等。表 3-1 给出了一些与组合 A 无差异的其他组合。

表 3-1　无差异曲线组合

	食品	衣服
A	1	6
B	2	3
C	3	2
D	4	1.5

在表 3-1 中,食品和衣服以不同的比例组合起来:1 个单位食品与 6 个单位衣服组合,2 个

单位食品与3个单位衣服组合,3个单位食品与2个单位衣服组合,4个单位食品与1.5个单位衣服组合。所有这些组合对于消费者来说是同样的,无论其选取哪种组合都是无差异的。

我们把上述这些不同的商品组合表现在图形中,就是图3-2中的点A、B、C、D。在图3-2中,我们用横轴来衡量食品单位,用纵轴来衡量衣服单位。4种组合A、B、C、D都各由图上的一点来表示。但是这4种组合绝不是对消费者无差异的仅有的几种不同组合,还有许多没有表示出来的组合。如果我们把所有与商品组合A都无差异的商品组合表示在图形中,我们就可得到一条无差异曲线。在该图中,连接A、B、C、D 4个点的平滑曲线就是这样的一条无差异曲线,无差异曲线上的任何点都代表对于消费者来说无差异的消费组合,所有的组合都是消费者同样愿意得到的。

依照与上面同样的方式,我们也可以画出其他的无差异曲线。例如,选择另外一个与A有差异的商品组合A',我们也可以找到所有与A'无差异的其他商品组合,商品组合B'、C'、D'、…,我们把与之无差异的其他商品组合的点连接起来得到另外一条无差异曲线。我们可以想象到,这样的无差异曲线是有无穷多条的。

图3-3给出了三条无差异曲线。在图3-3中,同一条无差异曲线代表相同的效用,不同的无差异曲线代表不同的效用。离原点越远的无差异曲线所代表的效用越大,离原点越近的无差异曲线所代表的效用越小。消费者当然愿意选取离原点较远的无差异曲线上的商品组合,因为它代表着具有较大效用的食品和衣服的组合。

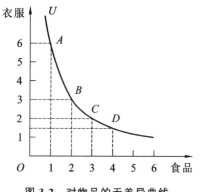

图3-2 对物品的无差异曲线

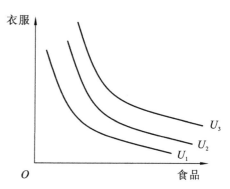

图3-3 无差异曲线图

无差异曲线是凸向原点的,因此,随着消费者沿曲线向下和向右移动——增加食品的数量和减少衣服的数量,曲线会变得更加平坦,这是由边际替代率递减所决定的。边际替代率是用来度量一种商品对另一种商品的替代能力的概念。其定义为:消费者在保持相同的效用时,增加的一种商品的消费量与减少的另一种商品的消费量之比。如果以$\Delta Q_食$表示食品的增加量,以$\Delta Q_衣$表示衣服的减少量,那么,以食品代替衣服的边际替代率$=\dfrac{\Delta Q_食}{\Delta Q_衣}\left(\text{MRS}_{食衣}=\dfrac{\Delta Q_食}{\Delta Q_衣}\right)$。

经济学家认为,边际替代率所反映的消费者增加一种商品而愿意放弃的另一种商品的数量是有规律的,即边际替代率是递减的。我们可以从前面所举的例子来说明这一点。在图3-2中,从A点移到B点,就意味着消费者用6个单位衣服中的3个单位来换取第2个单位的食品。但是,从B点移到C点,消费者只需放弃剩下的衣服中的1个单位就可得到第3个单位的食品,为了得到第4个单位的食品,消费者仅仅愿意放弃已经逐步减少的衣服中的0.5个单位。

边际替代率递减,实际就是边际效用递减规律。在无差异曲线图中,边际替代率就是无差异曲线的斜率。无差异曲线的斜率是递减的,无差异曲线就是凸向原点的。

二、消费预算线

在运用无差异曲线来分析消费者均衡时,我们还需了解另一个概念:消费预算线。消费预算线又称消费可能线或等支出线,它表明在消费者收入和商品价格既定的条件下,消费者所能购买到的两种商品数量的最大组合。在消费者均衡中,我们把消费预算线和无差异曲线结合起来解决消费者行为问题。

假定消费者有限的收入为60元,他在食品和衣服这两种商品中进行选择。其中,食品的价格为15元,衣服的价格为10元。如果他把全部的收入都用来购买食品,可以购买4个单位的食品;如果他把全部的收入用来购买衣服,可以购买6个单位的衣服。表3-2列出了消费者花费60元的几种可能的消费组合。

表3-2　可供选择的消费组合

食品	衣服
4	0
3	1.5
2	3
1	4.5
0	6

对上述可供选择的消费可以用图描述出来,如图3-4所示。在图3-4中,消费者如用全部收入购买食品,可以购买个4个单位(A点);消费者如用全部收入购买衣服,可以购买6个单位(B点),连接A、B两点则为消费预算线。该线上任何一点都是在收入和价格既定的条件下,消费者能购买到的食品和衣服的最大数量的组合。如在C点,消费者购买3个单位的食品和1.5个单位的衣服,正好用完60元。在该线外的任何一点,消费者所购买的食品和衣服的组合大于该线上任何一点,但无法实现,因为其所花费的钱超过了既定收入。而在线内的任何一点,消费者所购买的食品和衣服的组合是可以实现的,但并不是最大数量的组合,即没有用完全部收入。

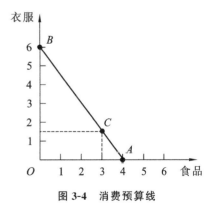

图3-4　消费预算线

所以说,消费预算线是用无差异曲线研究消费者均衡时的条件。

三、消费者均衡

现在我们把消费预算线和无差异曲线结合在一起来分析消费者均衡。如果把消费预算线和无差异曲线画在同一个图上,那么,消费预算线必定与无数条无差异曲线中的一条相切于一点,在这个切点上,消费者实现了消费者均衡,如图 3-5 所示。

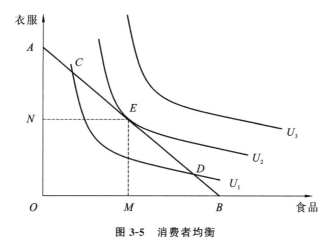

图 3-5 消费者均衡

在图 3-5 中,U_1、U_2、U_3 为 3 条无差异曲线,AB 线为消费预算线,AB 线与 U_2 相切于 E 点,这时消费者均衡得以实现。这就是说:在收入和价格既定的条件下,消费者购买 M 个单位的食品和 N 个单位的衣服,可以获得最大效用。

为什么只有在 E 点才能实现消费者均衡呢?从图 3-5 上看,U_3 所代表的效用大于 U_2,但 U_3 与 AB 线既不能相交也不相切,说明达到 U_3 效用水平的食品和衣服的数量组合在收入和价格既定的条件下是无法实现的。AB 线与 U_1 相交于 C 点和 D 点,在 C 点和 D 点上所购买的食品和衣服的数量也是在收入和价格既定的条件下最大的组合。但 U_1 的效用小于 U_2,在 C 点和 D 点,食品和衣服的组合并不能达到最大效用。此外,U_2 除 E 点之外的其他各点均在 AB 线之外,即其所属的食品和衣服数量的组合也是在收入和价格既定的条件下所无法实现的。因此,只有在 E 点才能实现消费者均衡。

第四节 消费者行为理论的应用

一、消费者剩余理论

前面已述,边际效用递减规律表示在不同数量临界点上增加一个单位商品消费给消费者带来的额外效用不断下降,用货币表示,则是消费者愿意为边际增加消费一个单位商品所支付的货币量不断下降,这就是消费者剩余的概念。

消费者追求效用最大化,因而可假定消费者试图把某种商品的消费量调整到其相对价格等于边际效用的数量水平上。随着某种商品消费数量上升,它的边际效用下降,因而需要商品价格下降到较低水平,才能使消费者在边际上增加消费。换句话说,对应于不同消费量临界点,人们愿意为新增一个单位消费而支付不同的价格。问题在于,对于给定时点的某个市场来说,不同消费者往往以同一价格购买不同数量的商品。

经济学告诉我们,市场上某种商品的实际价格是由整个市场对该商品的供求状况决定的,并不以某一位或某几位消费者的意愿为转移。所以,某商品的实际价格并不必然等于消费者愿意支付的价格。在大多数情况下,消费者愿意为某种商品支付的价格与他实际支付的价格差额,就是消费者剩余。其用公式表示为

消费者剩余＝消费者愿意支付的价格－消费者实际支付的价格

1. 用需求曲线衡量消费者剩余

消费者剩余与一种物品的需求曲线密切相关。我们用下面的例子来说明两者如何相关,并考虑矿泉水的需求曲线。

王教授暑期去黄山旅游,他决定不坐缆车,而是爬到山顶。走了不久,他自己的 1 瓶矿泉水就喝完了,路上没有人出售矿泉水,他必须到山顶才能买到。当他终于到达山顶时,他想如果矿泉水卖 30 元 1 瓶,他也会买 1 瓶。但出售矿泉水的商家并不知道他的支付意愿,而是按照 10 元卖给了他 1 瓶,这时王教授有 20 元的消费者剩余。当他喝了第 1 瓶矿泉水以后,第 2 瓶矿泉水对他的效用会下降,这时他愿意出 20 元购买第 2 瓶,但商家还是按照 10 元卖给了他,这时王教授有 10 元的消费者剩余。两瓶水喝完以后,王教授已经解渴,他对第 3 瓶水的评价是 10 元,商家的售价也是 10 元,王教授没有消费者剩余。王教授对第 4 瓶水的评价是 5 元,但商家要卖 10 元,这时不可能达成交易。从表 3-3 可看出消费者剩余的情况。

表 3-3 几次交易的消费者剩余

内　　容	消费者愿意支付的价格/元	消费者实际支付的价格/元	消费者剩余/元
第 1 瓶矿泉水	30	10	20
第 2 瓶矿泉水	20	10	10
第 3 瓶矿泉水	10	10	0
合计	60	30	30

如图 3-6 所示,当价格为 10 元时,王教授的消费者剩余为 30 元,10 元价格线以上和需求曲线以下的面积就是消费者剩余。这个结论对所有的需求曲线都是成立的。原因是需求曲线的高度衡量了购买者对商品的评价,即以他们对商品的支付意愿来衡量。这种支付意愿与市场价格之间的差额是每个购买者的消费者剩余,因此需求曲线以下和价格线以上的总面积是一种商品或劳务市场上所有购买者消费者剩余的总和。

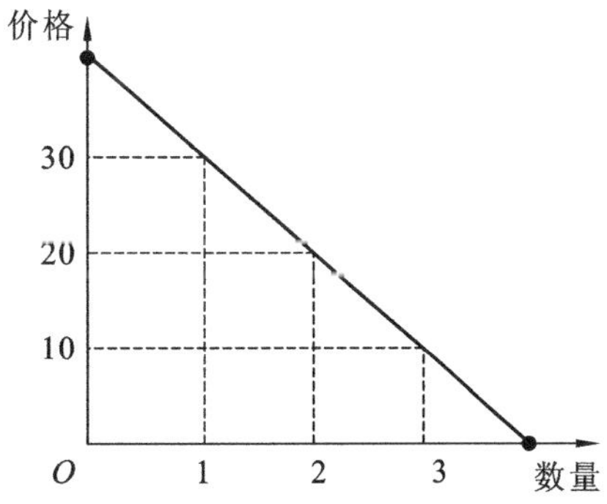

图 3-6 消费者剩余

2. 消费者剩余的应用

经济学家提出消费者剩余概念的目的是对市场结果的合意性做出规范性判断。生产者会想办法增加消费者剩余,并将消费者剩余的一部分转化为自己的利润。增加消费者剩余的途径就是提高消费者对商品的评价,从而提高消费者愿意支付的价格水平。这时生产者即使提高价格以增加自己的利润,但消费者仍然感到他的福利提高了,他的消费者剩余也随之增加了。

因此,一个人之所以愿意购买某些商品是因为他认为这些商品对他是有效用的,所以消费者是按商品效用的高低评价来决定他愿意支付的价格;一个人之所以愿意出售某些商品也同样是因为这些商品对他是有效用的,所以销售者是根据自己对商品效用的评价来决定出售的价格。

这就告知人们,当别人买某件商品时,我们最好不要从坏的方面去评价,因为这会降低消费者原来的效用评价,而应送上一句"真漂亮""真合身"或者"真会买",由此提高买者的效用评价,从而使其感到消费者剩余很高,心理感觉良好,得到一种快乐满足感。

二、消费者行为理论的局限性

消费者行为理论有三个假设:第一,消费者是完全理性的,即他们对自己消费的物品有完全的了解,而且自觉地把效用最大化作为目标;第二,存在消费者主权,即消费者决定自己的消费,而消费者的消费决策决定了生产;第三,效用仅仅来源于物品的消费。根据这些假设,消费者行为理论所得出的结论就是:消费者自行决定消费就可以实现效用最大化,政府不用干预消费者的行为。

现在一些经济学家认为,这三个假设条件不现实。

第一,在现实中消费者并不具有完全理性,完全理性仅仅是一种理论上的假设。消费者由于受修养、文化、习俗、思想意识等的影响,不可能具有完全的理性,也不能自觉地追求满足程度最大化。

第二,消费者的需求要受到许多社会因素的影响,在现代社会中,特别是受广告宣传的影响。一些公司不惜花费巨资通过各种形式来宣传自己的产品,这种宣传在一定程度上左右了消费者需求。从表面上看消费者是完全自由的,消费者主权是至高无上的,实际上消费者主权受到生产者的操纵。生产者从利润最大化的目的出发,生产出产品并通过广告"强迫"消费者接受。生产者主权实际上代替了消费者主权,这就是现代社会的消费特点。

第三,传统的消费理论把物品消费作为消费者满足的唯一源泉。现在经济学家认为,人们在物品消费之外,还有许多享受,如闲暇、文化艺术欣赏、清新而安静的环境,等等。如果只片面强调消费物品的增加,则有时不仅不能给消费者带来幸福,反而会引起环境污染、自然资源受到破坏、社会风尚败坏等问题。

总之,传统消费者行为理论认为,只要确保消费者的个人自由,就可以实现满足程度的最大化,只要每个消费者都实现了满足程度最大化,社会福利也就实现了最大化。但事实上,消费者并不是真正自由的,消费者的行为需要社会的引导和保护,这就需要有各种消费政策。

三、保护消费者的政策

为了指导消费者的消费行为,并保护消费者的权益,各国一般都采取了一些政策。

第一,确保商品的质量。由政府及有关组织颁布商品的最低限度的质量标准,规定任何商品都必须符合相应的质量标准,并由政府的有关机构对商品进行检验。同时,厂商要把商品的成分和商品可能的效用向消费者公布,不得保密,这样使消费者能享受到合乎标准的产品。

第二,正确的消费宣传。首先要求商品广告和商品说明书必须诚实可靠,对广告要有一定的限制。例如,烟和烈性酒等不利于健康的商品不得进行广告宣传,广告要对商品作如实的介绍,等等。其次,要通过规范教育和其他宣传形式向公众进行有关商品效用的教育,指导消费者正确地进行消费。

第三,禁止不正确的消费。例如:禁止出售枪支和毒品;通过宣传、税收或其他强制性措施,限制烟、烈性酒、某些有刺激性药物等的销售和消费等。特别是为保护儿童的身心健康,不让儿童消费一些不利于成长的商品,诸如禁止儿童进入成人影院,禁止出售给儿童一些不健康的玩具或书刊,等等。

第四,对某些特殊消费给予强制。有一些消费,例如教育、医疗、保险等,对整个社会和个人都是十分必要的,社会要通过法律或经济手段来强制人们进行这类消费。

第五,对某些行业的从业人员的素质进行必要的规定,这主要是指对提供医疗服务的医生、提供法律服务的律师和提供教育服务的教师的资历和素质做出规定,并要求其进行职业资格考核,考核合格方可从事这类职业。

第六,在价格管制政策中的限制价格政策也是一种对消费者的保护政策。这种政策可以防止消费者受到垄断厂商的侵害,并能保证人们得到基本生活品。对粮食、公用事业服务、廉租房等商品和劳务的限制,在保护消费者方面,还是有一定的作用的。

第七,建立"消费者协会"这类组织,保护消费者的利益。这种组织是半官方的,它可以接受消费者对商品和劳务质量、价格等方面的申诉,代表消费者向厂商提出诉讼,以及通过各种形式,为保护消费者的利益服务。

这些政策对保护消费者的利益,指导正确消费起到了积极作用。但是,这些政策的实施也会有不利的影响。例如,政府为此要有一定的支出,企业受到的限制较多会不利于生产效率的提高,等等。还有些措施在执行中会有许多困难,效果也并不十分理想。因此,政府在消费政策方面应有一个适度的范围,不管不行,管得太多太死也会不利于消费者和整个社会。

四、消费外在化的干预政策

从传统的消费者行为理论来看,消费完全是个人的问题。但实际上,个人的消费对社会是有影响的。首先,个人的消费影响社会资源的配置与利用。为了保护社会资源,尤其是某些比较稀缺的资源,我们需要用法律或经济手段限制某些消费。例如,用资源保护法禁止或限制人们对某些珍稀动物的消费,用提高水价的方法来限制人们对水资源的浪费,等等。其次,个人的消费会给社会带来一些不利的影响,对于这些消费也应进行限制。例如,小汽车的普及会使环境污染严重,造成交通拥挤,因此,在一些国家对小汽车的消费进行了必要的限制。再如,吸烟不仅不利于个人健康,也会危害他人健康,这就要对吸烟这种消费进行限制。最后,还应该注意个人消费对社会风气的影响。例如,个人的某些浪费性高消费,有可能败坏社会风气,引起社会犯罪率上升。对这种高消费有必要进行限制,例如对奢侈品加重税收就是限制这种高消费。

消费者行为理论完全是一种心理分析。不能否认心理因素在消费中的重要地位,但要强调的是,心理是离不开经济基础的。人的消费不仅受心理的支配,更是受经济地位的支配。

本章小结

效用是从人们的欲望出发,分析人类欲望的满足程度的评价指标。效用分为总效用和边际效用。边际效用递减规律具有普遍性,并据此说明需求和需求曲线。

对消费者满足程度的衡量,有两种不同的观点。一种观点认为,满足程度可以用"1,2,3,…"这样的基数来衡量其绝对大小,这就是基数效用论。另外一种观点认为,满足程度只能根据偏好程度用"第一,第二,第三,…"这样的序数来衡量,这就是序数效用论。

消费者收入是有限的。当消费者把他有限的收入全部用于购买两种商品时,得到的这两种商品的可能的集合,在几何上的表示就是所谓的消费预算线。消费预算线说明了消费者的预算约束。

无差异曲线是表示两种物品的各种组合,这些组合对消费者产生的满足程度都具有完全相同的效用。无差异曲线是序数效用论用来分析消费者行为,并用以解释需求曲线的成因的主要分析工具。

消费者均衡是消费者效用达到最大时的状态。在基数效用理论中,当任意两种商品的边际效用之比等于相应的价格之比时,消费者均衡得以实现;在序数效用理论中,在无差异曲线与消费预算线的切点上,消费者均衡得以实现。

消费者剩余是指消费者愿意支付的价格与实际支付的价格之间的差额。增加消费者剩余的原理就是提高消费者对商品的效用评价,从而提高消费者愿意支付的价格水平。这时,消费者感到他的福利提高了,同时生产者利润也随之增加了。

思考与练习

一、重要概念

效用　边际效用　无差异曲线　边际替代率　消费预算线　消费者均衡　消费者剩余

二、选择题

1. 总效用达到最大时(　　)。
   A. 边际效用最大　　　　　　　　B. 边际效用为零
   C. 边际效用为正　　　　　　　　D. 边际效用为负

2. 已知消费者收入是100元,商品 X 的价格是10元,商品 Y 的价格是3元。假定他打算购买7个单位 X 和10个单位 Y,这时商品 X 和商品 Y 的边际效用分别是50和18。如果获得最大效用,他应该(　　)。
   A. 停止购买　　　　　　　　　　B. 增购 X,减少 Y 的购买量
   C. 减少 X 的购买量,增购 Y 　　D. 同时增购 X 和 Y

3. 同一条无差异曲线上的不同点表示(　　)。
   A. 效用水平不同,但所消费的两种商品组合比例相同
   B. 效用水平相同,但所消费的两种商品组合比例不同

C. 效用水平不同,两种商品组合比例也不相同

D. 效用水平相同,两种商品组合比例也相同

4. 预算线的位置和斜率取决于( )。

   A. 消费者的收入

   B. 商品的价格

   C. 消费者的收入和商品的价格

   D. 消费者的偏好、收入和商品的价格

5. 商品 X 和商品 Y 的价格按相同的比例上升,而收入不变,预算线( )。

   A. 向右下方平行移动　　　　B. 向右上方平行移动

   C. 向左下方平行移动　　　　D. 不变动

6. 商品 X 和商品 Y 的价格以及消费者的预算收入都按同一比率变化,则预算线( )。

   A. 向右下方平行移动　　　　B. 向右上方平行移动

   C. 向左下方或右上方平行移动　D. 不变动

7. 消费预算线反映了( )。

   A. 消费者的收入约束　　　　B. 消费者的偏好

   C. 消费者人数　　　　　　　D. 货币的购买力

8. 假定其他条件不定,如果某种商品的价格下降,根据效用最大化原则,消费者则会( )这种商品的购买。

   A. 增加　　　　　　　　　　B. 减少

   C. 不改变　　　　　　　　　D. 增加或减少

9. 消费预算线绕着它与纵轴的交点向外移动的原因是( )。

   A. 商品 X 的价格上升　　　　B. 商品 X 的价格下降

   C. 商品 Y 的价格上升　　　　D. 商品 X 和商品 Y 的价格同时上升

10. 消费者剩余是消费者的( )。

    A. 实际所得　　　　　　　　B. 主观感受

    C. 没有购买的部分　　　　　D. 消费者剩余部分

三、思考题

1. 什么是边际效用递减规律?

2. 基数效用论和序数效用论的基本观点是什么?它们各采用何种分析方法?

3. 简述在基数效用论下消费者均衡的原则。

4. 无差异曲线有何特征?为什么有此特征?

5. 在序数效用论下消费者均衡的条件是什么?

6. 水是不可缺少的,而钻石却可有可无,但为什么在市场上水的价格常常要远远低于钻石呢?

第四章 生产理论

【学习目标与要求】

熟悉生产函数、等成本线；重点掌握边际产量递减规律、总产量、平均产量、边际产量、规模经济、生产要素最适组合等有关概念及原理；能够说明一种可变生产要素投入的合理区域、两种生产要素的最优组合和规模经济等有关问题。

假如你是一个企业家，无论是大公司的总经理还是小企业的老板，而且你经营的唯一目的是实现利润最大化，那么，你在经营活动中一定要考虑三个问题。①投入的生产要素与产量的关系。即如何在生产要素既定时使产量最大，或者说，在产量既定时使投入的生产要素最小。②成本与收益的关系。要使利润最大化，就是要使扣除成本后的收益达到最大化，这就是进行成本-收益分析，并确定一个利润最大化的原则。③市场问题。市场有各种状态，即在竞争与垄断的程度不同时，生产者应该如何确定自己产品的产量与价格。针对以上问题，我们分三章进行介绍。本章的生产理论要说明如何合理地投入生产要素，并从中得出若干生产规律。

第一节　厂商与生产函数

【案例导入】

2003年9月18日，深圳康佳正式宣布旗下产品全线降价，降幅最高达20%，其中四款热销手机更是实现全国统一零售价：不超过1600元！其中还包括一个上市不到两个月的新品！产品价格的"高台跳水"，对于康佳来说已不是首次。在2003年4月，康佳彩屏先锋已成为彩屏手机价格雪崩的"始作俑者"。康佳再次重拳出击，让人不禁产生疑问：这种持续的降价领先策略会否削弱康佳的盈利能力？规模与利润之间，国产手机如何做到"鱼"与"熊掌"兼得？面对疑问，深圳康佳通讯科技总经理黄仲添肯定地表示："利润与规模是相辅相成的关系。没有规模的利润是虚假的繁荣，是空中楼阁；没有利润的规模是虚假的销量，是不可持续的泡沫。康佳现阶段追求的，就在适度利润下的规模最大化。"

一、厂商

生产理论研究的是生产者行为，生产者行为决定了产品的供给。经济分析中的生产者又称为厂商或企业,是指能够做出统一的生产决策的单个经济单位。在微观经济学中,根据理性人的基本前提,一般总是假设厂商的生产目标是追求自身的最大利润。本章旨在考察生产者在生产过程中投入生产要素的数量和产品的产出数量之间的技术关系,这种关系通常用生产函数来表示。

二、生产函数

生产函数表示在一定时期内,在生产技术状况给定的条件下,厂商生产中所使用的各种生产要素的数量与所能生产的最大产量之间的关系。一般来说,生产要素包括劳动、资本、土地、企业家才能。劳动是劳动力在生产中所提供的服务;资本是生产中使用的厂房、设备、原料等;土地指各种自然资源;企业家才能是指企业家对整个生产过程的组织与管理工作。如果用 Q 代表总产量,用 L 代表劳动,K 代表资本,N 代表土地,E 代表企业家才能,生产函数的公式为:

$$Q=f(L,K,N,E)$$

一个生产函数表达多种生产要素以一定数量的组合在给定技术条件下可能产出的最大产量。因此,假如由于生产技术进步,以致一定量投入会产出更多产品,或者既定产量所需投入较前减少,则其表现为另一个生产函数。

一般来说,在生产要素中,自然资源是既定的,企业家才能虽然在生产中非常重要,但难以计算,因此,考虑生产要素与产量之间的关系实际上就是考察劳动和资本与产量之间的关系。这样,生产函数的公式可表示为:

$$Q=f(L,K)$$

如果再假定资本是固定不变的,因而产量 Q 随 L 的变动而变动,生产函数可表示为:

$$Q=f(L,K)=f(L)$$

例如,假设生产函数是:$Q=KL-0.5L^2-0.3K^2$。如果再假定资本 K 的数量既定不变,我们可以考察产量是怎样随着投入劳动 L 的变化而变化。如假定 $K=10$,则生产函数可表示为:

$$Q=f(L,K)=f(L)=10L-0.5L^2-30$$

该式表明,与 L 任一给定值相应地有一个产出量 Q。

生产函数一般可分为两种类型:一是固定比例生产函数。二是可变比例生产函数。如果生产一种产品使用的 L 与 K 的组合比例是固定不变的,称其为固定技术系数。就是说,要扩大(或缩减)产量,L 与 K 必须同比例增加(或减少)。如 L 与 K 的组合比例是 $L:K=1:3$,当劳动增加一倍为 2 时,资本的数量也必须增加一倍,即从 3 个单位增加为 6 个单位,这样的生产函数称为固定比例生产函数。在固定比例生产函数中各种生产要素彼此之间不能替代。如织布需要一定比例的织布机和棉纱,织布机和棉纱不能相互替代,仅增加织布机不增加棉纱,布的产量不能提高。只有在增加织布机的同时按固定技术系数增加棉纱的投入,布的产量才能同比例地增加。

但大多数产品的生产,劳动与资本的组合比例是可以变动的,我们把这种生产函数称为可变比例生产函数,而各种生产要素可以改变的配合比例则称为可变技术系数。可变比例生产函数中的各种生产要素则可以相互替代。那么,为了生产出一定数量的产品,可以采用多用劳动少用资本的劳动密集型生产方法,也可以采用多用资本少用劳动的资本密集型生产方法。如对洗衣服而言,洗衣机和洗衣工可以相互替代,洗同样数量的衣服,可以多用洗衣机少用洗衣工,也可以多用洗衣工少用洗衣机,洗衣机和洗衣工的比例是可变的。

第二节　短期生产函数

微观经济学的生产理论可以分为短期生产理论和长期生产理论。短期是指生产者无法调整全部生产要素的数量,至少有一种生产要素的数量是固定不变的时间周期。长期是指生产者可以调整全部生产要素的数量的时间周期。相应地,在短期内,生产要素投入可以区分为固定要素和可变要素。生产者在短期内无法进行数量调整的那部分要素投入是固定要素。例如,机器设备、厂房等。生产者在短期内可以进行数量调整的那部分要素投入是可变要素。例如劳动力、原材料、燃料等。在长期中,生产者可以调整全部的要素投入。例如,生产者根据企业的经营状况,可以缩小或扩大生产规模,甚至还可以加入或退出一个行业的生产。由于在长期所有的要素投入量都是可变的,因而也就不存在固定要素和可变要素之分。显然,短期和长期的划分是以生产者能否变动所有要素投入的数量为标准。

微观经济学通常以一种可变生产要素的生产函数考察短期生产理论,以两种可变生产要素的生产函数考察长期生产理论。本节介绍短期生产理论,下一节介绍长期生产理论。

一、边际收益递减规律

边际收益递减规律又称边际产量递减规律,是指在技术水平不变的情况下,当把一种可变的生产要素投入到一种或几种不变的生产要素中时,当这种可变要素的投入量小于某一特定值时,增加该可变要素的投入所带来的边际产量是递增的;当这种可变要素的投入量连续增加并超过这个特定值时,增加该要素的投入所带来的边际产量是递减的。边际收益递减规律之所以存在,是因为在生产过程中,可变生产要素和不变生产要素之间存在着一个最佳的配合比例,并且它们在生产中通过相互结合、相互协作而发挥效能。

边际收益递减规律是从科学实验和生产实践中得出来的,在农业中的作用最明显。如有些地方在有限的土地上盲目密植,造成减产的事实就证明了这一规律。这一规律同样存在于其他部门,如工业部门中劳动力增加过多,会使生产率下降;行政部门中机构过多、人员过多也会降低行政办事效率,造成官僚主义。正如俗话所说的"一个和尚挑水吃,两个和尚抬水吃,三个和尚没水吃",正是对边际收益递减规律的形象表述。

边际收益递减规律是我们研究一种生产要素合理投入的出发点。为了说明种生产要素如何投入,我们要根据边际收益递减规律分析一种生产要素投入时对总产量、平均产量和边际产量的影响。

二、总产量、平均产量和边际产量之间的关系

总产量是指投入一定量的某种生产要素所生产出来的全部产量,用 TP 表示。平均产量是指平均每单位某种生产要素所生产出来的产量,用 AP 表示。边际产量是指增加一单位生产要素的投入所增加的产量,用 MP 表示。

如果以 Q 代表某种生产要素的量，ΔQ 代表某种生产要素的增加量，ΔTP 表示总产量的增加量，这三种产量可以分别写为：

$$TP = AP \cdot Q$$
$$AP = \frac{TP}{Q}$$
$$MP = \frac{\Delta TP}{\Delta Q}$$

假定生产某种产品时所用的生产要素是资本与劳动。其中资本是固定的，劳动是可变的，如表 4-1 所示。根据表 4-1 可以画出图 4-1。

表 4-1　劳动对总产量、平均产量和边际产量的影响

劳　　动(L)	0	1	2	3	4	5	6	7	8
总 产 量(TP)	0	6	13.5	21	28	34	38	38	37
平均产量(AP)	0	6	6.75	7	7	6.8	6.3	5.4	4.6
边际产量(MP)	0	6	7.5	7.5	7	6	4	0	−1

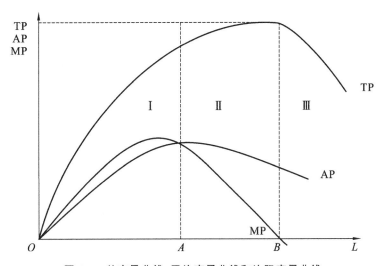

图 4-1　总产量曲线、平均产量曲线和边际产量曲线

在图 4-1 中，横轴 OL 代表劳动量，纵轴 TP、AP、MP 分别代表总产量、平均产量和边际产量，总产量曲线 TP、平均产量曲线 AP、边际产量曲线 MP，分别表示随劳动量变动总产量、平均产量和边际产量变动的趋势。

根据图 4-1，我们可以看出总产量、平均产量和边际产量之间的关系有以下几个特点。第一，在资本量不变的情况下，随着劳动量的增加，最初总产量、平均产量和边际产量都是递增的，但各自增加到一定程度之后就分别递减。所以，总产量曲线、平均产量曲线和边际产量曲线都是先上升而后下降的，这反映了边际收益递减规律。第二，边际产量曲线与平均产量曲线相交于平均产量曲线的最高点。在相交之前，平均产量是递增的，边际产量大于平均产量（MP＞AP）；在相交之后，平均产量是递减的，边际产量小于平均产量（MP＜AP）；在相交时，平均产量达到最大，边际产量等于平均产量（MP＝AP）。第三，当边际产量为零时，总产量达到最大值。

之后，当边际产量为负数时，总产量逐渐减少。

三、短期生产的三个阶段

在确定一种生产要素的合理投入时，我们根据总产量、平均产量和边际产量之间的关系，把图4-1分为三个阶段。第Ⅰ阶段是劳动量从零增加到 A 这一阶段，这时平均产量一直在增加，边际产量大于平均产量。这说明，在这一阶段，相对于不变的资本量而言劳动量不足，所以劳动量的增加可以使资本得到充分利用，从而产量递增。由此看来，劳动量最少要增加到 A 点才行，否则资本无法得到充分利用。第Ⅱ阶段是劳动量从 A 增加到 B 这一阶段，这时平均产量开始下降，边际产量递减，即增加劳动量仍可使边际产量增加，但增加的比率是递减的。由于边际产量仍然大于零，总产量仍在增加。在劳动量增加到 B 点时，总产量可以达到最大值。第Ⅲ阶段是劳动量增加到 B 点以后，这时边际产量为负数，总产量减少。由此看来，劳动量的增加超过 B 点之后是不利的。

从以上的分析可以看出，劳动量的增加应在第Ⅱ阶段（A—B）为宜。但在第Ⅱ阶段的哪一点上，就还要考虑到其他因素。首先，要考虑厂商的目标，如果厂商的目标是使平均产量达到最大值，那么，劳动量增加到 A 点就可以了；如果厂商的目标是使总产量达到最大，那么，劳动量就可以增加到 B 点。其次，如果厂商以利润最大化为目标，那就要考虑成本、产品价格等因素。因为平均产量为最大值或总产量为最大值时，利润并不一定是最大值。劳动量增加到哪一点所达到的产量能实现利润最大化，还必须结合成本和产品价格来分析。

第三节　长期生产函数

【案例导入】

巨人集团曾经是一个红遍全国的知名企业，历经不到2年就成为销售额近4亿元，利税近5 000万元，员工2 000多人的大企业。1993年随着电脑行业步入低谷，巨人集团开始向其他产业转移，先后涉足了房地产、保健品等行业，想通过多元化的经营策略来降低风险。但是由于资产规模的急剧膨胀，巨人集团在管理上出现了混乱。多元化的快速发展使得巨人集团自身的弊端一下子暴露无遗，随着巨人大厦造成的财务危机以及集团内部始终存在的管理隐患，声名赫赫的巨人集团历经不到4年就如同泡沫般破裂了。这个例子正是说明了经营规模是一把"双刃剑"，利用好了可以促进企业的发展，如果不能好好把握，就变成了企业家的"滑铁卢"。

本节介绍长期生产理论。我们先以两种可变生产要素的生产函数，来讨论生产中可变生产要素的投入组合和产量之间的关系，然后再运用等产量曲线分析方法，说明厂商在长期生产中对最优生产要素组合的选择。

在技术系数可以变动，即两种生产要素的配合比例可以变动的情况下，这两种生产要素按什么比例配合最好呢？这就是生产要素最适组合所研究的问题。生产要素最适组合，与消费者均衡是很相似的。消费者均衡是研究消费者如何把既定的收入分配于两种产品的购买与消费

第四章 生产理论

上,以达到效用最大化;生产要素的最适组合,是研究生产者如何把既定的成本(即生产资源)分配于两种生产要素的购买和生产上,以达到利润最大化。因此,研究这两个问题所用的方法也基本相同,即边际分析法与等产量法。

一、生产要素最适组合的边际分析

厂商为了实现生产要素最适组合,一定要考虑购买各种生产要素所能获得的边际产量与所付出的价格。这样,生产要素最适组合的原则是:在成本与生产要素价格既定的条件下,应该使所购买的各种生产要素的边际产量与价格的比例相等,即要使每一单位货币无论购买何种生产要素都能得到相等的边际产量。

假设所购买的生产要素是资本和劳动。我们用 K 代表资本,MP_K 代表资本的边际产量,P_K 代表资本的价格,Q_K 代表购买的资本量;用 L 代表劳动,MP_L 代表劳动的边际产量,P_L 代表劳动的价格,Q_L 代表购买的劳动量;M 代表货币,MP_M 代表货币的边际产量。则生产要素最优组合条件可写成:

$$P_K Q_K + P_L Q_L = M \tag{4-1}$$

$$\frac{MP_K}{P_K} = \frac{MP_L}{P_L} = MP_M \tag{4-2}$$

式(4-1)是限制条件,说明厂商所拥有的货币量是既定的,购买资本和劳动的支出不能超过这一货币量,也不能小于这一货币量。超过这一货币量是无法实现的,而小于这一货币量的购买也达不到在既定资源时的利润的最大化。式(4-2)是生产要素最适组合的条件,即所购买的生产要素的边际产量与其价格之比相等,也就是说每一单位货币不论用于购买资本,还是购买劳动,所得到的边际产量都相等。生产要素最适组合也可以称为生产者均衡。

二、等产量线

在用等产量分析来说明生产要素最适组合时,首先要介绍等产量线。等产量线是表示两种生产要素的不同数量的组合可以带来相等产量的一条曲线,或者说是表示某一固定数量的产品,可以用所需要的两种生产要素的不同数量的组合生产出来的一条曲线。

假定现在资本和劳动两种生产要素有 A、B、C、D 四种组合方式,这四种组合方式都可以达到相同的产量,如表 4-2 所示。

表 4-2 资本和劳动的组合方式

组合方式	资本(K)	劳动(L)
A	6	1
B	3	2
C	2	3
D	1	6

根据表 4-2,可画出图 4-2。在图 4-2 中,横轴 OL 代表劳动量,纵轴 OK 代表资本量,Q 为

等产量线,即线上任何一点所表示的资本和劳动不同数量的组合,都能生产出相等的产量。等产量线与无差异曲线相似,所不同的是,它所代表的是产量,而不是效用。

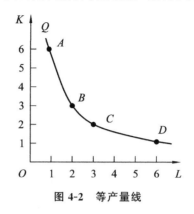

图 4-2 等产量线

等产量线具有以下特征。

第一,等产量线是一条向右下方倾斜的线,其斜率为负值。这就表明,在生产者的资源与生产要素价格既定的条件下,为了达到相同的产量,在增加一种生产要素时,必须减少另一种生产要素。两种生产要素同时增加,在资源既定时是无法实现的;两种生产要素同时减少,不能保持相等的产量水平。

第二,在同一平面图上,可以有无数条等产量线。同一条等产量线代表相同的产量,不同的等产量线代表不同的产量水平。离原点越远的等产量线所代表的产量水平越高,离原点越近的等产量线所代表的产量水平越低,如图 4-3 所示。在图 4-3 中,Q_1、Q_2、Q_3 是三条不同的等产量线,它们分别代表不同的产量水平,$Q_1 < Q_2 < Q_3$。

第三,在同一平面图上,任何两条等产量线不能相交。因为在交点上两条等产量线代表了相同的产量水平,这与第二条特征相矛盾。

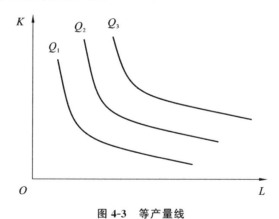

图 4-3 等产量线

三、等成本线

在运用等产量线来分析生产要素最适组合时,我们还必须了解另一个概念:等成本线。等成本线又称为企业预算线,它是一条表明在生产者的成本与生产要素价格既定的条件下,生产者所能购买到的两种生产要素最大数量的组合的曲线。

假定某企业有货币成本600元,劳动的价格为2元,资本的价格为1元。如果全部购买劳动,可购买300个单位,如果全部购买资本,可购买600个单位,如图4-4所示。

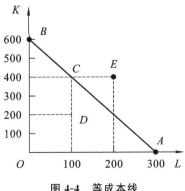

图 4-4　等成本线

在图4-4中,连接 A、B 两点则为等成本线。该线上的任何一点,都是在货币与生产要素价格既定条件下,企业所能购买到的劳动和资本的最大数量的组合。例如在 C 点,企业购买100个单位劳动和400个单位资本,正好用完600元（2元×100+1元×400=600元）。企业在该线内的任何一点所购买的劳动和资本的组合,都可以实现,但其并不是最大数量的组合,即货币没有用完。例如在 D 点,企业购买100个单位劳动和200个单位资本,只用了400元(2元×100+1元×200=400元)。企业在该线外的任何一点所购买的资本和劳动的组合都无法实现,因为所需要的货币超过了既定的成本。例如,在 E 点,企业购买200个单位劳动和400个单位资本,大于 C 点的100个单位劳动和400个单位资本,但这时企业要支出800元,无法实现。等成本线是用等产量分析研究生产要素最适组合的限制条件。

四、生产要素最适组合

等产量线表达生产任一给定产量所需两种生产要素的各种可能组合。等成本线描述了任一给定总成本可能买进的两种生产要素的各种可能的组合。厂商的理性决策就是确定一个其所购买的两种生产要素的组合,以便用最低的总成本来生产既定数量的产品,或者使花费给定数量的总成本所生产的产品量为最大。

如果把等产量线与等成本线结合在一个图上,那么,等成本线必定与无数条等产量线中的一条相切于一点。在这个切点上,生产要素最适组合得以实现,如图4-5所示。在图4-5中,Q_1、Q_2、Q_3 为三条等产量线,其产量大小顺序为 $Q_1 < Q_2 < Q_3$。AB 为等成本线,AB 线与 Q_2 相切于 E 点,这时实现了生产要素最适组合。这就是说,在生产者的成本与生产要素价格既定的条件下,OM 的劳动与 ON 的资本结合,能实现利润最大化,即既定产量成本最小或既定成本产量最大。

为什么只有在 E 点时才能实现生产要素最适组合呢？从图4-5上看,C、E、D 点都是相同的成本,这时 C 点和 D 点在 Q_1 上,而 E 点在 Q_2 上,$Q_2 > Q_1$,所以 E 点的产量是在既定成本时的最大产量。在 Q_2 上产量是相同的,除 E 点外,其他两种生产要素组合的点都在 AB 线之外,其成本大于 E 点的成本,所以 E 点的成本是在既定产量时的最小成本。

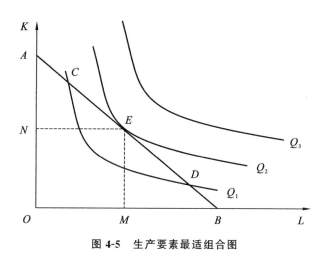

图 4-5 生产要素最适组合图

第四节 规模报酬原理

【案例导入】

亚当·斯密在其名著《国民财富的性质和原因的研究》中,根据他对一个扣针厂的参观描述了一个例子。斯密所看到的工人之间的专业化和引起的规模经济给他留下了深刻的印象。他写道:"一个人抽铁丝,另一个人拉直,第三个人截断,第四个人削尖,第五个人磨光顶端以便安装圆头;做圆头要求有两三道不同的操作;装圆头是一项专门的业务,把针涂白是另一项;甚至将扣针装进纸盒中也是一门职业。"斯密说,由于这种专业化,扣针厂每个工人每天生产几千枚针。他得出的结论是,如果工人选择分开工作,而不是作为一个专业工作团队,"那他们肯定不能每人每天制造出20枚扣针,或许连一枚也造不出来",换句话说,由于专业化,大扣针厂可以比小扣针厂实现更高人均产量和每枚扣针更低的平均成本。斯密在扣针厂观察到的专业化在现在经济中普遍存在。例如,如果你想盖一座房子,你可以自己努力去做每一件事。但大多数人找建筑商,建筑商又雇用木匠、瓦匠、电工、油漆工和许多其他类型工人。这些工人专门从事某种工作,而且这使他们比作为通用型工人时做得更好。实际上,运用专业化实现规模经济是现代社会繁荣的一个重要原因。

本章第二节讲的是,生产一种产品使用的生产要素只有一种可以变动,其余要素固定不变。例如一家已经建成投产的工厂,其厂房、设备是固定的,厂商只能通过调整可变要素如劳动、原材料等的使用量来调整产量,当可变要素的使用量增加到一定程度以后,连续增加的每单位可变要素所能增加的产量(即可变要素的边际产量)将出现递减现象。如果再增加可变要素,边际产量会递减为零,甚至成为负数。第三节讲的是,两种生产要素都可以变动,可以按照不同比例组合起来生产一种产品,但生产出同量产品,增加一种生产要素必须同时减少另一种生产要素。这两种情况表示,生产要素的组合比例是可变的,为可变比例生产函数。但为对比,第一节还谈到固定比例生产函数,即这种产品按生产技术的要求,两种生产要素的组合比例是固定的,因而要增加产量必须使两种要素按既定比例同时增加。

第四章
生产理论

这一节介绍的生产规模的报酬则是探讨这样一种投入与产出的数量关系。两种(或多种)生产要素按原来的技术系数增加,也就是生产规模扩大,所以我们研究两种生产要素的合理投入,就是要确定多大的生产规模是最适宜的。这一问题的解决涉及经济学中的另一个重要规律:规模经济。

一、规模报酬

两种(或多种)生产要素按原来的技术系数增加,也就是生产规模扩大。企业在规模扩张过程中,会产生规模收益的问题。所谓规模收益也称规模报酬,是指在技术水平和要素价格不变的条件下,当所有要素都按同一比例变动时,产量或收益变动的状态。

在理解这一规律时,要注意这样几点。其一,这一规律发生的前提也是技术条件不变。其二,这一规律所指的是在生产中使用的两种生产要素都在同比例地增加。例如,在农业生产中土地与人力的同时增加,或把若干小农场变为大农场;在工业生产中设备与人力的同时增加,或把若干小厂合并为大厂,等等。其三,两种生产要素增加所引起的产量或收益变动的情况可以分为三个阶段:第一阶段为规模收益递增阶段,即产量增加的比率大于生产规模扩大的比率;第二阶段为规模收益不变阶段,即产量增加的比率与生产规模扩大的比率相同,这是由规模收益递增到规模收益递减的短暂的过渡阶段;第三阶段为规模收益递减阶段,即产量增加的比率小于生产规模扩大的比率,或者产量减少。

一个企业在发展过程中,会经历规模收益递增、不变和递减阶段。当企业规模较小时,扩大生产规模表现为规模收益递增,一定的要素投入会产生多倍的产出。这样,企业产品的平均成本就会降低,这种情况称之为规模经济。随着企业规模的持续扩大,当企业大规模生产的优越性已经充分发挥出来后,就会出现规模收益不变的情况,再增加更多的要素投入也不能使产出成倍地增加,规模收益难以提高,停留在一个点。如果此时企业还继续扩大规模,那么就会出现规模收益递减的情况,导致企业生产效率降低,产品的平均成本提高,从而产生规模不经济的效应。

二、内在经济与外在经济

内在经济与外在经济可以解释规模经济变动问题。

生产规模的扩大之所以会引起产量的不同变动,可以用内在经济与内在不经济来解释。内在经济是指一个厂商在生产规模扩大时从自身内部所引起的收益增加。例如,当一个厂商在生产规模扩大时,可以使用更加先进的设备以实现有利于技术提高的精细分工;可以充分发挥管理人员的效率;可以对副产品进行综合利用;可以以更有利的条件采购原料或推销产品等,这些因素产生内在经济,使收益增加。但是,生产规模并不是越大越好。如果一个厂商由于本身生产规模过大而引起产量或收益减少,就是内在不经济。内在不经济是指厂商在生产规模过大时,由自身内部因素引起的收益减少。例如,一个厂商的生产规模过大,会引起生产管理成本提高,管理效率降低等。

以上我们分析了一个厂商的生产规模扩大对其产量与收益的影响,但是对一个厂商产量与收益产生影响的,不仅有它本身的生产规模,还有两个行业的生产规模。一个行业是由生产同种产品的厂商所组成的,它的大小影响着其中每一家厂商的产量与收益。整个行业规模扩大给个别厂商所带来的收益增加称为外在经济。引起外在经济的原因是:个别厂商可以从整个行业的扩大中得到更加方便的交通辅助设施、更多的信息与更好的人才,从而使产量与收益增加。例如,电脑行业生产规模扩大使得生产电脑的厂商在人才、信息等方面获得某些优势而增加收益。但是,一个行业的生产规模过大也会使个别厂商的产量与收益减少,这被称为外在不经济。引起外在不经济的原因是:一个行业规模过大会使各个厂商之间竞争激烈,各个厂商为了争夺生产要素与产品销售市场,必须付出更高的代价。例如,整个彩电行业生产规模过大引起彩电供大于求,彩电厂商竞相压价,收益减少。

三、适度规模

由以上的分析来看,一个厂商和一个行业的生产规模不能过小,也不能过大,即要实现适度规模。对一个厂商来说,两种生产要素的增加应该适度。适度规模就是使两种生产要素的增加,即生产要素的扩大正好使收益递增达到最大。当收益递增达到最大时,厂商就不再增加生产要素,并使这一生产规模维持下去。

对于不同行业的厂商来说,适度规模的大小是不同的,其并没有一个统一的标准。厂商在确定适度规模时应主要考虑两个因素。第一,本行业的技术特点。一般来说,需要的投资量大,所用的设备复杂、先进的行业,其适度规模也就相对大一些。例如,冶金、机械、汽车制造、造船、化工等重工业厂商,其生产规模越大经济效益越高。相反,需要投资少,所用的设备比较简单的行业,其适度规模也相对小一些。例如,服装、服务等行业的生产规模如能灵活地适应市场需求的变动,对生产更有利。第二,市场条件。一般来说,生产市场需求量大,而且标准化程度高的产品的厂商,适度规模也应该大,如重工业行业等。相反,生产市场需求量小,而且标准化程度低的产品的厂商,适度规模也应该小,如服务行业等。

当然,厂商在确定适度规模时要考虑的因素还很多。例如,某一采矿厂商在确定规模时,不仅要考虑矿藏量的大小,其他诸如交通条件、能源供给、原料供给、政府政策等,都是在其考虑范围。

本 章 小 结

生产理论运用边际分析法,从生产视角说明供给的规律。它分析生产者均衡,即在产量既定的情况下实现成本最小化,或在成本既定的条件下实现产量最大化。

生产与生产函数是从技术角度分析生产的投入与产出之间的关系。边际收益递减规律说明,在技术水平不变的条件下,连续增加单一要素的投入量到一定数量后,产量的增加随着要素投入的增加而递减。在所有投入要素都增加的情况下,可能出现规模收益递增、规模收益递减和规模收益不变三种情况。

成本-收益分析是从经济角度分析投入要素的价值量与产品价值量的关系。在边际成本等于边际收益时,厂商实现利润最大化。

思考与练习

一、重要概念
生产函数　总产量　平均产量　边际产量　规模报酬　规模经济　内在经济　内在不经济　外在经济　外在不经济

二、单项选择题
1. 边际收益递减规律发生作用的前提是(　　)。
   A. 存在技术进步　　　　　　　　　B. 生产技术水平不变
   C. 具有两种以上可变要素的生产　　D. 只有不变要素的生产
2. 如果连续地增加单种生产要素,在总产量达到最大时,边际产量曲线(　　)。
   A. 与纵轴相交　　　　　　　　　　B. 经过原点
   C. 与平均产量线相交　　　　　　　D. 与横轴相交
3. 等成本线平行向外移动表明(　　)。
   A. 产量提高了　　　　　　　　　　B. 生产要素的价格按相同比例提高了
   C. 成本增加了　　　　　　　　　　D. 生产要素的价格按不同比例提高了
4. 边际技术替代率是指(　　)。
   A. 两种要素投入的比率
   B. 一种要素投入替代另一种要素投入的比率
   C. 一种要素投入的边际产品替代另一种要素投入的边际产品的比率
   D. 在保持原有产出不变的条件下用一种要素投入替代另一种要素投入的比率
5. 当生产函数 $Q = f(L, K)$ 中 AP_L 递减时,MP_L(　　)。
   A. 递减且为正　　　　　　　　　　B. 递减且为负
   C. 为零　　　　　　　　　　　　　D. 上述均不对
6. 生产要素(投入)和产出水平的关系称作(　　)。
   A. 生产函数　　　　　　　　　　　B. 生产可能性曲线
   C. 总成本曲线　　　　　　　　　　D. 平均成本曲线
7. 当劳动(L)的总产量下降时(　　)。
   A. AP_L 是递减的　　　　　　　　B. AP_L 为正
   C. AP_L 为零　　　　　　　　　　D. AP_L 为负
8. 等产量曲线是指在这条曲线上的各点代表(　　)。
   A. 生产同等产量投入要素的各种组合比例是相同的
   B. 生产同等产量投入要素的价格是不变的
   C. 不管投入各种要素量如何,产量总是相等的
   D. 投入要素的各种组合所能生产的产量是相等的

9. 规模报酬递减是在下列情况下发生的( )。
   A. 按比例连续增加各种生产要素
   B. 不按比例连续增加各种生产要素
   C. 连续地投入某种生产要素而保持其他生产要素不变
   D. 上述都正确
10. 劳动和资本投入量增加1倍,引起产量增加1倍,这种情况是( )。
    A. 规模收益不变　　　　　　　　B. 规模收益递增
    C. 规模收益递减　　　　　　　　D. 规模负收益

三、判断题
1. 边际产量总是小于平均产量。(　　)
2. 只要边际产量减少,总产量也一定减少。(　　)
3. 只要总产量是下降的,边际产量一定是负数。(　　)
4. 经济学中的长期与短期的划分的标准是时间。(　　)
5. 在长期中,随着企业扩大其生产设备,它通常先经历规模不经济,然后规模收益不变,最后是规模经济。

四、思考题
1. 解释边际收益递减规律。
2. 谈谈你对适度规模的认识。
3. 如何实现生产要素的最佳组合?
4. 作图分析 TP、AP、MP 之间关系。说明一种投入使用量的合理区间。
5. 生产规模扩大导致收益的变动可分为哪些阶段?

第五章 成本理论

【学习目标与要求】

掌握成本的含义和种类、利润最大化原则；理解各种短期成本曲线之间的关系；掌握各种短期成本与长期成本及其关系。

经济是由成千上万个生产商品和提供劳务的企业组成的。所有企业，大到航空公司，小至小卖部，它们生产商品和提供劳务时都会产生成本。企业成本是其生产和定价决策的关键因素，但是，确定什么是企业的成本并不像看起来那么简单。第四章讨论的是厂商投入的生产要素与产出的产品之间的物质技术关系，厂商生产某种商品和提供劳务所花费的成本，等于投入要素的数量与每单位要素价格之乘积。本章将在第四章的基础上讨论厂商的生产成本问题。

第一节 成本理论概述

【案例导入】

林子是一位大学三年级学生，除上课外另从事加油店的兼职工作。加油站工作按日支薪，每日30元。学校放暑假时他想到海边玩个痛快，如果请假去海边玩，一天少收入的工资30元将成为这次游玩的机会成本。

老王任职于某公司，年薪10万元。他目前正考虑离职继续深造，但他必须放弃现在的工作。因此，若老王选择深造，每年的机会成本就是因此而放弃的10万元年薪。

在生活中，我们所面对的每个行动方案，都有利弊得失。当我们选择某项行动方案时，必须同时放弃其他方案，被放弃的方案所具备的收益，也就成为所选定方案的机会成本。

一、成本

我们在日常生活中所说的成本概念与经济学中的成本概念有很大的不同。日常生活中所说的成本，往往是指买一样东西所花费的钱，也就是所谓的"货币支出"。比如你购买一台机器，花了10万元，那么，这10万元就是你得到这台机器的成本。但是，倘若我们仔细一想，这存在许多问题。其一，你购买这台机器花掉的10万元可能并不代表这台机器的真正价值。这台机器也许并不值10万元，可能5万元就能买到。对于这种情况，经济学认为，那10万元只是你购买这台机器的"原始成本"。相对于这种原始的成本,经济学上说的成本称为"重置成本",即在正常的市场条件下,你能够重新购买到这台机器的成本。其二,你购买这台机器时花掉的10万元常常并不是你的全部成本,只是"显性成本",除此之外,你还可能付出一些不那么明显的成本。比如,你为了买到一台合适的机器,需要跑很多的地方做调查,这花费你很多的时间和精力。其三,你购买这台机器花了10万元,但这10万元其实只是你的"个人成本"。除了你的个人成本之外,社会上的其他人或整个社会可能也为你购买机器的行为付出了代价。例如:你购买了机器后,要把机器运回你的工厂,运机器的汽车一路上会排放尾气;机器运到工厂之后,你又可能把包装的箱子、盒子等随手一扔,这些都会造成对环境的污染。如果这些污染并没有要你花钱去治理,那么你就不会把它们算在你的个人成本里了。但是,整个社会为了清除这些污染还是要花钱,换句话说,你购买机器的时候,除了你个人成本之外,社会也付出一定的代价,这就是"社会成本"。经济学认为,讲成本不能只讲个人成本,还必须考虑社会成本。所谓"天下没有免费的午餐",倘若从日常生活中的成本概念出发,这或许是不对的,因为我们确实有很多免费的东西。比如,免费的住房、免费的医疗、免费的食品、免费的教育等。但是,这里所说免费,仅仅是因为使用这些东西的人没有为它们付出成本,而不是说真的就没有任何人付出成本。如果我们从个人立场转到社会立场,则这种免费的物品显然就不再是免费的了,社会上必然有另一些人为此付出代价。因此,经济学上的成本,并不单单是个人的成本,还包括社会的成本。

因此,经济学中所说的成本与日常生活中的成本的含义并不完全相同。通常,我们所讲的成本是指厂商为进行生产而对所使用的生产要素的实际支付,即会计核算成本或货币成本,而经济学是从资源的有效使用出发,从机会成本的角度将厂商成本分为显性成本和隐性成本。

1. 机会成本

厂商生产某种商品与劳务所费成本是什么?假如经济分析的目的在于考察稀缺的生产资源如何有效率地分配使用于各种途径,那么,厂商生产X商品所费成本,就是为了生产该商品而放弃(或牺牲)的另一种最佳替代物Y的生产。简言之,厂商生产X商品所费成本是它的替换成本,或称为机会成本。例如,农民耗用一定量土地、劳动、农具、种子、肥料等生产出500千克小麦的成本就是在同等条件下所能生产的100千克棉花。机会成本的概念是很有用的,例如,当你有很多的事情可以选择去做,但做哪一件事情最好?解决这个问题的一个办法就是去比较做这些事情的机会成本。一般来讲,机会成本越大,说明做这件事情的代价也越大,因而做这件事情就越不合算。所以,运用机会成本概念可以对不同的投资方案进行比较,选择收益最大的方案进行投资。当然,理解机会成本的概念要注意以下三个条件:一是资源有多种用途;二是资源可以不受限制地自由流动;三是资源能够得到充分利用。这三个条件不满足,机会成本就没有意义。

2. 显性成本与隐性成本

按机会成本含义定义的生产成本由两种类型的成本构成,即显性成本和隐性成本。显性成本是厂商对直接购买的生产要素的货币支付。例如,雇用工人支付的工资、租用土地支付的地租、银行借款支付的利息、广告费、保险费、运输费等。总之,如果厂商在生产中所需要的生产要素来自外部,那么厂商对来自外部的生产要素支付的费用就是显性成本,即会计核算计入的成本。与显性成本相对的隐性成本是指厂商在生产中使用自有资源而应支付的报酬。它不涉及直接的货币支付,但是隐含着所放弃的货币或收益,是使用自有资源的机会成本。隐性成本主要包括:①使用自有资金或实物资产经营应支付的货币,如使用自有资本的折旧费,使用自有原材料、燃料的费用,使用自有资金的利息等;②企业主自主经营企业应获得的报酬,也称为正常利润,它是对企业主承包经营风险的补偿,是企业主经营企业的成本。

显性成本与隐性成本之间的区别强调了经济学家与会计师分析经营活动的重要不同。经济学家研究企业如何做出生产和定价决策。由于这些决策既体现显性成本又体现隐性成本,因此,经济学家在衡量成本时就包括了这两种成本。与此相比,会计师的工作是记录流入和流出企业的货币,因此,他们衡量显性成本,但往往忽略了隐性成本。

3. 固定成本与可变成本

厂商生产某种商品的生产成本还可以从另一角度区分为固定成本和可变成本两大类。固定成本与可变成本各自包含的内容和两者的区别,下文即将说明。上述各种含义的成本的相互关系可表示为

$$生产成本(机会成本)=显性成本+隐性成本$$
$$=会计成本+隐性成本$$
$$=固定成本+可变成本$$

二、收益与利润

收益是厂商出售商品时的所得:收益=商品的价格×出售商品的数量。

利润是总收益与总成本之差:利润=总收益-总成本。厂商的利润可分为两种:会计利润和经济利润。

会计利润是总收益与显性成本之差:会计利润=总收益-显性成本。

经济利润是会计利润与正常利润之差:经济利润=总收益-(显性成本+隐性成本)。

厂商仅获得会计利润是难以维持下去的,因为厂商自有生产要素的投入没有得到利润。厂商自有生产要素投入的成本,即隐性成本至少要等于正常利润。正常利润是指社会平均利润。如果厂商自有生产要素所得的利润低于正常利润,厂商就会将这些生产要素抽走,转而投向能得到正常利润的行业或厂商。会计利润必须大于正常利润,或者说,厂商的经济利润必须大于等于零,厂商的生产和经营活动才能维持下去。

第二节　短期成本分析

一、短期成本的含义与构成

成本可以分为短期成本与长期成本。所谓短期是指在这个时期内厂商不能根据它所要达到的产量来调整其全部生产要素。具体来说,在短期内厂商只能调整原材料、燃料及工人数量,而不能调整固定设备、厂房和管理人员的数量,所以在该时期内,厂商无法决定其固定设备所限

定的规模。不同行业的短期,其时间长短可以差异很大。比如钢铁业的短期可以是好几年,而运输业的短期可以只有几个月。由于在短期内,厂商的固定设备是无法改变的,所以一家厂商的短期成本包含两类,一是固定成本,二是可变成本。所谓长期则是指在这个时期内厂商可以根据它所要达到的产量来调整其全部生产要素,这样长期成本就无所谓固定成本与可变成本之分,一切成本都是可以变动的。

短期成本可以分为下列几类。

(1) 固定成本(FC),即厂商在短期内必须支付的不能调整的生产要素的费用。这种成本不随着产量的变动而变动,在短期内是固定的。其主要包括厂房、设备的折旧以及管理人员的工资。

(2) 可变成本(VC),即厂商在短期内必须支付的可以调整的生产要素的费用。这种成本随着产量的变动而变动,是可变的。其主要包括原材料、燃料的支出以及生产工人的工资。

(3) 短期总成本(STC),即在短期内生产一定量产品所需要的成本总和。短期总成本是固定成本与可变成本之和,则有 STC=FC+VC。

(4) 平均固定成本(AFC),即平均每一单位产品所消耗的固定成本。它变动的规律是,随着产量的增加,平均固定成本一直在减少,最初减少的幅度很大,以后减少的幅度越来越小。

(5) 平均可变成本(AVC),即平均每一单位产品所消耗的可变成本。它的变动规律是,最初随着产量的增加,生产要素的效率得到发挥,平均可变成本减少,但减少到一定程度后,由于边际收益递减,其又随着产量的增加而增加。

(6) 短期平均成本(SAC),即在短期内生产每一单位产品平均所需要的成本,短期平均成本分为平均固定成本与平均可变成本。如果以 Q 代表产量则有:SAC=STC/Q=(FC+VC)/Q=AFC+AVC。平均成本表示的是总成本在所生产的所有单位中平均分摊时,普通一单位产量的成本。

(7) 短期边际成本(SMC),即短期内每增加一单位产量所增加的成本。它的变动规律是,最初随着产量的增加而减少,减少到一定程度后,又随着产量的增加而增加。如果以 ΔQ 代表增加的产量,则有:SMC=ΔSTC/ΔQ。边际成本表示的是生产额外一单位产量引起的总成本变动。

二、各类短期成本的变动规律及其关系

1. 短期总成本、固定成本与可变成本

固定成本在短期内是固定不变的,不会随着产量的变动而变动。即使产量为零,固定成本也仍然存在。固定成本 FC 曲线是一条水平线。

可变成本随着产量的变动而变动。它变动的规律是最初在产量开始增加时由于固定生产要素与可变生产要素的效率未得到充分发挥,因此,可变成本的增加率要大于产量的增加率。随着产量的增加,固定生产要素与可变生产要素的效率得到充分发挥,可变成本的增加率小于产量的增加率。最后,由于边际收益递减规律,可变成本的增加率又大于产量的增加率。

短期总成本是固定成本与可变成本之和,固定成本不会等于零,因此总成本必然大于零。而且短期总成本包括可变成本,所以总成本的变动规律与可变成本相同。图 5-1 可用来说明这三种成本的变动规律与关系。在图 5-1 中,横轴 OQ 代表产量,纵轴 OC 代表成本,FC 曲线为固

定成本曲线,它与横轴平行,表示不随产量的变动而变动,是一个固定数。VC曲线为可变成本曲线,它从原点出发,表示没有产量时就没有可变成本。该曲线向右上方倾斜,表示随着产量的变动而同方向变动。特别应该注意的是,它最初比较陡峭,表示这时可变成本的增加率大于产量的增加率;然后它变得较为平坦,表示可变成本的增加率小于产量的增加率;最后它又比较陡峭,表示可变成本的增加率又大于产量的增加率。STC曲线为短期总成本曲线,它不从原点出发,而从固定成本出发,表示没有产量时也不为零,总成本最小等于固定成本。STC曲线向右上方倾斜也表示了总成本随产量的增加而增加,其形状与VC曲线相同。这说明总成本与可变成本的变动规律相同。STC曲线与VC曲线之间的距离可以表示固定成本FC。

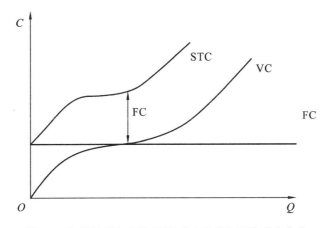

图 5-1 短期总成本曲线、固定成本曲线与可变成本曲线

2. 短期平均成本、平均固定成本与平均可变成本

平均固定成本随着产量的增加而减少,它是一条向两轴渐近的、向右下方倾斜的曲线,这是因为固定成本总量不变,产量增加,分摊到每一单位上的固定成本也就减少了。它变动的规律是最初减少的幅度很大,以后减少的幅度越来越小。

平均可变成本AVC曲线是U形曲线。在生产过程中,当开始增加可变生产要素以增加产量时,由于可变生产要素逐渐趋向于与固定生产要素相配合的最优数量,每单位可变生产要素所带来的产量逐渐增加,即平均可变成本趋于减少。但是,当固定生产要素和可变生产要素之间成为一个最优组合后,如果还继续增加可变生产要素以增加产量,两种生产要素的配合将变得不恰当,这时每单位可变生产要素带来的产量逐渐减少,所以平均可变成本到达一定点后趋于上升。

短期平均成本的变动规律是由平均固定成本与平均可变成本决定的。当最初产量增加时,平均固定成本迅速下降,加之平均可变成本也在下降,因此短期平均成本迅速下降。随着产量继续增加,虽然平均固定成本仍在下降,但是由于可变生产要素的使用量越来越大,平均可变成本与平均固定成本相比在平均成本中所占的比重越来越大,而平均可变成本在到达一定点后将趋于上升,所以它将抵消平均固定成本下降的影响而导致平均成本上升。平均固定成本、平均可变成本与短期平均成本的变动规律和关系,可以用图5-2表示。在图5-2中,AFC曲线为平均固定成本曲线,它起先比较陡峭,说明产量开始增加时,它下降的幅度很大,之后曲线越来越平坦,说明随着产量的增加,它下降的幅度越来越小。AVC曲线为平均可变成本曲线,它先下降而后上升,呈 U 形,表示随着产量增加先下降而后上升的变动规律。SAC 曲线为短期平均成本曲线,它也是先下降而后上升的 U 形曲线,表示随着产量先下降而后上升的变动规律。但它最初比平均可变成本曲线陡峭,说明其下降的幅度比平均可变成本大。之后随着产量的增加,SAC 曲线的形状与平均可变成本曲线基本相同,说明其变动规律类似于平均可变成本。

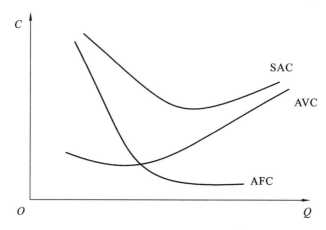

图 5-2 短期平均成本曲线、平均固定成本曲线与平均可变成本曲线

3. 短期边际成本与短期平均成本

短期边际成本,即增加一单位产品所增加的成本。SMC 曲线是 U 形曲线,由于短期内固定成本不变,所以增加一单位产量所增加的是可变成本。与平均可变成本变化的原因相似,在没有达到固定生产要素和可变生产要素的最优组合以前,增加可变生产要素可以使两种生产要素的效率得到更充分的发挥,因而产量是递增的,这时边际成本趋于下降。在达到固定生产要素和可变生产要素的最优组合以后,固定生产要素的潜力殆尽,增加可变生产要素所带来的产量发生递减,所以边际成本趋于上升。边际成本与平均成本的关系是:当平均成本下降时,边际成本低于平均成本;当平均成本上升时,边际成本高于平均成本;只有在平均成本达到最低点时,边际成本与平均成本相等。短期边际成本与短期平均成本曲线如图 5-3 所示。

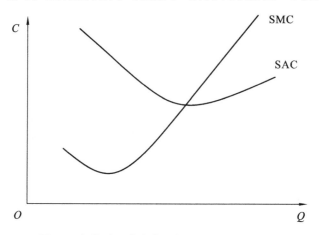

图 5-3 短期边际成本曲线与短期平均成本曲线

在图 5-3 中,SMC 曲线是边际成本曲线。它先下降而后上升,表明边际成本随着产量的增加先减少而后增加的变动规律。边际成本曲线也是一条 U 形曲线。在图 5-3 中,边际成本曲线与平均成本曲线一定相交于平均成本的最低点。在这一点上,平均成本与边际成本相等。在相交之前,平均成本曲线在边际成本曲线之上,说明平均成本大于边际成本。在相交之后,平均成本曲线在边际成本曲线之下,说明平均成本小于边际成本。

第三节 长期成本分析

【案例导入】

福特汽车公司在只有几个月的时间内不能调整汽车工人的数量和规模,它生产额外一辆汽车的唯一方法是,在已有的工厂中多雇用工人。因此,这些工厂的成本在短期中是固定成本。与此相比,如果有几年的时间,福特汽车公司可以扩大其工厂规模,建立新工厂和关闭旧工厂,因此,其工厂的成本在长期内是可变成本。

当福特汽车公司想把每天的产量从 1 000 辆汽车增加到 1 200 辆时,在短期中除了在现有的中等规模工厂中多雇用工人之外别无选择。由于边际产量递减,每辆汽车的平均成本从 1 万美元增加到 1.2 万美元。但是,在长期中,福特汽车公司可以扩大工厂和车间的规模,使平均成本保持在 1 万美元的水平上。

进入长期要多长时间取决于企业本身。一个大型制造企业,如汽车公司,可能需要一年或更长的时间。与此相比,一个人经营的柠檬水店可以在一个小时甚至更短的时间内去买一个水罐,以增加供应量。

经济学上所说的长期是指厂商能根据它所要达到的产量来调整其全部生产要素的时间。(与长期相关的另一个概念是特长期。特长期是指在这一时期内厂商不仅可以调整生产要素,而且其生产技术也会发生变化。)因此,在长期中,成本就没有固定成本与可变成本之分,一切生产要素都是可以调整的,一切成本都是可变的。我们在分析长期成本时,就分析其总成本、平均成本与边际成本。

一、长期总成本

长期总成本是指在长期中生产一定量产品所需要的成本总和。它随产量的变动而变动,没有产量时没有总成本,随着产量的增加,总成本也增加。在开始生产时,厂商要投入大量生产要素,而在产量较小时,这些生产要素无法得到充分利用,因此,成本增加的比率大于产量增加的比率。当产量增加到一定程度后,生产要素开始得到充分利用,这时成本增加的比率小于产量增加的比率,这也是规模经济的效益。最后,由于规模收益递减,成本增加的比率又大于产量增加的比率。长期总成本曲线的变动规律如图 5-4 所示。

在图 5-4 中,LTC 曲线为长期总成本曲线,该曲线从原点出发,向右上方倾斜,表示长期总成本随产量的增加而增加。当产量在 $0 \sim Q_1$ 之间时,长期总成本曲线比较陡峭,说明成本增加的比率大于产量增加的比率;当产量在 $Q_1 \sim Q_2$ 之间时,长期总成本曲线比较平坦,说明成本增加

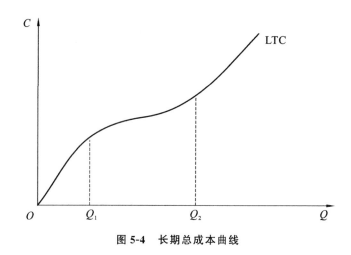

图 5-4　长期总成本曲线

的比率小于产量增加的比率;当产量在 Q_2 之后,长期总成本曲线比较陡峭,说明成本增加的比率又大于产量增加的比率。

二、长期平均成本

长期平均成本是指在长期中平均每一单位产品的成本。长期平均成本曲线是一条先下降而后上升的 U 形曲线,说明随着产量的增加,长期平均成本是先减少而后增加的。这也是由于最初随着产量的增加,规模收益递增,平均成本减少;之后,随着产量的增加,规模收益递减,平均成本增加。这与短期平均成本相同。

长期平均成本是生产各种产量所需的最低平均成本点的轨迹,可由短期平均成本曲线 SAC 导出,它是短期平均成本曲线的包络线。长期平均成本曲线就是由无数条短期平均成本曲线集合而成,从而其表现为一条与无数条短期平均成本曲线相切的曲线。在长期中,生产者按这条曲线做出计划,确定生产线,因此,长期平均成本曲线又称为计划曲线。

但长期平均成本曲线与短期平均成本曲线有区别,这就在于长期平均成本曲线无论在下降时还是在上升时都比较平坦,这说明在长期中平均成本无论是减少还是增加都变动较慢。这是由于在长期中全部生产要素可以随时调整,从规模收益递增到规模收益递减有一个较长的规模收益不变阶段,而在短期中,规模收益不变阶段很短,甚至没有。

三、长期边际成本

长期边际成本是指在长期中增加一单位产品所增加的成本。长期边际成本随着产量的增加先减少而后增加,因此,长期边际成本曲线是一条先下降而后上升的 U 形曲线,但它比短期边际成本曲线要平坦。长期边际成本和长期平均成本的关系与短期边际成本和短期平均成本的关系一样:在长期平均成本下降时,长期边际成本小于长期平均成本;在长期平均成本上升时,长期边际成本大于长期平均成本;在长期平均成本的最低点,长期边际成本等于长期平均成本,如图 5-5 所示。

第五章
成本理论

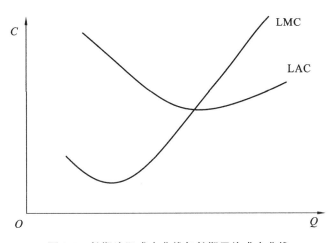

图 5-5 长期边际成本曲线与长期平均成本曲线

在图 5-5 中，LMC 曲线为长期边际成本曲线，与长期平均成本曲线 LAC 相交于其最低点。在相交之前，LAC 曲线在 LMC 曲线之上，说明长期边际成本小于长期平均成本；在相交之后，LAC 曲线在 LMC 曲线之下，说明长期边际成本大于长期平均成本。

四、短期与长期平均成本之间的关系

对于许多厂商而言，总成本（分为固定成本和可变成本）的划分取决于时间框架。由于许多成本在短期内是固定的，但在长期中是可变的，所以企业的长期成本曲线不同于短期成本曲线。如图 5-6 所示，三条短期平均成本曲线分别表示一个小型工厂、中型工厂与大型工厂的短期平均成本曲线，在其下方是一条长期平均成本曲线。当企业沿着长期平均成本曲线移动时，它根据产量调整工厂的规模。这个图表示短期成本与长期成本如何相关，长期平均成本曲线是比短期平均成本曲线平坦得多的 U 形曲线，此外，所有短期平均成本曲线在长期平均成本曲线以上。这些特点的产生，是因为企业在长期中有更大的灵活性。实际上，在长期中，企业可以选择它想用的任何一条长期成本曲线，但在短期中，它不得不用它过去选择的任何一条短期成本曲线。

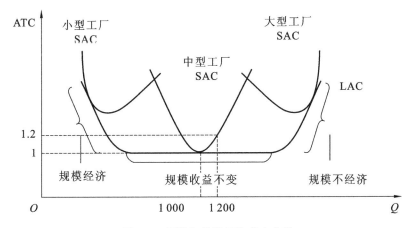

图 5-6 短期与长期平均成本曲线

该图表示在不同时间框架中生产变动如何改变成本的一个例子。如前面案例中的福特汽车公司一样,为了扩大产量,在短期中除了在现有的规模下多雇用工人之外别无选择。但是在长期中,福特汽车公司可以扩大工厂和车间的规模,使其每辆车平均成本仍保持在1万美元的水平上。长期平均成本曲线的形状传递了一个有关生产一种产品的重要信息:当长期平均成本随着产量增加而减少时,可以说存在规模经济;当长期平均成本随着产量增加而增加时,可以说存在规模不经济;当长期平均成本不随着产量变动而变动时,可以说存在规模收益不变。在这个例子中,汽车公司在产量水平低时有规模经济,在产量处于中等水平时规模收益不变,在产量水平高时有规模不经济。

什么引起规模经济或规模不经济呢?西方经济学认为,规模经济的产生是因为生产水平的提高允许在工人中实行专业化,而专业化可以使工人更精通自己的工作。例如,如果汽车公司只生产少量汽车,它就不能利用现代装配线,而且其平均成本较高。规模不经济的产生是任何一个大型组织固有的协调问题。汽车公司生产的汽车数量越多,管理团队变得越庞大,管理者压低成本的效率越低。这种分析表明为什么长期平均成本曲线通常是U形的。在生产水平低时,企业从扩大规模中获益是因为它可以更好地利用专业化,同时协调问题并不尖锐。与此相比,在生产水平高时,专业化的好处已经实现,而随着企业变得越来越大,协调问题变得越来越严重。因此,长期平均成本曲线在生产水平低时下降是由于专业化的实现,而在生产水平高时上升是因为协调问题的增加。

第四节 利润最大化原则

【案例导入】

节假日期间天津劝业场和许多大型商场都延长营业时间,为什么平时不延长?现在我们用边际分析理论来解释这个问题。

从理论上说,延长营业时间一个小时,就要支付一个小时所耗费的成本,这种成本既包括直接的物耗,如水、电等,也包括由于延时而需要支付给售货员的加班费,这种增加的成本就是我们这一章所学习的边际成本。假如延长一个小时增加的成本是1万元(注意这里讲的成本是经济学意义上的成本,包括会计成本和正常利润),而在延时的一个小时里由于卖出的商品增加的收益大于1万元,那么作为一个精明的企业家,他应该将营业时间在此基础上再延长,因为这时他还有一部分该赚的钱还没赚到手。相反,如果他在延长的一个小时里增加的成本是1万元,而增加的收益却不足1万元,他在不考虑其他因素的情况下就应该取消延时的经营决定,因为他延长的一个小时的成本大于收益。在节假日期间,人们有更多的时间去旅游购物,使商场的收益增加。而平时人们没有更多的时间和精力去购物,即使是延时服务也不会有更多的人光顾,增加的销售额不足以抵偿延时所增加的成本。这就能够解释商场在节假日期间延长营业时间而在平时不延长营业时间的经济学道理。

无论是边际收益大于边际成本还是小于边际成本,商场都要进行营业时间调整,因为在这两种情况下商场都没有实现利润的最大化。只有在边际收益等于边际成本时,商场不调整营业时间。这表明商场已把该赚的利润都赚到了,即实现了利润的最大化。

第五章 成本理论

收益是指厂商出售产品后得到的全部收入,它是指产品售价与销售量的乘积,并且在收益中包括了成本与利润。

收益可以分为总收益、平均收益和边际收益。总收益(TR)是指厂商销售一定量产品所得到的全部收入,平均收益(AR)是指厂商平均每销售一单位产品所得到的收入,边际收益(MR)是指厂商每增加销售一单位产品所增加的收入。若以 Q 代表销售量,以 ΔQ 代表销售增量,则总收益、平均收益和边际收益三者之间的关系有:

$$TR = AR \cdot Q$$

$$AR = \frac{TR}{Q}$$

$$MR = \frac{\Delta TR}{\Delta Q}$$

如果以 L 代表利润,Q 代表产量,R 代表收益,C 代表成本,则利润为:

$$L = R(Q) - C(Q)$$

其中,使利润达到最大化的条件是:

$$MR = MC$$

如果边际收益大于边际成本(MR>MC),表明厂商每多生产一单位产品所增加的收益大于生产这一单位产品所增加的成本。这时对该厂商来说,它还有潜在的利润没有得到,利润未实现最大化,厂商增加生产是有利的,所以厂商必须增加生产。其结果是供给增加,价格下降,边际收益减少,边际成本增加,直至两者相等时,厂商才不再增加生产。

如果边际收益小于边际成本(MR<MC),表明厂商每多生产一单位产品所增加的收益小于生产这一单位产品所增加的成本,这对厂商来说多生产就会造成亏损,更谈不上利润最大化了,因此厂商必然要减少生产。其结果是供给减少,价格上升,边际收益增加,边际成本减少,直至两者相等时,厂商才不再减少生产。

无论是边际收益大于边际成本还是小于边际成本,厂商都要调整其产量,因为在这两种情况下厂商都没有实现利润最大化。只有在边际收益等于边际成本(MR=MC)时,厂商才不会调整产量。这表明其已获得应有的利润,实现了利润最大化。厂商对利润的追求要受到市场条件的限制,不可能实现无限大的利润,其利润最大化的条件就是边际收益等于边际成本,厂商根据这一原则来确定自己的产量。

我们注意到,在现实中市场结构是不同的。在不同的市场条件下,收益变动的规律不同,厂商对最大利润的追求就要受不同市场条件的限制。之后,我们会将成本与收益结合起来分析,在不同的市场条件下,厂商如何根据成本与收益分析来实现自己的利润最大化。

本 章 小 结

当我们分析厂商的行为时,重要的是要包括生产中的所有机会成本。一些机会成本是显性的,另一些机会成本是隐性的。

在分析厂商的成本时,主要考虑总成本、平均成本和边际成本。平均成本是从总成本中派生出来的,是指每单位产量的成本。边际成本也是从总成本中派生出来的,是指每增加一单位产量所增加的成本。

利用平均成本曲线和边际成本曲线分析厂商的行为是一个非常重要的方法。平均成本随着产量增加先减少,然后随着产量进一步增加而增加。边际成本曲线与平均成本曲线相交于平均成本曲线的最低点。

两种相关的收益衡量是从企业的总收益中派生出来的,平均收益是总收益除以产量,边际收益是产量增加一单位总收益增加的量。

厂商目标是追求利润最大化,利润等于总收益减总成本。当边际收益等于边际成本时,企业获利达到最大,如果出现亏损,则亏损最小。

思考与练习

一、重要概念

成本 收益 利润 显性成本 隐性成本 经济利润 会计利润 正常利润 固定成本 可变成本 平均成本 平均固定成本 平均可变成本 边际成本

二、单项选择题

1. 随着产量的增加,固定成本(　　)。
   A. 增加　　　　　　　　　　　　B. 不变
   C. 减少　　　　　　　　　　　　D. 先增后减

2. 边际成本曲线与平均成本曲线的相交点是(　　)。
   A. 边际成本曲线的最低点　　　　B. 平均成本曲线的最低点
   C. 平均成本曲线下降阶段的任何一点　D. 边际成本曲线的最低点

3. 收益是指(　　)。
   A. 成本加利润　　　　　　　　　B. 成本
   C. 利润　　　　　　　　　　　　D. 利润减成本

4. 当数量为 4 时,总收益为 100 元;当数量为 5 时,总收益为 120 元。此时边际收益为(　　)元。
   A. 20　　　　B. 100　　　　C. 120　　　　D. 25

5. 固定成本是指(　　)。
   A. 厂商在短期内必须支付的不能调整的生产要素的费用
   B. 厂商要增加产量所要增加的费用
   C. 厂商购进生产要素时所要支付的费用
   D. 厂商在短期内必须支付的可能调整的生产要素的费用

6. 某厂商每年从企业的总收入中取出一部分作为自己所提供的生产要素的报酬,这部分资金被视为(　　)。
   A. 显性成本　　B. 隐性成本　　C. 经济利润　　D. 不变成本

7. 边际成本低于平均成本时,(　　)。
   A. 平均成本上升
   B. 总成本下降

C. 平均可变成本可能上升也可能下降

D. 平均可变成本上升

8. 长期平均成本曲线为 U 形的原因与（　　）。

　　A. 规模收益变动有关

　　B. 外部经济与不经济有关

　　C. 要素的边际生产率有关

　　D. 固定成本与可变成本所占比重有关

9. 当产出增加时 LAC 曲线下降，这是由于（　　）。

　　A. 规模的不经济性　　　　　　　B. 规模的经济性

　　C. 收益递减规律的作用　　　　　D. 上述都正确

10. 如果一个企业经历规模收益不变的阶段，则 LAC 曲线是（　　）。

　　A. 上升的　　　　　　　　　　　B. 下降的

　　C. 垂直的　　　　　　　　　　　D. 水平的

三、判断题

1. 厂商增加一单位产量时所增加的变动成本就是平均成本。（　　）
2. 经济学中的长期和短期的划分是依据具体时间的长短划分的。（　　）
3. 利润最大化的原则是边际收益等于边际成本。（　　）
4. 长期平均成本曲线一定是短期平均成本曲线最低点的连接。（　　）

四、思考题

1. 短期成本的种类有哪些？用图说明短期成本曲线相互之间的关系。
2. 长期平均成本曲线是如何构成的？其特征是什么？
3. 利润最大化的原则是什么？为什么？

第六章 市场理论

【学习目标与要求】

重点掌握不同类型市场的含义、特征;掌握短期均衡和长期均衡等有关概念、理论与分析方法;掌握各市场的利弊以及各市场达到均衡时的利润状况。

第一节 市场理论概述

【案例导入】

一罐可乐在超市里标价是2元,但在一家四星级的酒店里却可以卖到25元。如果环境和条件进一步发生变化,比如在一眼望不到边际的荒漠里,一罐可乐可以卖多少钱?在2002年中国上海房地产营销大会上,上海策源置业顾问有限公司总经理徐晓亮举了这样一个通俗易懂的例子来说明他演讲的主题。一罐可乐到底能卖多少钱?可以是2元,也可以是更多,关键是看你卖给谁和怎么卖。同样的商品放在不同的环境里,在满足消费者不同的需求时,可以有不同的价格。

我们知道,在市场经济中,同一市场上所有消费者的决策合在一起,就构成了该市场的需求方面,所有生产者的决策合在一起,就构成了该市场的供给方面。所有消费者和生产者的决策合在一起,就形成了市场的需求和供给的相互作用。这种需求和供给的相互作用,就是我们所说的市场机制。

市场是一些生产者和消费者为了买卖某种商品而结成的相互联系,或者简单一点讲,就是把买卖商品的各方联系在一起的纽带。我们可以通过三个方面进一步深化对市场概念的认识。

第一,买卖。这是市场最为重要的方面,不仅买卖双方的存在是市场存在的必要条件,而且买卖双方数量的多少也是区分各种不同市场类型的最重要的根据之一。数量的多少会影响市场的运行,会导致不同的效率结果。

第二,商品。这种商品既可以指某种特殊商品,也可以指许多不同商品的集合,如劳动、资本等。在现实生活中,最初存在的市场都是一些具体的市场,如大米市场、水果市场等,这些都是以实物存在为基础的市场。后来人们把市场概念逐渐扩展到无形商品上,只要有交易存在就可以将其命名为"××市场",比如权力市场、劳动力市场等。这些市场的特点是,买卖双方达成交易之后并不会出现商品实物的所有权转移,所转移的是附在人身上的某种能力,由于这种能力能给买者带来好处,即形成市场。

第三,联系。市场是把买者和卖者联系起来的纽带,它既包括买者之间的联系、卖者之间的联系,还包括买者和卖者之间的联系。作为这种联系的形式或手段,市场可以是多种多样的。从原始的集市贸易到现代的证券交易所等"有组织"的市场,从面对面的讨价还价到网络交易,它们都是市场这条联系纽带的具体表现。

经济学中使用的"市场"这个名词,是指一种理论上的时间和空间结构,某种商品的买卖双方决定着据以进行交易的价格,所以一个市场意味着同种商品有单一的交易价格。一个市场可以是一个特定的出售和买进某种商品的地区或场所,例如集市是包括多种农副产品交易的市场。而有些商品(如旧汽车、旧家具)无须具体的交易场所,而许多商品的买卖活动可以在世界范围内进行,因为它们拥有一个世界市场,例如小麦、食油、油脂、羊毛、棉花、石油、橡胶、铜、锡、铝等。

这样经济学的"市场"包括了各有其特点的许多类型。经济学家主要是从市场的作用,即一个市场决定一种产品的价格这个观点出发对市场发生兴趣的,并且从这一点出发,把不同类型的市场按其在决定价格方面的作用区分为不同的市场结构。不同的市场结构表示市场以其组织和构成方面的特点影响厂商的行为和活动,为此经济学家通常根据两种标准来区分市场结构的不同类型:一是该行业(它提供一种产品,构成一个市场)所包含的厂商数目之多寡,二是一个行业各厂商的产品之间可替代程度的大小。例如,若每个厂商的产品是同质品,因而具有完全的替代性,或者产品虽然是非同质的但十分相似,因而具有较高替代性。根据这两条标准,经济分析把不同的市场结构区分为四种类型,一种是完全竞争市场,另一种是完全垄断市场,介于这两者之间的称为不完全竞争市场,具体可以分为垄断竞争市场和寡头垄断市场。市场理论正是要分析在不同市场条件下,厂商如何确定价格与产量,以实现利润最大化。

第二节 完全竞争市场的厂商均衡

【案例导入】

2002年对国内手机行业来说可以称得上是一个丰收年。据信息产业部统计,截止到2002年8月底,我国手机销售量已达6 359万部,而2001年全年才达到4 384万部。国内手机市场近年来增长迅猛,不仅用户数量已经接近2亿大关,厂商也从当初的三强鼎立发展到现在的群雄并起,不过市场竞争也因此更加激烈。目前,手机市场的竞争主要还集中在价格、款式、功能等产品本身特性的竞争上,但随着手机同质化现象的发展,产品有形差并将逐渐弱化,市场增长率的下降和销售利润的降低将随之出现。可以预计在未来的市场竞争中,服务将成为建立竞争优势,提升企业形象的重要手段,那些忽视服务的企业很可能就会被消费者忽视。

一、完全竞争的含义与条件

完全竞争,又称为纯粹竞争市场,是指一种竞争不受任何阻碍和干扰的市场结构。在经济分析中使用的"完全竞争"一词,具有十分严格的含义,具体来说,一种产品的市场具有完全竞争的性质,必须同时具备下述四个条件。

第一,市场上有许多的小规模生产者(厂商)和消费者(居民户)。他们任何一个人的销售量或购买量都仅占市场上很小的比例,所以任何一个人都无法通过自己个人的买卖行为来影响市场上的价格。市场价格是由整个市场的供求关系决定的,每个生产者和消费者都只能是既定价格的接受者,而不是价格的制定者。

第二,市场上的产品是同质的,即不存在产品差别。这里所说的产品差别不是指不同产品之间的差别,而是指同种产品在质量、包装、牌号或销售条件等方面的差别。例如,产品差别不是指自行车与汽车的差别,而是指自行车在质量、包装、牌号或销售条件方面的差别,具体来说,是指28型男车与26型女车的差别、黑色车与绿色车的差别等。不存在产品差别,即在市场上,任何一个生产者的产品在所有买者看来都是完全相同的,或者说,在买者看来,各生产者的产品具有完全的互相替代的性质,即在所有生产者的卖价相同时,消费者购买哪个生产者的产品完全是随机的。

第三,资源完全自由流动。完全竞争市场意味着不存在任何法律的、社会的或资金的障碍以阻止新的厂商进入该行业。这意味着在长时期内,生产要素可以随着需求的变化在不同行业之间自由流动。

第四,市场信息是畅通的。在完全竞争市场模型中,生产者与消费者被假定为对有关市场的信息具有完全的了解。他们可以获得完整而迅速的市场供求信息,不存在供求以外的因素对价格决定和市场竞争的影响。

在形成完全竞争市场的条件中,前两个条件是最基本的。现实中完全符合这些条件的市场实际上是不存在的。完全竞争市场可以说是一种高度抽象概括的市场模式,农产品市场仅被认为接近于完全竞争市场。但完全竞争市场可以作为一种分析工具,帮助我们说明一定的经济现象和经济过程。例如,完全竞争市场的资源利用最优,经济效益最高,可以作为经济政策的理想目标,同时完全竞争市场理论又是各种类型市场理论的基础。所以,我们必须首先对其加以研究。

二、完全竞争市场下的收益规律

图6-1(a)和图6-1(b)分别表示在完全竞争市场上一个行业的产品的供给和需求,以及对该行业的单个厂商产品的需求。

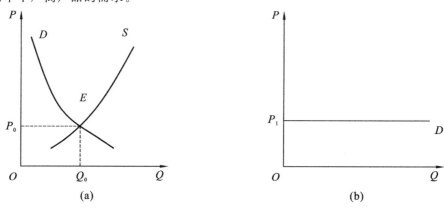

图6-1 在完全竞争市场上的产品供给与需求

在完全竞争市场之下,市场价格 P_1 是由整个行业的供给曲线 S 和需求曲线 D 的交点决定的,如图6-1(a)所示。对于每一个厂商而言,这一价格是既定的。厂商是市场既定价格的接受者,它的产品价格高于这个既定价格,产品就卖不出去。一个厂商无论出售多少产品,也仅占供给中的很少一部分,个别厂商产量的变动不能影响市场价格,所以厂商每增加销售一单位产品得到的收益(即边际收益)仍与平均每单位产品得到的收益(即平均收益)是相等的。

在完全竞争市场中,对于一个厂商来说,价格是既定的,在这一既定的价格之下,市场的需求是无限的,即需求有无限弹性。因此其需求曲线是一条与横轴平行的线,其价格水平由整个行业的供求关系所决定的价格确定。厂商按既定的市场价格销售产品,每单位产品的售价也就是每单位产品的平均收益。所以,售价等于平均价格。在完全竞争的条件下,个别厂商销售量的变动,并不能影响市场价格。这就是说,厂商每增加一单位产品的销售,市场价格仍然不变,从而其每增加一单位产品销售的边际收益也不会变。所以,平均收益与边际收益相等。正因为平均价格、平均收益与边际收益都是相等的,所以,平均收益、边际收益与需求曲线都是同一条线,即图6-1(b)中的直线 D。

三、完全竞争市场上的厂商均衡

在完全竞争市场中,厂商均衡可以分为短期均衡和长期均衡。

1. 厂商短期均衡

在短期内,厂商不能根据市场需求来调整全部生产要素,因此,从整个行业来看,有可能出现供给小于需求或供给大于需求的情况。从整个行业的市场来看,如果供给小于需求,则价格高;如果供给大于需求,则价格低。短期均衡就是要分析在这两种情况下个别厂商产量的决定与赢利状况,如图6-2所示。

在图6-2中,SMC 曲线是厂商的边际成本曲线,SAC 曲线是厂商的平均成本曲线,AVC 曲线是厂商的平均可变成本曲线,P_1、P_2 和 P_3 分别是不同的市场价格。在完全竞争市场中,市场价格(P)等于厂商的平均收益(AR),也等于厂商的边际收益(MR)。

(1) E_2 是厂商均衡点。此时,市场价格等于平均成本最低点,厂商最优化地利用生产要素,要素的生产效率最高,这一点也是边际收益等于边际成本点,厂商实现了利润最大化。在厂商均衡点上,厂商实现了在生产成本最低条件下的最大化利润。在这一点上,厂商既没有亏损也没有经济利润(即超额利润),因此,这一点也被称为收支相抵点或经济能量点。厂商短期均衡的条件是价格 P_2(或边际收益 MR_2)=边际成本 MC_2。

(2) E_3 是厂商获得经济利润点。此时,市场价格(即边际收益)高于平均成本最低点。在边际收益等于边际成本点,厂商实现了利润最大化。在这一点上,厂商的平均收益等于市场价格,平均收益高于平均成本,厂商获得的经济利润为:(价格 P_3-平均成本 SAC)×产量 Q_3。

(3) 当市场价格低于 P_2 时,市场价格低于平均成本,单位产品的销售收入不能弥补生产成本,厂商出现亏损。亏损额为:(价格 P-平均成本 SAC)×产量 Q。在边际收益等于边际成本点是厂商亏损最小点。在 E_1 点以上,即在价格低于 P_2 但高于 P_1 的区域内,厂商进行生产虽然有部分固定成本收不回来,但还可以收回可变成本,如工人工资、原材料费用等。当市场价格降到 P_1 点时,厂商就会停止生产,这时厂商不仅固定成本收不回来,可变成本也收不回来。因此,这个点又称为停止营业点。

因此,在完全竞争条件下,厂商的边际收益、平均收益都与商品价格相等。单一厂商不仅是商品市场价格的接受者,而且其销售量并不能影响商品的价格,即厂商增加一单位商品的销售所增加的收入是单位商品的价格。因此,厂商利润最大化的条件是边际成本等于商品的价格,即只要边际成本低于商品的市场价格,厂商增加生产就能增加利润;反之就会减少利润。当两者相等时厂商总利润达到最大。

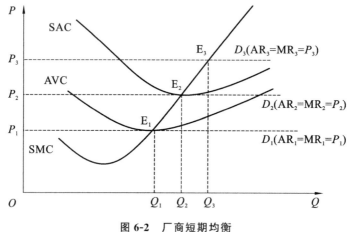

图 6-2 厂商短期均衡

那么,企业在利润最大化产量上是盈还是亏?据前述,企业在利润最大化时的产量取决于企业生产的边际成本和商品的价格。当边际成本和商品的价格恰好相等时,企业生产的产量使其达到利润的最大化。但是,在利润最大化产量上,企业是不是肯定就有净的盈利呢?答案是,在短期内,企业既可能盈利,也可能亏损,当然还可能持平,即不盈不亏。换句话说,即使企业按照利润最大化的原则(即边际成本等于边际收益)进行生产,企业最后实现的利润仍然可能会出现如下三种情况,即大于、等于或小于零。之所以如此,是因为所谓利润最大化仅仅表明,企业在现有的生产技术条件下,已经做到了最好。但即使做到最好,企业在短期内也可能无法避免亏损,因为在短期内并非所有的生产要素是可变的,企业并不能自由地退出。企业在利润最大化产量上,企业到底能不能真正地获得利润,不是看边际成本和边际收益,而是看总成本和总收益,或者看平均成本和平均收益。如果在利润最大化产量上,企业的总收益大于总成本(或者平均收益大于平均成本),则企业就是盈利的;如果在利润最大化产量上,企业的总收益小于总成本(或者平均收益小于平均成本),则企业就是亏损的;如果在利润最大化产量上,企业的总收益恰好等于总成本(或者平均收益等于平均成本),则企业就正好不盈不亏。

企业亏损时停不停产?这取决于继续生产和停产两种情况何者损失更大。无论是继续生产还是停产,企业都要遭受损失。企业在停产时存在不可避免的损失,那就是固定资产的损失。尽管停产之后,企业可以不再雇用工人,不再购买原材料,但是原先投入在机器、设备和厂房等方面的资金一般就无法再全部收回了。如果企业选择继续生产,则每一个单位的产品会带来效益,这个收益有可能大于平均可变成本,也有可能小于平均可变成本。如果收益大于平均可变成本意味着企业继续生产会使总损失减少,反之会使总损失扩大。因此,企业在决定是继续生产还是停产时,要考虑这两个方面的损失谁大谁小。如果企业停产之后带来的固定资产的损失小于继续生产的损失,则决定停产,否则,其还是继续生产为好。在后面这种情况下,继续生产尽管仍然有损失,但是按照利润最大化的原则继续生产,企业能够使损失达到最小。

2. 厂商长期均衡

在短期中,企业依照边际成本等于边际收益的利润最大化原则进行生产,有可能盈利,也有可能亏损。在发生亏损的情况下,企业有可能停产,也有可能继续生产。这样的情况在长期中还可能继续存在吗？答案是否定的。因为,在长期中,厂商可以根据产品的市场价格来调整全部生产要素和生产,也可以自由进入或退出该行业。这样整个行业供给的变动就会影响市场价格,从而影响各个厂商的均衡。具体来说,如果出现供给小于需求,市场价格高于平均成本,厂商有超额利润存在,此时厂商就会扩大生产,其他行业的厂商也会进入这一行业。于是,整个行业的供给增加,产品价格下降,厂商的超额利润消失;反之,如果出现供给大于需求的情况,有亏损存在,厂商就可以缩小生产,或退出该行业。于是,整个行业的供给减少,产品价格上升,厂商的亏损消失。最终厂商既无超额利润,也无亏损,实现了长期均衡,如图6-3所示。

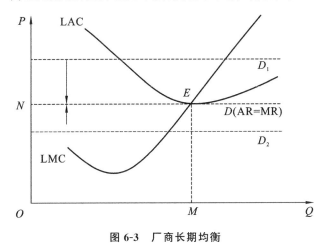

图 6-3 厂商长期均衡

在图6-3中,LMC是长期边际成本曲线,LAC是长期平均成本曲线。虚线 D_1 为整个行业供给小于需求时个别厂商的需求曲线,虚线 D_2 为整个行业供给大于需求时个别厂商的需求曲线。如图6-3所示,当整个行业供给小于需求时,由于价格高会引起整个行业供给增加,从而导致价格下降,个别厂商的需求曲线 D_1 向下移动。当整个行业供给大于需求时,由于价格低会引起整个行业供给减少,从而导致价格上升,个别厂商的需求曲线 D_2 向上移动。这种调整的结果使得需求曲线最终移动到 D,长期边际成本曲线(LMC)与边际收益曲线(MR,即 D)相交于 E 点,决定了产量为 OM。此时总收益为平均收益乘以产量,即图中的 $OMEN$ 区域;总成本为平均成本乘以产量,也是图中的 $OMEN$ 区域。当总收益等于总成本,厂商既无超额利润也无亏损,它们不再调整产量,即实现了长期均衡。

从图6-3中还可以看出,当实现了长期均衡时,厂商的长期边际成本曲线(LMC)和长期平均成本曲线(LAC)也相交于 E 点。这就表明,长期均衡的条件是

$$MR = AR = MC = AC$$

四、对完全竞争市场的评论

通过以上对在完全竞争市场上厂商均衡的分析可以看出,在这种完全竞争的条件下,价格

可以充分发挥其"看不见的手"的作用,调节整个经济的运行。第一,社会的供给与需求相等,从而资源得到最优配置,生产者的供给不会有不足或过剩,消费者的需求也得到了满足。第二,在长期均衡时平均成本处于最低点,这说明通过完全竞争与资源的自由流动,生产要素的效率得到最有效的发挥。第三,平均成本最低决定了产品的价格也是最低的,这对消费者是有利的。从以上来看,完全竞争市场是最理想的。

但是,完全竞争市场也有其缺点:第一,各厂商的平均成本最低并不一定是社会成本最低;第二,产品无差别使得消费者的多种需求无法得到满足;第三,在完全竞争市场上生产者的规模都很小,他们没有能力去实现重大的技术突破,从而不利于技术发展;第四,在现实中完全竞争的情况是很少的,而且一般来说竞争也必然引起垄断。本节对完全竞争市场的分析,为我们对其他市场类型的分析提供了理论基础。

第三节 完全垄断市场的厂商均衡

【案例导入】

麦当劳一直采取向消费者发放折扣券的促销策略。他们对来麦当劳就餐的顾客发放麦当劳产品的宣传品,并在宣传品上印制折扣券。为什么麦当劳不直接将产品的价格降低?

回答是折扣券使麦当劳实行了三级差别价格。麦当劳知道并不是所有的顾客都愿意花时间将折扣券剪下来保存,并在下次就餐时带来。此外,剪折扣券意愿与顾客对物品支付意愿和他们对价格的敏感度相关。富裕而繁忙的高收入阶层到麦当劳用餐弹性低,对折扣券的价格优惠不敏感。他们不可能花时间将折扣券剪下来保存并随时带在身上,以备下次就餐时使用,而且折扣券所省下的钱他们也不在乎。但低收入的家庭到麦当劳用餐弹性高,他们更可能剪下折扣券,因为他们的支付意愿低,对折扣券的价格优惠比较敏感。

麦当劳通过只对那些使用折扣券的顾客收取较低价格,吸引了一部分低收入家庭到麦当劳用餐,成功地实行了价格歧视,采取了三级差别价格,并从中多赚了钱。如果麦当劳直接将产品价格降低,则会失去因不带折扣券的高收入阶层的高意愿消费而多得的收入。

一、完全垄断的含义与条件

完全垄断,又称垄断,是指整个行业的市场完全处于一家厂商控制的状态,即一家厂商控制了某种产品的市场。完全垄断也是经济中一种特殊的情况,形成完全垄断的条件主要有:①市场上只有唯一的一个厂商生产和销售某种商品;②该厂商生产和销售的商品没有良好的替代品;③其他任何厂商都不能进入到该行业的生产中来。这样,独家垄断厂商就控制了整个市场。

完全垄断存在的原因主要有以下四个。①生产要素垄断。某种产品的生产必须使用特定的生产要素,若某一厂商对此种生产要素拥有绝对的控制权,就会形成垄断。②自然垄断。某些行业可能始终保持呈现规模收益递增的特征。在这些行业只需要一家厂商经营就可以满足整个市场的需求,若由两家或两家以上厂商生产将产生较高的平均成本,造成社会资源的浪费。这些行业属于自然垄断行业,例如铁路、电力、天然气、自来水等。③市场特许权。政府往往授予某个厂商垄断经营某种产品的特许权。许多国家的邮政业、某些公用事业都是政府给予公司特许的垄断经营权。④专利权垄断。政府为鼓励发明创造,对某些研究成果给予专利保护,使厂商拥有独家生产权,从而形成垄断。

二、完全垄断市场的收益规律

在整个垄断市场上,一家厂商代表整个行业。因此,整个行业的需求曲线也就是一家厂商的需求曲线。一家厂商控制生产,它的供给增加,价格下降,需求就会增加;它的供给减少,价格上升,需求就会减少。供给影响价格,价格与需求量呈反方向变动,因此需求曲线是一条向右下方倾斜的曲线。

这时,厂商决定价格,它要在高价少销与低价多销之间做出选择,它所决定的价格就是产品的市场价格,消费者只是既定价格的接受者。卖价仍然等于平均收益,因此需求曲线 D 仍与平均收益曲线 AR 重叠为一条直线,如图 6-4 所示。但是,这时厂商每增加一单位产品,价格就会下降,因此平均收益是下降的,边际收益也是下降的。如前所述,当平均收益减少时,边际收益一定小于平均收益,因此,边际收益曲线 MR 和平均收益曲线 AR 都是向右下方倾斜的直线,而且边际收益曲线一定在平均收益曲线的下方,如图 6-4 所示。

三、完全垄断市场上的厂商均衡

垄断厂商均衡的条件是 MR＝MC。在图 6-5 中,MR 与 MC 相交于 E 点,决定了产量 Q_0。将 EQ_0 延伸即为供给曲线,它与需求曲线 D 相交于 A 点,这样就决定了价格为 P_0。这时,总收益＝平均收益 AR×产量 Q_0,垄断厂商利润＝(价格 P_0－平均成本 ATC)×产量 Q_0,为图 6-5 中的阴影面积。

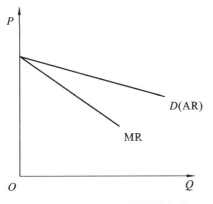

图 6-4 完全垄断市场的收益规律

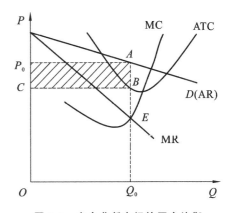

图 6-5 完全垄断市场的厂商均衡

在短期内,当价格高于平均成本时,垄断厂商获得超额利润;当价格等于平均成本时,垄断厂商获得正常利润;当价格低于平均成本时,垄断厂商出现亏损。

垄断厂商可以根据已知的市场供求情况在高价少销或低价多销之间做出选择,以取得最大利润,而其他厂商无法加入这一行业。所以,在完全垄断条件下,短期均衡与长期均衡是一样的,均衡的条件是 MR＝MC。即使在短期内有亏损,垄断厂商也可以通过调高价格,以减少亏损,在长期中实现正常利润或超额利润。

四、垄断厂商的差别定价

垄断厂商的差别定价,即假定垄断者根据其生产和销售的产品的市场需求状况和成本状况,定出其打算销售的数量和价格,并对所有购买者索取相同的价格。在实际生活中,在卖者是垄断者(或寡头垄断者)的许多市场上流行着价格歧视,即垄断厂商在销售同一产品的不同数量时向相同或不同的消费者索取不同的价格。根据英国经济学家庇古的划分,价格歧视主要有一级价格歧视、二级价格歧视和三级价格歧视三种形式。

(1) 一级价格歧视,亦称为完全价格歧视,是指卖者对每一单位的产品收取不同的价格,而且价格恰好等于买者的保留价格,此时卖者得到全部的消费者剩余。

(2) 二级价格歧视是指价格依赖于购买数量,但不依赖于消费者,这种定价亦称非线性定价。此时,每一个消费者都面临一份相同的价目表,但是价目表规定了不同购买数量所对应的不同价格,如数量折扣就属于这类情况。

(3) 三级价格歧视是指不同消费者支付不同的价格,但同一消费者所支付的价格不依赖于其购买量,如学生乘火车享受半价优惠就属于这种情况。

但是,实行价格歧视必须具备一些条件。①实行价格歧视的市场是相互分离的。否则,买者都会去价格低的市场购买。②各个市场上需求量的变化对于价格变动的反映程度有差别。

五、对完全垄断市场的评论

一般认为,完全垄断对经济是有害的。这主要是因为以下四个原因:第一,在完全垄断条件下,垄断厂商可以通过高价少销或低价多销来获得超额利润,这样就会使资源无法得到充分利用,引起资源浪费;第二,垄断厂商控制了市场,也就控制了价格,其所决定的价格往往高于在完全竞争条件下的价格,这就引起消费者剩余的减少和社会经济福利的损失;第三,垄断利润的存在是垄断厂商对整个社会的剥削,这就引起收入分配的不平等;第四,垄断的存在可能阻碍技术进步。正因为这样,完全垄断被认为是一种不利于社会进步的状态。

但是,我们对完全垄断市场也要作具体分析。首先,有些完全垄断,尤其是政府对某些公用事业的垄断,并不以追求垄断为目的,而且会给全社会带来好处。但有时垄断也会因官僚主义而引起效率低下。其次,对于完全垄断条件下的技术进步问题,人们有不同的看法。一种观点认为,垄断厂商会阻碍技术进步。另一种观点认为,垄断厂商还是具有一定的创新积极性的。因为,一方面,垄断厂商具有雄厚的经济实力,有条件进行重大的技术创新;另一方面,垄断厂商又可以利用自己的垄断地位,在长期内保持由于技术创新所带来的超额利润。但在现实经济生活中,完全垄断这一极端的市场类型几乎是不存在的。

第四节 垄断竞争市场的厂商均衡

【案例导入】

在美国,经济学教科书多如牛毛。在我国,翻译的或国内学者编写的同类教科书也相当多。1998年,美国哈佛大学教授曼昆推出《经济学原理》,在美国初次印刷发行即达20万册,1999年该书中文版问世后不到半年也销售了8万册。在竞争激烈的经济学教科书市场上,曼昆的《经济学原理》能获得成功就在于他创造出了自己的产品特色。曼昆是知名的经济学家,对经济学前沿的熟悉使他写的教科书能反映出经济学的最新进展。他以通俗的事例、故事、政策分析来介绍深奥的经济学原理,使沉闷的经济学让人读起来轻松、愉快。与其他同类经济学教科书相比,曼昆的《经济学原理》具有简明性、通俗性和趣味性的特色。因此,出版后,读者认可并接受了它的"差别"。

一、垄断竞争的含义与条件

在现实经济生活中,完全竞争市场与完全垄断市场都是较少的,现实中普遍存在的是介于这两种极端情况之间的状况:垄断竞争市场与寡头垄断市场。

垄断竞争市场是指一种既有垄断又有竞争,既不是完全竞争又不是完全垄断的市场结构。其形成的条件主要有两点。①产品之间存在着差别。产品差别是造成厂商垄断的根源,同时各种产品在一定程度上又有替代性,因此各种有差别的产品之间又形成了竞争。②厂商的数量仍然是比较多的。这样任何一家厂商都无法完全垄断该产品的市场。

市场中许多产品都是有差别的,因此,垄断竞争是一种普遍现象,而最明显的垄断竞争市场是轻工业品市场。

二、垄断竞争市场上的厂商均衡

垄断竞争下的短期均衡与完全垄断下的短期均衡大体相似。这是因为在短期内,每一个厂商对于自己所生产的有差别的产品都具有垄断地位,所以可以获得超额利润,实现均衡的条件也是 MR=MC。当价格大于、等于或小于产品平均成本时,厂商可以获得超额利润、正常利润或亏损。

在长期中,垄断竞争市场也存在着激烈的竞争,超额利润的存在是推动各厂商进行竞争的动力。各个厂商可以仿制别人有特色的产品,可以创造自己更有特色的产品,也可以通过广告来创造消费者的需求,形成自己产品的垄断地位。竞争的结果必然是各种有差别产品的价格下降。厂商的长期均衡的情况如图 6-6 所示。

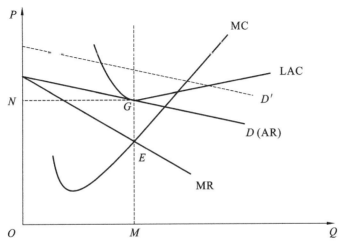

图 6-6 垄断竞争市场的厂商均衡

在图 6-6 中，虚线 D' 是短期的需求曲线，在长期中由于各厂商激烈的竞争，使价格水平下降，从而需求曲线移动到 D。这时，厂商决定产量的原则仍然是边际收益于边际成本，因此边际成本曲线 MC 与边际收益曲线 MR 的交点 E 决定了产量为 OM。由 M 点作一条垂直的线即是产量为 OM 时的供给曲线，这条供给曲线与需求曲线 D 相交于 G 点，决定了价格水平为 ON。

这时，总收益为平均收益（价格）乘以产量，即图上的 $OMGN$，总成本为平均成本乘以产量，平均成本在产量为 OM 时也是 ON，因此，总成本也是 $OMGN$。总收益与总成本相等，不存在超额利润。这时各厂商不再调整自己的产量，实现了长期均衡。从图上可以看出，在实现了长期均衡时，边际收益等于边际成本，平均收益等于平均成本。所以，垄断竞争市场上长期均衡的条件是

$$MR = MC, AR = AC$$

三、垄断竞争市场上的厂商决策

与完全垄断厂商相比，垄断竞争厂商对产品价格的影响力要小得多，因为他们生产的是近似的、在一定程度上可相互替代的产品。在图形上，垄断竞争市场上厂商的需求曲线要比完全垄断市场厂商的需求曲线要平坦得多。

从上述可知，垄断竞争市场上厂商的竞争手段有两种。其一，价格竞争，是指厂商使自己出售的产品在价格上低于其他厂商，以吸引更多的顾客。有时候，厂商并不直接降价，而是通过有奖销售等方式，使产品的实际价格有所回落。其二，非价格竞争，主要是指通过增加产品差异（既包括品质差别也包括想象中的差别）的方式来扩大自己产品的市场份额，谋取竞争优势。常用的手段有产品促销和广告宣传促销等。这两种措施都会导致在增加总成本的同时也将使总收益增加，假如后者大于前者，则改变产品的"质量"或增加推销费用将是有利可图的。

四、对垄断竞争市场的评论

我们可以把垄断竞争市场与完全竞争市场和完全垄断市场相比。首先，从平均成本来看，垄断竞争市场上平均成本比完全竞争时高，这说明垄断竞争下由于垄断的存在，生产要素的效率不如完全竞争时高。但这时的平均成本一般又低于完全垄断，说明由于有竞争的存在，生产要素的效率又比完全垄断时高。其次，从价格来看，即使在长期中，垄断竞争下的价格也高于完全竞争下的价格，因为这时平均成本比较高。此时消费者付出高于完全竞争下的价格，得到的是丰富多彩、各具特色的产品，可以满足其不同的需求。但垄断竞争下的价格又要低于完全垄断下的价格，因为这时价格不是由垄断者决定的垄断价格，而是由市场竞争形成的价格。最后，从产量来看，垄断竞争下的产量一般要低于完全竞争而高于完全垄断下的产量，这说明垄断竞争下资源的利用程度不如完全竞争而优于完全垄断下资源的利用程度。

在分析垄断竞争市场的优缺点时，还要注意两点。第一，垄断竞争有利于鼓励创新。因为竞争的存在，短期超额利润的存在激发了厂商进行创新的内在动力。通过生产出与众不同的产品，厂商可以在短期内获得垄断地位及超额利润。这就使各厂商有进行创新的愿望，而长期中的竞争又使这种创新的动力持久不衰。第二，垄断竞争会使销售成本，主要是广告成本增加。各厂商要使自己的产品成为有特色的产品，必须进行广告宣传。这种广告对生产和消费有促进

作用，但同时也增加了销售成本，增加了总成本和平均成本。西方许多经济学家认为，垄断竞争从总体上看是利大于弊。而在现实中，垄断竞争也是一种普遍存在的市场结构。

第五节　寡头垄断市场的厂商均衡

【案例导入】

我们以彩电市场为例，我国当前市场容量为2 000万台左右，而生产能力则有4 000万台左右，明显的供大于求注定了市场竞争将会日趋激烈。各个彩电企业又都是单独的利益主体，它们在市场竞争中当然会从争取更多的顾客和市场份额的动机出发，选择对自己有利的策略——竞相降价为正常举措。但是，当一些企业在日趋激烈的价格竞争中感到盈利下跌，难以招架时，该怎么办？它们可以设法扩大规模，也可转产，改变原有的投资方向。这便是市场经济条件下企业争取规模效益，或是灵活调头的发展之路。如果一个企业只想靠价格联盟来形成和保持垄断利益，坐享固定的市场份额，最终会发现，在商品供大于求的背景下，去签一个自己和竞争对手们都不会认真遵守的协议（除非协议有超级监督力和强制力），不过是徒劳之举。

对于政府部门和行业协会来说，他们应该考虑自己有无能力或有无必要让所有彩电企业都有饭吃。在供大于求的背景下，通过价格、品牌、服务、质量等方面的竞争，强势企业可以通过增加市场份额，兼并重组，不断扩大规模而成为市场经济下竞争产生的"巨舰"；弱势企业则需利用市场退出机制，或寻找新的投资点，以扬长避短，或者被其他企业兼并、联合，成为"巨舰"的一部分。如此才会有具有国际竞争力的大企业产生，所有消费者也将从产品价格不断降低、质量服务日益完善中受益。国际和国内历史的经验表明，希望通过政府"拉郎配"的办法去组建大企业，或是通过欧佩克式的价格联盟保护垄断与落后均非好的办法。

一、寡头垄断的含义

寡头垄断又称为寡头，是指为数不多的销售者提供相似或相同产品的市场结构。在寡头垄断市场上，少数几家厂商供给该行业的大部分产品，这几家厂商的产量在该行业的总产量中各占有较大的份额，所以对市场的价格与产量都有举足轻重的影响。寡头垄断是介于完全垄断与垄断竞争之间的一种市场结构。它的显著特点是一个行业中为数不多的几家垄断厂商进行着激烈的竞争，例如，美国许多十分重要的行业，如钢铁、汽车、铝、交通运输设备、石油、燃气等四五家公司的产量占全行业产量的70%以上。

寡头可以分为生产相同产品的纯粹寡头（如生产石油、钢铁的寡头）与生产有差别产品的有产品差别寡头（如生产汽车、香烟的寡头）。

二、寡头理论

寡头垄断的市场与其他市场结构不同。在寡头垄断下，厂商为数不多，但这几家厂商都占有举足轻重的地位。他们各自在价格或产量方面的变化都会影响整个市场和其他竞争者的行为。所以，每家厂商在做出价格与产量的决策时，不仅要考虑本身的成本与收益情况，还要考虑对市场的影响以及竞争对手可能做出的反映。如果考虑到这种复杂的依存关系，那么在决策时，每家厂商必须假定对手的反应方式，而对手的反应是多种多样、不易捉摸的。所以，在寡头垄断下，对价格与产量问题很难像前三种市场结构一样做出确切而肯定的答案。

各寡头之间有可能存在相互之间的勾结，也有可能不存在勾结。在这两种情况下，产量的决定是有差别的。当各寡头之间存在勾结时，产量是由各寡头之间协商确定的。而协商确定的结果有利于谁，则取决于各寡头实力的大小。这种协商可能是对产量的限定（例如石油输出国组织对各产油国规定的限产数额），也可能是对销售市场的瓜分，即不规定具体产量的限制，而是规定各寡头的市场范围。当然，这种勾结往往是暂时的，当各寡头的实力发生变化之后，它们就会要求重新确定产量或瓜分市场，从而引起激烈的竞争。在不存在勾结的情况下，各寡头要根据其他寡头的产量决策来调整自己的产量，以达到利润最大化的目的。

在寡头市场上，尽管难以确定具体的价格，但厂商仍可以确定价格变动的最高限和最低限。其最高价等于完全垄断下的垄断价格，而最低价高于完全竞争下长期均衡时的竞争价格。在寡头市场上，价格的确定往往不是由市场供求关系直接决定，而是由少数寡头垄断者通过协议或默契作为行政措施而制定的，因此这种价格被称为操纵价格。这种操纵价格或者由寡头垄断者的价格同盟——卡特尔做出，或者由寡头垄断者的默契形成，或者由一家最大的寡头先行定价，其他寡头遵从，这种价格一旦形成在较长时期不会变动。

三、对寡头垄断市场的评价

寡头垄断在经济中是十分重要的。一般认为，它具有两个明显的优点：第一，可以实现规模经济，从而降低成本提高经济效益；第二，有利于促进技术进步。各个寡头为了在竞争中取胜，就要提高生产率，创造新产品，这就成为寡头厂商进行技术创新的动力。此外，寡头厂商实力雄厚，可以用巨额资金与人力来进行科学研究。对寡头垄断的批评就是各寡头之间的勾结往往会抬高价格，损害消费者的利益和社会经济福利。

本 章 小 结

市场结构理论综合了供求理论、消费理论和生产理论，分析了市场经济中存在的四种典型的市场类型：完全竞争市场、完全垄断市场、垄断竞争市场和寡头市场。每种市场都有其自身的特征，市场效率差别很大。

在完全竞争市场中，价格等于边际成本，也等于最低的长期平均成本。完全竞争市场是四种市场中最有效率的市场，当企业实现利润最大化时，消费者从市场中获得的消费者剩余最大。

完全垄断市场产品价格远高于边际成本。垄断市场是四种市场中效率最低，消费者剩余也最低的市场。消费者向垄断企业购买产品有双重损失：一方面垄断者将最低效利用资源以及资源浪费的损失转移给消费者；另一方面，垄断市场的定价高于边际成本。

垄断竞争市场的效率低于完全竞争市场，但高于垄断市场和寡头市场。消费者在垄断竞争市场上获得的消费者剩余高于寡头市场，低于完全竞争市场。同时，消费者在垄断竞争市场上有更多的选择自由，可以从有差别的产品中选择更适合自己的产品。

寡头市场的经济效率远低于完全竞争市场,略高于完全垄断市场。消费者从寡头市场中得到的消费者剩余高于完全垄断市场。

思考与练习

一、重要概念
市场　厂商均衡　完全竞争市场　停止营业点　完全垄断市场　垄断竞争市场
寡头垄断市场　自然垄断　价格歧视

二、单项选择题
1. 已知某企业生产的商品价格为10元,平均成本为11元,平均可变成本为8元,则该企业在短期内(　　)。
   A. 停止生产且亏损　　　　　　　　B. 停止生产且存在利润
   C. 继续生产但亏损　　　　　　　　D. 停止生产且不亏损

2. 下列生产行业中(　　)最接近完全竞争模式。
   A. 飞机　　　　　　　　　　　　　B. 卷烟
   C. 汽车　　　　　　　　　　　　　D. 水稻

3. 对一个完全竞争市场中企业实现利润最大化的必要条件是(　　)。
   A. 平均成本最低　　　　　　　　　B. 总收益最大
   C. 边际收益大于边际成本　　　　　D. 边际成本等于市场价格

4. 在垄断竞争中(　　)。
   A. 只有少数几个厂商主产有差异的产品
   B. 有许多厂商生产同质产品
   C. 只有少数几个厂商生产同质产品
   D. 有许多厂商生产有差异的产品

5. 寡头垄断和完全垄断的主要区别是(　　)。
   A. 企业数目不同　　　　　　　　　B. 竞争策略不同
   C. 成本结构不同　　　　　　　　　D. 从事开发和研究的力度不同

6. 在MR＝MC的均衡产量上,企业(　　)。
   A. 必然得到最大的利润
   B. 不可能亏损
   C. 必然得到最小的亏损
   D. 若获利润,则利润最大,若亏损,则亏损最小

7. 一个行业有很多厂商,每个厂商销售的产品与其他厂商的产品略有差别,这样的市场结构被称为(　　)。
   A. 垄断竞争市场　　　　　　　　　B. 完全垄断市场
   C. 完全竞争市场　　　　　　　　　D. 寡头市场

8. 下列哪一个不是垄断竞争的特征?(　　)

A.厂商数目很少　　　　　　　　　B.进入该行业容易
C.存在产品差别　　　　　　　　　D.厂商忽略竞争对手的反应

9.寡头市场的特征是(　　)。
　A.厂商数目很多,每个厂商都必须考虑其竞争对手的行为
　B.厂商数目很多,每个厂商的行为不受其竞争对手行为的影响
　C.厂商数目很少,每个厂商都必须考虑其竞争对手的行为
　D.厂商数目很少,每个厂商的行为不受其竞争对手的影响

10.垄断厂商面临的需求曲线是(　　)。
　A.向下倾斜的　　　　　　　　　B.向上倾斜的
　C.垂直的　　　　　　　　　　　D.水平的

11.完全垄断市场中,如果A市场的价格高于B市场的价格,则(　　)。
　A.A市场的需求弹性大于B市场的需求弹性
　B.A市场的需求弹性小于B市场的需求弹性
　C.两个市场的需求弹性相等
　D.以上都正确

12.一般情况下,厂商得到的价格若低于(　　)就停止营业。
　A.平均成本　　　　　　　　　　B.平均可变成本
　C.边际成本　　　　　　　　　　D.平均固定成本

三、判断题

1.由于寡头之间可以进行勾结,所以它们之间并不存在竞争。(　　)
2.垄断竞争市场就是指产品没有差别的市场。(　　)
3.在完全垄断市场上,一个市场只有一家企业。(　　)
4.只要总收益大于总的可变成本,企业就可以生产。(　　)

四、思考题

1.什么是完全竞争?实现完全竞争的条件是什么?
2.用图说明完全竞争市场中厂商短期均衡、长期均衡的形成过程及条件。
3.试简评寡头垄断市场。

第七章 分配理论

【学习目标与要求】

重点掌握工资、利息、地租和利润的有关概念及原理;了解洛伦茨曲线与基尼系数,了解引起收入分配不平等的原因及收入分配平等化政策。

19世纪法国经济学家萨伊曾提出了一个"三位一体"的公式,即劳动—工资、资本—利息、土地—地租。之后英国经济学家马歇尔又在此基础上增加了企业家才能—利润,使之成为"四位一体"的公式。这个公式概括了西方经济学家分配理论的中心,经济学家认为,劳动、资本、土地和企业家才能这四种生产要素共同创造了社会的财富,分配就是把社会的财富分配给这四种生产要素的所有者。劳动得到工资,资本得到利息,土地得到地租,企业家才能得到正常利润,收入分配理论就是要研究各种生产要素所得到的收入到底是如何决定的。

第一节 收入分配和生产要素市场

一、生产要素的价格

生产要素包括土地、劳动、资本、企业家才能等。作为要素的所有者就可以通过要素的占有量,按照要素的价格得到收入。在生产中,工人提供了劳动,获得了工资;资本家提供了资本,获得了利息;地主提供了土地,获得了地租;企业家提供了企业家才能,获得了正常利润。简言之,各种生产要素都根据自己在生产中所做出的贡献而获得相应的报酬。

要素价格确定了,收入分配也就确定了,因此,要素价格理论也就是收入分配理论。收入的多少主要取决于要素的价格,而要素价格的决定,与商品的价格一样,由供求关系决定,那么要素的价格就由要素市场的供求关系来决定。

二、生产要素的需求

生产要素市场对于各个生产要素的需求不同于产品市场对于具体产品的需求。在产品市场中,需求来自于消费者,供给来自于生产者。要素市场情形正好相反,要素需求来自于生者,而要素供给通常来自于普通的消费者。由此可见,在产品市场中,产品需求属于直接需求,而要素市场的需求则属于一种派生需求。生产要素需求具有派生性和联合性的特点。

三、完全竞争市场条件下要素价格的决定

厂商为了使利润最大化,在使用生产要素时遵循边际成本等于边际收益的原则,即边际收益产品等于边际要素成本的原则。

边际收益产品即增加一单位要素增加的收益。它用 MRP 表示,即 MRP = MR·MP,其中 MR 为厂商的边际收益,MP 为生产要素的边际产量。对于完全竞争厂商来说,MR = P,从而得到:MRP = P·MP。定义 P·MP 为边际产品价值(VMP),而边际要素成本(MFC)是指每追加一单位要素所引起总成本的增量。因而完全竞争厂商遵循的原则是:边际产品价值等于边际要素成本,即 VMP = MFC。

要素价格决定于该要素在市场上的供给与需求。在完全竞争条件下,要素的边际产品价值等于要素的边际收益产品,厂商的要素需求曲线可由该生产要素的边际产品价值曲线表示。鉴于 VMP = P·MP,而完全竞争厂商面临不变的价格,加之边际收益递减规律的作用,使得 VMP 呈递减趋势,从而要素需求曲线也向右下方倾斜。

在完全竞争条件下,单个厂商对要素的购买不影响要素的价格,即要素供给弹性无限大。因此,厂商的要素供给曲线是一条水平线。因而,厂商的边际要素成本和要素价格相等。

这样,要素市场需求和供给的均衡,即边际要素成本等于边际产品价值,符合厂商利润最大化的条件,同时也决定了厂商使用要素的数量。

四、不完全竞争市场条件下要素价格的决定

不完全竞争市场分为垄断、垄断竞争和寡头三种类型。现分三种情况分析一种生产要素在垄断条件下的价格决定。

第一,某厂商的产品市场是垄断的,而要素市场是完全竞争的。在此情况下,厂商的要素价格曲线是水平线,要素需求曲线则由 MRP 曲线表示。该厂商的产品需求曲线是市场对该产品的需求曲线,市场的要素需求曲线是使用该要素的产品市场的垄断厂商的要素需求曲线的总和。要素市场价格由市场的供求曲线决定,厂商对要素的购买量则决定于市场价格和垄断厂商的要素需求曲线,即厂商使用生产要素的原则是 W = MRP,其中 W 为生产要素的价格。

第二,某厂商的产品市场是完全竞争的,但要素市场是买方垄断。在这种情况下,厂商使用生产要素的边际收益是 VMP,边际成本是 MFC,要素的供给曲线 W(L) 是向右上方倾斜的市场供给曲线。要素价格由要素供给曲线决定,厂商对要素的购买量决定于 VMP 和 MFC 的均衡点,即此种情况下,厂商使用生产要素的原则是 VMP = MFC。

第三,产品市场的卖方垄断和要素市场的买方垄断并存条件下要素价格的决定。此时,厂商使用要素的边际收益是 MRP,边际成本是 MFC,厂商对要素的购买量决定于 MRP 曲线和 MFC 曲线的均衡点,并与 AFC 曲线一起决定均衡价格,即厂商使用生产要素的原则是 MFC = MRP。

第二节 工资、利息、地租和利润的决定

【案例导入】

王妈妈搬家了。房子是儿子给买的,在上好的地段。一起住了二十多年的邻居李妈妈出来送行,看着掩饰不住喜悦的王妈妈,李妈妈非常羡慕。李妈妈的儿子和王妈妈的儿子是高中同学,上学时两人的成绩不相上下。儿子高中毕业后,为了缓解家里经济紧张的情况,李妈妈让他进厂里工作了。后来,儿子因为没有什么技术,在厂里做门卫,每月的收入仅仅能维持基本生活。李妈妈还常常在小区门口摆个小摊,卖点小商品,为的是能挣点零钱,补贴家用。王妈妈的儿子高中毕业后考上大学,毕业后在一家效益很好的企业工作,后来又读了 MBA,现在在一家公司做总经理。他自己有高档的别墅、轿车,这不,又买了几十万元的房子给王妈妈住。李妈妈听说去年过年他光是给王妈妈的零花钱就超过了 1 万元。李妈妈想不明白的是,过去看着没什么不同的两个孩子,现在的生活怎么会有这么大的差别?

一、工资的决定

工资是劳动的价格,工资的高低由劳动的需求与供给决定。

1. 劳动的需求

如前所述,在劳动以及其他生产要素的市场上,需求不是来自于消费者,而是来自于企业,来自于生产者。从这个意义上说,对劳动的需求是所谓的"派生的需求"或"引致的需求"。

那么,企业对劳动的需求又是由什么决定的呢?它主要取决于劳动的边际生产率。所谓劳动的边际生产率,是指增加一单位劳动所增加的产量。根据边际收益递减规律,劳动的边际生产率也随着劳动量的增加而递减。当劳动的边际生产率与工资相等时,这就决定了所需要的劳动量。如果工资高于劳动的边际生产率,企业就会减少劳动需求量;如果工资低于劳动的边际生产率,企业就会增加劳动的需求量。这样,劳动需求量和工资反方向运动,即劳动需求量随着工资的下降而增加,随工资的上升而减少。因此,劳动的需求曲线是一条向右下方倾斜的曲线,表明劳动的需求量与工资呈反方向变动的关系,如图 7-1 所示。

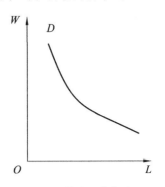

图 7-1 劳动需求曲线

2. 劳动的供给

劳动的供给主要取决于劳动的成本,这种劳动的成本包括两类。一类是实际成本,即维持劳动者及其家庭生活所必需的生活资料的费用,以及培养、教育劳动者的费用。另一类是心理成本。劳动是以牺牲闲暇的享受为代价的,劳动会给劳动者心理上带来负效用,补偿劳动者这种心理上的负效用的费用就是劳动的心理成本。劳动的供给有自己的特殊规律。一般来说,当工资增加时劳动会增加,但工资增加到一定程度后如果再继续增加,劳动不但不会增加,反而还

会减少。这是因为当工资收入增加到一定程度后,货币的边际效用递减,不足以抵消劳动的负效用,从而劳动就会减少。

和劳动的需求一样,劳动的供给也与工资有关。工资增加引起的替代效应和收入效应决定了劳动的供给。从事劳动,就是放弃闲暇和休息,因此,劳动的供给本身就是闲暇的让渡。替代效应是指随着工资的提高,每一小时的闲暇程度变得更加昂贵,从而劳动者将减少对闲暇的需求,而增加对于收入的需求,结果是劳动者用更多的劳动代替闲暇。收入效应是指更高的工资将使劳动者更加富裕,从而增加他们对闲暇的需求。因而较高的工资将导致劳动供给的减少,如图 7-2 所示。当劳动需求与劳动供给相等时,这就决定了均衡的市场工资水平。在图 7-3 中,劳动的需求曲线 D 与劳动的供给曲线 S 相交于 E 点,这就决定了工资水平为 W_1,这一工资水平等于劳动的边际生产力。这时劳动的需求量与供给量都为 L_1。

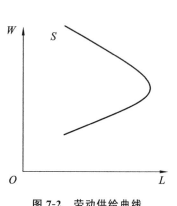
图 7-2 劳动供给曲线

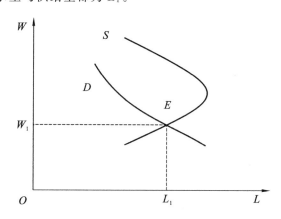
图 7-3 工资的决定

以上是在完全竞争条件下工资的决定,现实中劳动市场往往并不是完全竞争的。既可能存在着工会对劳动供给的垄断,也可能存在着厂商对劳动需求的垄断。当存在工会对劳动供给的垄断时,工会会竭力提高工资,工资可能高于其边际生产力;当存在厂商对劳动需求的垄断时,企业会竭力压低工资,工资可能低于其边际生产力。而实际的工资是由劳资双方的协商谈判决定的。从西方国家的情况来看,工会在工资的决定中起着重要作用。工会的目的在于提高工资水平,其方法主要有以下三种。

(1)增加对劳动的需求。工会增加厂商对劳动需求的方法主要是增加市场对产品的需求,因为劳动需求是由产品需求派生而来的。如工会通过议会或其他活动来增加出口、限制进口,实行保护贸易政策等。

(2)减少劳动的供给。如工会限制非工会会员受雇,迫使政府通过强制退休、禁止使用童工、限制移民、减少工作时间的法律等。

(3)最低工资法。工会迫使政府通过立法规定最低工资,这样当劳动的供给大于需求时,也可以使工资维持在一定的条件下。

二、地租的决定

地租是土地这种生产要素的价格,地主提供了土地,得到了地租。如前所述,土地可以泛指生产中使用的自然资源,地租也可以理解为使用这些自然资源的租金。

地租的高低取决于土地的供给与需求,土地的需求取决于土地的边际生产力,土地的边际生产力是递减的,因此土地的需求曲线是一条向右下方倾斜的曲线。但土地的供给是固定的,因为每个地区可以利用的土地总有一定的限度。这样,土地的供给曲线就是一条与横轴垂直的线。地租的决定可以用图 7-4 来说明。

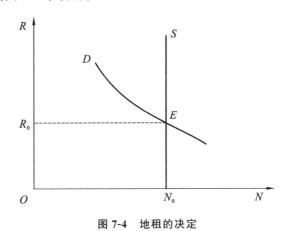

图 7-4 地租的决定

在图 7-4 中,横轴 ON 代表土地量,纵轴 OR 代表地租,垂线 S 为土地的供给曲线,表示土地的供给量固定为 N_0,D 为土地的需求曲线,D 与 S 相交于 E 点,决定了地租为 R_0。随着经济的发展,社会对土地的需求会增加,但土地的供给是不变的,因此地租的发展趋势往往是上升的。房地产从长期来看会增值正是这个原因。

三、利息的决定

利率是资本的价格。在日常生活中,资本常常被看成是一个包罗万象的东西,它代表着一个经济系统的所有有形资源,包括劳动人口以及一切有用之物。例如,消费品(住房、家具等)、生产资料(工厂、机器等)、现金和自然资源(土地)等。显而易见,这个关于资本的概念过宽。如果以此作为定义,则资本就不再是与劳动和土地并列的生产要素(因为它包括了后两者),甚至也不再是生产要素(因为它包括了消费商品)。

作为与劳动和土地并列的一种生产要素,资本的特点可以概括如下。第一,它的数量是可以改变的,即它可以通过人们的经济活动生产出来。由于这个特点,资本便与土地、劳动这两种生产要素区别开来了。因为土地和劳动是"自然"给定的,不能由人们的生产活动生产出来。第二,它之所以被生产出来,其目的是为了以此而获得更多的商品和劳务。由于这个特点,它不同于普通的消费商品,因为消费商品不能带来更多的商品和劳务,其价值仅等于自身而不能增值。第三,它作为投入要素,通过用于生产过程来得到更多的商品和劳务。从第二点和第三点来看,它甚至也不同于单纯的储蓄。因为在现代社会中,单纯的储蓄本身仅仅意味着可贷资金的增加。如果把这些资金并不实际贷出,则不能使之增值。即便把这些资金贷出去从而使之增值,资金也可能不是被用于生产过程。

由于在生产中投入资本可以创造出更多的产品,所以,资本的收入(利率×资本量)也是合理的。这一点可以用迂回生产理论来解释。迂回生产是先生产资本品(如机器设备),然后再用这些资本品生产消费品,迂回生产提高了生产效率,迂回生产的过程越长,生产效率越高。现代生产的特点就在于迂回生产,但迂回生产怎样能实现呢?这说明需要有资本。所以说,资本使迂回生产成为可能,从而提高了生产效率。由于资本而提高生产效率是资本的净生产力,资本的净生产力是资本能带来利息的原因。资本具有净生产力引起人们对资本的需求。要使人们愿意放弃现在消费而进行储蓄,提供资本,必须为人们牺牲当期消费提供报酬,这种报酬就是利息。

在资本市场上,利息率取决于对资本的需求与供给。资本的需求主要是企业投资的需求,资本的供给主要是储蓄,这样我们就用投资和储蓄来说明利息的决定。

企业借入资本进行投资,是为了实现利润的最大化,这样投资就取决于利润率与利息率之间的差额。利润率越是高于利息率,纯利润就越大,企业也就越愿意投资;利润率越接近于利息率,纯利润就越小,企业也就越不愿意投资。这样,在利润率既定时,利息率就与投资呈反方向变动的关系,从而资本的需求曲线是一条向右下方倾斜的曲线。

四、利润的决定

经济学家把利润分为正常利润与超额利润。这两种利润的性质与来源都不相同,因此,要分别加以论述。

1. 正常利润

正常利润是企业家才能的价格。企业家才能是管理与经营企业的能力。企业家经营管理企业,进行创新和承担风险的活动就是企业家才能的应用,企业家为此所获得的收入称为正常利润。

在现代社会中,企业家的收入是相当高的,但这种高收入也是由企业家才能的供求所决定的。一个企业能够正常有序地运转,为社会提供丰富的产品,企业家在其间发挥了关键的作用。因此,企业家需受过良好的、系统的高等教育,具备较高的智商、丰富的经营管理经验等。因此,正常利润作为一种特殊的工资,其特殊性就在于其数额远远高于一般劳动所得到的工资。

2. 超额利润

超额利润是指超过正常利润的那部分利润。超额利润有其不同的来源,从而也就具有不同的性质。其一,创新的超额利润。创新是指企业家对生产要素实行新的组合,它包括五种情况:引入一种新产品;采用一种新的生产方法;开辟一个新市场;获得一种原料的新来源;采用一种新的企业组织形式。创新是社会进步的动力,因此,由创新所获得的超额利润是合理的,是社会进步必须付出的代价,也是社会对创新者的奖励。其二,承担风险的超额利润。风险是从事某项事业时失败的可能性。由于未来具有不确定性,人们对未来的预测有可能发生错误,风险的存在就是普遍的。在生产中,由于供求关系难以预料的变动,由于自然灾害、政治动乱,以及其他偶然因素的影响,也导致风险的存在。而且并不是所有的风险都可以用保险的方法加以弥补,这样,从事具有风险的生产就应该以超额利润的形式得到补偿。社会充满了不确定性,风险需要有人承担,因此由承担风险而产生的超额利润也是合理的,可以作为社会保险的一种形式。其三,垄断的超额利润。由垄断而产生的超额利润,又称为垄断利润。这种垄断者对消费者、生产者或生产要素供给者的剥削,是不合理的。这种超额利润也是市场竞争不完全的结果。

经济学家认为利润是社会进步的动力有如下五点原因:第一,正常利润作为企业家才能的报酬,鼓励企业家更好地管理企业,提高经济效益;第二,由创新而产生的超额利润鼓励企业家大胆创新,这种创新有利于社会的进步;第三,由风险而产生的超额利润鼓励企业家敢于承担风险,从事有利于社会经济发展的风险事业;第四,追求利润的目的使企业按社会的需求进行生产,它们努力降低成本,有效地利用资源,从而在整体上符合社会的利益;第五,整个社会以利润来引导投资,使投资与资源的配置符合社会的需求。

以上分析说明,各种生产要素的收入都是由其供求决定的,这种分配有利于效率的提高,但这种分配原则也会引起收入分配的不平等。收入分配的不平等是一个社会问题,应该引起人们的足够重视。

第三节 洛伦茨曲线与基尼系数

【案例导入】

2005年6月,国家统计局城市社会经济调查总队对全国5.4万户城镇居民家庭抽样调查显示,当年一季度收入和消费支出均呈现增长趋缓的态势。一季度人均可支配收入为2938元,同比增长11.3%,扣除价格因素,实际增长8.6%,增幅较上年同期回落1.2个百分点。人均消费性支出2020元,同比增长9.9%,实际增长7.2%,增幅回落0.7个百分点。同时,数据显示,高低收入组的收入差距有所扩大。最高10%收入组人均可支配收入为8880元,同比增长15.7%。最低10%收入组人均可支配收入为755元,同比增长7.6%。高低收入组之比为11.8∶1,比2004年同季(10.9∶1)有所扩大。

中国社科院研究收入分配的专家指出,中国的基尼系数在2005年迅速逼近0.47,已经超过了警戒线0.4,收入差距已经处于高水平,形势严峻。

衡量一个社会收入分配平等或不平等的常用工具是洛伦茨曲线和基尼系数。

一、洛伦茨曲线

洛伦茨曲线是用来衡量社会收入分配(或财产分配)平均程度的曲线。

如果我们把社会家庭按其收入由低到高分为5个等级,它们各占总数的20%,每个等级的收入分布情况如表7-1所示。

根据表7-1资料,可以画出洛伦茨曲线,如图7-5所示。在图7-5中,横轴代表人口(按收入由低到高)的累计百分比,纵轴表示收入的累计百分比,曲线 OY 为该图的洛伦茨曲线。一般来说,洛伦茨曲线的弯曲程度反映了收入分配的不平等程度。弯曲程度越大,收入分配就越不平等;反之则越平等。特别是,如果所有的收入都集中在某一个人手中,而其余人口均一无所获,收入分配达到完全不平等。洛伦茨曲线成为折线 OPY,折线 OPY 表示收入的绝对不平等,称为绝对不平等线。如果任一人口的百分比均等于其收入的百分比,从而人口累积百分比等于收入累计百分比,则收入分配就是完全平等的。此时,洛伦茨曲线成为通过原点的45°线 OY,45°线 OY 也称为绝对平等线。一般来说,一个国家的收入分配,既不是完全的平等,也不是完全的不平等,而是介于两者之间。相应的,洛伦茨曲线既不是折线 OPY,也不是 45°线 OY,而是像曲线 OY 那样向横轴凸出。曲线凸出的程度在不同的国家会有所不同,收入分配越不平等,洛伦茨曲线就越向横轴凸出,从而它与完全平等的45°线之间的面积就越大。

表7-1 家庭收入分配状况

级别	占人口的百分比(%)	合计(%)	占收入的百分比(%)	合计(%)
1	20	20	6	6
2	20	40	12	18
3	20	60	17	35
4	20	80	24	59
5	20	100	41	100

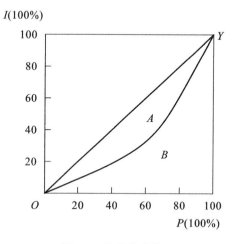

图7-5 洛伦茨曲线

二、基尼系数

根据洛伦茨曲线可以计算出反映收入分配平等程度的指标,这一指标称为基尼系数。如果我们把图7-5中实际收入分配线与绝对平等线之间的面积用 A 来表示,把实际收入分配线与绝对不平等线之间的面积用 B 表示。设 G 为基尼系数,则计算基尼系数的公式为:

第七章 分配理论

$$G=\frac{A}{A+B}$$

基尼系数不会大于1,也不会小于0,即有 $0 \leq G \leq 1$。当 $A=0$ 时,基尼系数等于0,此时收入分配绝对平等。当 $B=0$ 时,基尼系数等于1,此时收入分配绝对不平等。实际上基尼系数总是大于0而小于1。基尼系数越小,收入分配就越平等;基尼系数越大,收入分配就越不平等。

运用洛伦茨曲线和基尼系数可以对各国收入分配的平等程度进行对比,也可以对各种政策的收入效应进行比较。作为一种分析工具,洛伦茨曲线与基尼系数是很有用的。

本章小结

在创造社会财富的过程中,存在着四种基本的生产要素,即劳动、资本、土地和企业家才能,这四种生产要素分别得到各自的收入。收入分配理论主要就是要研究各种生产要素所得到的收入到底是如何决定的,要素的收入取决于要素的数量与要素的价格。要素的价格则与一般商品的价格一样,也由市场的供求关系决定。其中,工资是劳动的价格,利息是资本的价格,地租是土地(服务)的价格,正常利润则是企业家才能的价格,它们分别由各自的需求和供给决定。

洛伦茨曲线和基尼系数是用来衡量收入分配的平等程度的标准。基尼系数在0和1之间取值。基尼系数越大,表明收入的分配越不平等;反之,则表明收入的分配越平等。

思考与练习

一、重要概念
派生需求　边际收益产品　边际要素成本　洛伦茨曲线　基尼系数

二、单项选择题
1. 在完全竞争市场上,生产要素的需求曲线向右下方倾斜是由于(　　)。
    A. 要素的边际生产力递减
    B. 要素生产的产品的边际效用递减
    C. 投入越多,产出越大,从而产品的价格就越低
    D. 要素生产的规模收益递减
2. 使地租不断上升的原因是(　　)。
    A. 土地的供给和需求共同增加
    B. 土地的供给不断减少,而需求不变
    C. 土地的需求不断增加,而供给不变
    D. 土地的供给和需求共同减少
3. 收入分配绝对平等时,洛伦茨曲线将(　　)。
    A. 与横轴重合　　　　　　　　　B. 与45°线重合
    C. 与纵轴重合　　　　　　　　　D. 是一条U形曲线

4. 生产要素的需求是一种（　　）。
   A. 派生需求　　　　　　　　　　　　B. 联合需求
   C. 最终产品的需求　　　　　　　　　D. A、B 两者

5. 工资率上升所引起的替代效应是指（　　）。
   A. 工作同样长的时间可以得到更多的收入
   B. 工作较短的时间也可以得到相同的收入
   C. 工人宁愿工作更长的时间，用收入带来的效用替代闲暇的效用
   D. 以上都对

6. 某一时期科技进步很快，人们越来越倾向于资本密集型生产方式，这样导致（　　）。
   A. 劳动的供给曲线向右移动　　　　　B. 劳动的需求曲线向右移动
   C. 劳动的供给曲线向左移动　　　　　D. 劳动的需求曲线向左移动

7. 正常利润是（　　）。
   A. 经济利润的一部分　　　　　　　　B. 经济成本的一部分
   C. 隐性成本的一部分　　　　　　　　D. B、C 两者

8. 洛伦茨曲线代表了（　　）。
   A. 贫困的程度　　　　　　　　　　　B. 税收体制的改革
   C. 收入不平等的程度　　　　　　　　D. 税收体制的透明度

9. 下述说法中，哪一个更贴近地表明了"派生需求"的含义？（　　）
   A. 当收入增加时，对农产品的需求会增加较少的数量
   B. 人造奶油的价格下降将减少对奶油的需求
   C. 对皮鞋的需求减少会导致对皮革的需求减少
   D. 当照相机的价格上升时，对胶卷的需求会下降

10. 如果某厂商目前的边际收益为 8 元，产品价格为 10 元，劳动的边际产品为 2 个，那么，该厂商的边际收益产品等于（　　）。
    A. 10　　　　　　B. 8　　　　　　C. 16　　　　　　D. 20

三、思考题
1. 要素使用原则和利润最大化产量原则有何关系？为什么劳动供给曲线向后弯曲？
2. 简要说明收入均等化政策。

第八章 市场失灵与微观经济政策

【学习目标与要求】

了解市场失灵的含义及引起市场失灵的主要原因;掌握造成市场失灵的垄断、外部性、公共物品和不对称信息及其相应的对策,能够运用所学知识对简单的市场失灵问题进行分析;能够运用宏观经济政策解决实际问题。

前述各章的微观经济学部分的主要内容在于论证"看不见的手"的原理,即完全竞争市场经济在一系列理想化假定条件下,可以导致整个经济达到一般均衡,导致资源配置达到帕累托最优状态。但是,这个原理并不真正适用于现实的经济,完全竞争市场以及其他一系列理想化假定条件并不是现实经济的真实写照,因此,西方学者认为,在现实的经济中,"看不见的手"的原理一般来说并不成立,帕累托最优状态通常不能得到实现。换句话说,现实的市场机制在很多场合不能导致资源的有效配置,这种情况被称为市场失灵。本章将分别论述导致市场失灵的几种原因,即垄断、外部性、公共物品、不完全信息以及相应的微观经济政策。

第一节 垄 断

【案例导入】

1984 年 1 月,美国政府决定开放电话市场,公众的普遍反应是并不乐意甚至抱怨不断,指责政府非要将国民生活中少得可怜的几种有用之物(这次轮到电话)搞垮而后快。然而,实践证明电话市场的分割具有积极的作用,在这一政策实施后的 5 年中,租用电话的费用下降了 50%,许多新增设的电话服务,包括拨号等待、电话信箱、自动重拨、话音转送和三路传呼等都已广为人知,为人们带来极大的方便。电话卡同信用卡一样广泛进入日常生活,传真设备也成为办公室必备之一。

在市场开放以前,AT&T 控制着全国的电话服务,通过收取较高的长途电话费用来补贴短途电话用户,从而减少短途收费。市场完全开放后,长短途电话分为两个市场,各公司只能参与其中一个市场的竞争。这样短途电话就失去了长途电话费用的补贴,导致其费用上升了不少。但是,总的电话费用(包含长短途电话费用)已开始逐步降低,开放政策将有助于保持这一势头,促进电话费用进一步下降。显然,电话市场开放的积极作用是明显的,其主要利益由常使用长途电话和新增服务的用户享有,而普通家庭得到的利益较少,但最重要的是大家都没有因为电话市场的分割而受到损失。

市场机制的效率来源于它的竞争性。如果市场不是竞争性的，而是被一个企业所垄断，则这个市场就不再是有效率的了。从理论上讲，垄断的定义有狭义和广义之分。狭义的垄断是指一个行业只存在唯一卖者的市场；广义的垄断是指一个或几个企业控制一个行业的大部分或全部供给的情况，它包括垄断市场、垄断竞争市场和寡头市场。垄断市场中存在着垄断力，与垄断力相联系的是行业进入壁垒，它排斥其他的企业进入行业市场。根据这个标准，我们常常也把一些电力、电信、铁路、供水等行业叫作垄断行业。

一、垄断的危害

垄断为什么不好呢？第一，它不公平。一方面，垄断限制了其他人的进入，这造成了机会的不公平。另一方面，垄断者可能通过制定较高的垄断价格获取垄断利润，这是收入的不平衡。

第二，垄断之所以不好，还在于它会造成低效率。首先，存在垄断利润本身就意味着低效率，说明在这个行业里，资源配置得太少，产量生产得太少，很多人愿意进入这个行业进行生产，可是由于垄断而进不来。如果取消垄断，则会有更多的人参与竞争，产品价格就会下降，垄断利润就会消失。其次，垄断利润的存在造成垄断企业不思进取。由于没有竞争，垄断企业就无须在提高产品质量和服务质量上下更多的工夫，也无须在提高技术水平上下更多的工夫，反正市场都是它占据着的。

第三，由于有了垄断地位就可以得到垄断利润，所以许多人就会想各种办法来获取这种垄断地位，尤其在政府垄断的场合更是如此。因为这个垄断地位给予谁是由政府有关部门和官员决定，所以就有很多人会去向这些政府有关部门和官员行贿，或者雇用律师向政府官员游说等，这种为获得和维持垄断地位而付出的代价是一种纯粹的浪费，是社会的净损失。它不是用于生产，也没有创造出任何有益的产出，完全是一种非生产性的寻利活动。这种非生产性的寻利活动被称为"寻租"。寻租的字面意思是"寻找租金"，其实就是追求垄断利润，是为获得和维持垄断地位从而得到垄断利润(亦即垄断租金)的活动。

寻租活动的经济损失到底有多大呢？就单个的寻租者来说，他愿意花费在寻租活动上的代价不会超过垄断地位可能给他带来的好处，否则就不值得了。因此，寻租代价要小于或等于垄断利润，其大小取决于争夺垄断地位的寻租市场的竞争程度。一般来说，寻租市场的竞争越是激烈，寻租代价就越大，就越是接近于垄断利润。在一个充分竞争的寻租市场上，寻租代价可以等于全部的垄断利润。如果进一步来考虑整个寻租市场，问题就更加严重。在寻租市场上，寻租者往往不止一个。单个寻租者的寻租代价只是整个寻租活动的经济损失的一部分。整个寻租活动的全部经济损失等于所有单个寻租者寻租活动的代价总和，而且这个总和还将随着寻租市场竞争程度的不断增强而不断增大。

二、对垄断的限制

由于垄断缺乏公平，又没有效率，所以政府常常要采取一些办法来限制垄断。例如，政府可以对垄断企业的价格进行管制，不允许它们任意提高价格：一方面，政府为了提高效率，可以把垄断企业的产品的价格限定在等于其边际成本的水平上；另一方面，政府为了促进公平，可以把垄断企业的产品的价格限定在等于其平均成本的水平上。不过,这里需要注意的是,政府的这两个目标往往是相互矛盾的。在根据效率目标制定的产品价格等于边际成本的水平上,垄断企业有时可能仍然盈利,有时则可能发生亏损;而根据公平目标制定的产品价格等于平均成本的水平上,产品的价格则往往又不等于边际成本,从而又缺乏效率。这就需要政府在限定垄断企业的产品的价格时,仔细斟酌,权衡利弊。

政府限制垄断的更加严厉的办法则是制定反垄断法。例如,美国早在1890年就通过的《反垄断法》给予政府各种促进竞争的办法。首先,对于那些严重阻碍竞争的大垄断公司,政府可以把它分解为若干个小公司,让它们相互竞争,以提高效率。其次,对于那些可能会严重阻碍竞争的大公司之间的合并,政府可以加以阻止。例如,美国的《塞勒凯弗维尔法》禁止一切形式的兼并,包括横向兼并、纵向兼并和混合兼并。这类被禁止的兼并主要指大公司之间的兼并和大公司对小公司的兼并,而不包括小公司之间的兼并。最后,政府禁止企业之间进行以垄断市场为目的的勾结。如果有这种勾结,严重的可以判刑。例如,美国最早的《谢尔曼法》就规定,任何人垄断或企图垄断,或同其他个人或多人联合或共谋垄断州际或国际的一部分商业和贸易的,均应认为是犯罪;违法者并要受到罚款和(或)判刑。

第二节 外部影响

【案例导入】

20世纪初的一天,列车在绿草如茵的英格兰大地上飞驰。车上坐着英国经济学家A.C.庇古。他边欣赏风光,边对同伴说:"列车在田间经过,机车喷出的火花(当时是蒸汽机车)飞到麦穗上,给农民造成了损失,但铁路公司却不用赔偿损失。"将近70年后,1971年,美国经济学家乔治·斯蒂格勒和阿尔钦在乘坐日本的高速列车(这时已是电气机车)时想起了庇古当年的感慨,就问列车员,铁路附近的农田是否因受到列车的损害而减产。列车员说:"恰恰相反,飞速驰过的列车将吃稻谷的飞鸟吓走了,农民反而受益。"当然铁路公司也不能向农民收"赶鸟费"。同样一件事情在不同的时代与地点结果不同,两代经济学家的感慨也不同。但从经济学的角度看,火车通过农田无论结果如何,其实说明了同一件事:市场经济中外部性与市场失灵的关系。

一、外部影响及其分类

除了垄断之外,造成市场机制低效率的另外一个重要原因是外部性或外部影响。所谓外部影响,是指某个人的一项活动给其他人的福利造成了好的或坏的影响,但却并没有得到相应的报酬或者给予相应的惩罚。市场机制要有效率还须具备一个条件,即一个人的行为不会对别人的福利产生影响,也就是不存在所谓的外部影响。换句话说,单个经济单位从其经济活动中产生的私人成本和私人利益就等于该行为造成的社会成本和社会利益。但是,在很多情况下,这个条件并不成立,当这个条件被违反的时候,市场经济这只"看不见的手"就出现问题了。

有时候,某个人(生产者或消费者)的一项经济活动会给社会上的其他成员带来好处,但他自己却不能由此得到补偿。此时,这个人从经济活动中得到的私人利益就小于其带来的社会利益,这种性质的外部影响被称为外部经济。根据经济活动的主体是生产者还是消费者,外部经济可以分为生产的外部经济和消费的外部经济。有时候,某个人(生产者或消费者)的一项经济活动会给社会上的其他成员带来危害,但他自己却并不为此支付足够抵偿这种危害的成本。此时,这个人为经济活动付出的私人成本就小于其造成的社会成本,这种性质的外部影响被称为外部不经济。外部不经济也可以视经济活动主体的不同而分为生产的外部不经济和消费的外部不经济。具体说明如下。

(1)生产的外部经济。当一个生产者采取的行为对他人产生了有利的影响,而自己却不能从中得到报酬时,便产生了生产的外部经济。生产的外部经济的例子有很多。例如,一个企业对其所雇用的工人进行培训,而这些工人可能转到其他单位去工作。该企业并不能向其他单位索要培训费或得到其他形式的报酬,因此,该企业从培训工人中得到的私人利益就小于该活动的社会利益。

(2)消费的外部经济。当一个消费者采取的行为对他人产生了有利的影响,而自己却不能从中得到报酬时,便产生了消费的外部经济。例如,一个人对自己的孩子进行教育,把他们培养成更值得依赖的公民,这显然使邻居甚至整个社会都得到好处。

(3)生产的外部不经济。当一个生产者采取的行为对他人产生了不利的影响,而又没有给予他人相应的补偿时,便产生了生产的外部不经济。生产的外部不经济的例子也有很多。例如,一个企业可能因排放脏水而污染了河流,或者因排放烟尘而污染了空气,这种行为使居住在附近的人们和整个社会都遭受了损失。再如,生产的扩大可能造成交通的拥挤和风景的破坏等。

(4)消费的外部不经济。当一个消费者采取的行为对他人产生了不利的影响,而又没有给予他人相应的补偿时,便产生了消费的外部不经济。和生产者造成污染的情况类似,消费者也可能造成污染而损害他人的利益。吸烟就是一个明显的例子,吸烟者的行为危害了被动吸烟者的身体健康,但并未为此而支付任何补偿。此外,在公共场所随意丢弃果皮、瓜壳等行为也属于此类。

上述各种外部影响可以说是无所不在。尽管每一个单个的生产者或者消费者所造成的外部经济或者外部不经济,对整个社会来说或许是微不足道的,但是所有这些消费者和生产者加起来,所造成的外部经济或者外部不经济的总的效果将是十分巨大的。例如,由于生产扩大而引起的污染问题现在已经严重到了危及人类自身的生存环境的地步。

二、外部影响和市场失灵

各种形式的外部影响的存在造成了一个严重的后果,那就是完全竞争条件下的资源配置将偏离帕累托最优状态。换句话说,即使假定整个经济仍然是完全竞争的,但由于存在着外部影响,整个经济的资源配置也不可能达到有效率的最优状态。"看不见的手"在外部影响面前失去了作用。

为什么外部影响会导致资源配置失当?原因非常简单。例如,我们先来看外部经济的情况。由于存在着外部经济,故私人的利益就小于社会的利益。在这种情况下,如果一个人采取某项行为的私人成本大于私人利益而小于社会利益,则这个人显然不会采取这项行为,尽管从社会的角度来看,采取该项行为是有利的。此时就没有实现帕累托最优状态,一般而言,在存在外部经济的情况下,私人活动的水平常常要低于社会所要求的最优水平。

再来看外部不经济的情况。由于存在着外部不经济,故私人的成本就小于社会的成本。在这种情况下,如果一个人采取某项行为的私人利益大于其私人成本而小于社会成本,则这个人显然就会采取这项行为,尽管从社会的角度来看,采取这项行动是不利的。此时也没有实现帕累托最优状态。一般而言,在存在外部不经济的情况下,私人活动的水平常常要高于社会所要求的最优水平。

三、有关外部影响的对策

如何来纠正由于外部影响而造成的资源配置不当呢?解决这个问题有如下三种方法。

第一是使用税收和补贴。对造成外部不经济的企业,国家可以征税,其税收额应该等于该企业给社会其他成员造成的损失,从而使该企业的私人成本恰好等于社会成本。例如,在生产存在污染的情况下,政府对污染者征税,税收额等于治理污染所需要的费用。这样,企业就会在进行生产决策时把污染的成本也考虑进来;反之,对造成外部经济的企业,国家则可以采取补贴的办法,使企业的私人利益与社会利益相等。无论是何种情况,只要政府采取措施使得私人成本和私人利益与相应的社会成本和社会利益相等,则资源的配置便可以达到最优。

第二是使用企业合并的方法。例如,一个企业的生产影响到另外一个企业,如果这种影响是正的(外部经济),则第一个企业的生产就会低于社会最优水平;反之,如果这种影响是负的(外部不经济),则第一个企业的生产就会超过社会最优水平。但是,如果把这两个企业合并为一个企业,则此时的外部影响就"消失"了,即被"内部化"了。合并后的企业为了自己的利益将使自己的生产确定在边际成本等于边际收益的水平上。由于此时不存在外部影响,故合并企业的成本和收益就等于社会的成本和收益,于是资源配置达到了最优。

第三是使用规定财产权的方法。在许多情况下,外部影响的存在之所以导致资源配置失当,是因为财产权不明确。所谓财产权,是指通过法律界定和维护的人们对财产的权力。它描述了个人或企业使用其财产的方式,例如,当某个人拥有对某块土地的财产权时,他也许就可以在这块土地上建筑房屋,或者干脆将它出售,而其他的人则不得对他的行为进行干预。如果这种财产权是完全确定的并得到充分的保障,外部影响就可能不会发生。例如,某条河流的上游被污染并使下游用水者受到了损害。如果给予下游用水者以使用一定质量水源的财产权,则上游的污染者将因把下游水质降到特定质量之下而受罚。在这种情况下,上游污染者就会同下游用水者协商,将这种权利从他们那里买过来,同时遭到损害的下游用水者也会使用他出售财产权而得到的收入来治理河水。总之,由于污染者为其负的外部影响付出了代价,故其私人成本与社会成本之间不存在差别。

四、科斯定理

上述应对外部影响的第三种办法,即明确财产所有权的政策,可以看成是更加一般化的科斯定理的特例。关于科斯定理,科斯本人并没有一个明确的说法。其他一些经济学家则给出了一些不同的表达方式。虽然这些表达方式大体上是相同的,但仍然存在着细微的差别。一种比较流行的说法是:只有财产权是明确的,并且其交易成本为零或者很小,则无论在开始时将财产权赋予谁,市场均衡的最终结果就都是有效率的。这里所说的交易成本,包括两个方面:一是事前为达成一项合同而发生的成本;二是事后为贯彻该项合同而发生的成本。具体来说则包括如下六项。第一,市场调查的成本。例如,为了了解关于商品和劳务的质量和价格,寻找潜在的买者和卖者,获得与他们的行为有关的信息等而花费的成本。第二,讨价还价的成本。这是在确定买者或卖者的真实要价的过程中发生的成本。第三,拟定合同的成本,包括起草、讨论、确定交易合同的成本。第四,监督合同的成本。第五,贯彻合同的成本。第六,防止第三者侵入的成本。

当然,科斯定理的结论只有在交易成本为零或者很小的情况下才能得到。特别需要指出的是,运用科斯定理解决外部影响问题在实际中可能并不一定真的有效,这是因为有以下几个难题。第一,资产的财产权是否总是能够明确地加以规定。有的资源,例如空气,历来就是大家都可以使用的共同财产,很难将其财产权具体地分派给谁;有的资源的财产权即使在原则上可以确定,但由于不公平问题、法律程序的成本问题等也变得在实际上不可行。第二,已经明确的财产权是否总是能够转让。如果信息不充分,谈判的人数太多,交易成本太大,买卖双方就可能在转让的问题上不能达成一致的意见。第三,明确的财产权的转让是否总能实现资源的最优配置。在转让之后,完全有可能得到这样的结果:它与原来的状态相比有所改善,但仍然不是最优的。此外,还应指出,分配产权会影响收入的分配,而收入分配的变动可能造成社会不公平,引起社会动乱。在社会动乱的情况下,就谈不上解决外部影响的问题了。

第三节 公 共 物 品

【案例导入】

据《京华时报》报道,2003年7月14日,因为院内水管漏水,家住北京市东城区东四八条37号院的朱大爷在没有征得邻居同意的情况下,自行请人对院内14户居民家的自来水管线进行检测,并交纳了检测费100元。为了讨回每户应分摊的7.14元检测费,朱大爷在费尽口舌没有结果后找到法院。东城法院审理后,从法理上认定邻居完全有理由拒绝朱大爷分摊检测费的要求。朱大爷在没有得到他人授权的情况下"擅作主张",从而导致追索检测费败诉,在法理上这是毫无疑问的。但这仅仅触及事件的表层,从更深一层意义上讲,朱大爷的败诉是由公共物品自身的性质决定的。

一、私人物品和公共物品

市场机制主要适用于私人物品,如吃的水果、穿的衣服以及火车上的座位等。私人物品是那种可得数量将随任何人对其消费的增加而减少的物品。它在消费上具有两个特点。第一是竞争性,如果某人已消费了某种商品,则其他人就不能再消费这种商品了。第二是排他性,只有购买了商品的人才能消费该商品。实际上,市场机制只有在具备上述两个特点的私人物品的场合才真正起作用,才有效率。

在经济中还存在许许多多不满足竞争性或排他性特点的商品。如果一种物品不具有排他性,即无法排除一些人"不支付便使用",则它毫无疑问会带来外部影响,并造成市场机制的失灵。"国防"和"海鱼"是缺乏排他性的两个生动例子。一个公民即使拒绝为国防付费,也可以享受国防的好处。同样,我们也很难阻止渔民自由地在公海上捕捞海鱼。"国防"和"海鱼"的区别在于"竞争性"方面。一方面，容易看到，国防除了不具有排他性之外，同时也不具有竞争性。例如，新生人口一样享受国防提供的安全服务，但原有人口对国防的"消费"水平不会因此而降低。从某种程度上讲，道路和电视广播等也与国防一样既不具有排他性也不具有竞争性。在达到一定点之前，道路上多一辆汽车不会妨碍原有汽车的行驶；某个人打开电视广播同样不会影响其他人收看收听。另一方面，海鱼毫无疑问是具有竞争性的。当某个人捕捞海鱼时，其他人所能捕捞到的海鱼数量就减少了。

我们通常把国防这样一类既不具有排他性也不具有竞争性的物品称为公共物品，而把海鱼这样一类不具有排他性但却具有竞争性的物品称为公共资源。公共物品和公共资源可以看成是外部影响造成市场机制失灵的两个特殊例子。这里主要讨论公共物品。

二、公共物品与市场失灵

在公共物品的场合，市场之所以失灵，是因为很难得到对公共物品的需求的信息。首先，单个消费者通常并不很清楚自己对公共物品的偏好程度。其次，即使单个消费者了解自己对公共物品的偏好程度，他们也不会如实说出来。为了少支付价格或不支付价格，消费者会低报或隐瞒自己对公共物品的偏好。他们在享用公共物品时都想当免费乘车者，即不支付成本就得到利益。由于单个消费者对公共物品的偏好不会自动显示出来，故我们无法推断出他们对公共物品的需求并进而确定公共物品的最优数量。

实际上，尽管我们难以通过对公共物品的供求分析来确定它的最优数量，但却可以有把握地说，市场本身提供的公共物品的数量通常低于最优数量，即市场机制分配给公共物品生产的资源常会不足。我们知道，在竞争的市场中，如果是私人物品，则市场均衡时的资源配置是最优的。生产者之间的竞争将保证消费者面对的是等于商品的边际成本的价格，消费者则在既定的商品产出量上展开竞争。某个消费者消费一单位商品的机会成本就是生产者在市场价格上卖给其他消费者的同样一单位商品，故没有哪个消费者会得到以低于市场价格买到商品的好处。但是，如果是公共物品，即使它是可排他的，情况也将完全不同。任何一个消费者消费一单位公共物品的机会成本总为零。这意味着，没有任何消费者要为它所消费的公共物品去与其他人竞争。因此，市场不再是竞争的，如果消费者认识到自己消费的机会成本为零，他就会尽量少支付给生产者以换取消费公共物品的权利。如果所有消费者均这样行事，则消费者支付的成本将不足以弥补公共物品的生产成本，结果便是公共物品以低于最优数量产出，甚至是零产出。

三、公共物品和社会项目评估

公共物品的生产和消费问题不能由市场上的个人决策来解决。因此，政府必须承担起提供公共物品的任务。政府如何来确定某公共物品是否值得生产以及应该生产多少呢？在这里，常用的一个重要方法是社会项目评估。社会项目评估是用来评估经济项目或非经济项目的。它首先估计一个项目所需花费的成本以及其可能带来的收益，然后把两者加以比较，最后根据比较的结果决定该项目是否值得推进。我们也可以将公共物品看成是一个项目，并运用社会项目评估分析方法来加以讨论。如果评估的结果是该公共物品的收益大于或至少等于其成本，则它就值得生产，否则便不值得生产。

第四节 不完全信息

【案例导入】

如果保险公司和投保客户双方的信息是充分的,则根据大数法则所制定的保险费率足以保证保险市场有效运转,问题是保险公司对客户的信息不可能充分掌握。拿健康医疗保险来说,哪些人身体好,哪些人身体差,保险公司无法充分了解,结果是身体差的人投保最多。事后保险公司了解到实际发病率和死亡率大大高于预期的发病率和死亡率,这迫使保险公司按"最坏情况"的估计来制定保险费率。因此保险费率上升,而费率上升会使身体好的人不愿参加保险。

一、信息的不完全性

市场机制这只"看不见的手"要起作用,还需要一个条件,即市场的供求双方对于所交换的商品都具有充分的信息。例如,消费者充分地了解在什么地方、什么时候存在以何种质量和价格出售的商品;生产者充分地了解在什么地方、什么时候存在以何种质量和价格出售的投入要素,等等。

显而易见,上述关于完全信息的条件在现实中并不一定存在。在现实的经济中,信息常常是不完全的,甚至是很不完全的。所谓信息的不完全不仅是指那种绝对意义上的不完全,即由于认识能力的限制,人们不可能知道在任何时候、任何地方发生的或将要发生的任何情况,而且也指相对意义上的不完全,即市场经济本身不能够"生产"出足够的信息并有效地配置它们。这里出现了一个难题:卖者让不让买者在购买之前就充分地了解所出售的商品的信息呢?如果不让,则买者就可能因为不知道究竟值不值得买而不去购买它;如果让,则买者又可能因为已经知道了该信息也不去购买它。在这种情况下,要能够做成"生意",只能靠买卖双方的并不十分可靠的相互信赖:卖者让买者充分了解信息,而买者则答应在了解信息之后再购买它。显而易见,市场的作用在这里受到了很大的限制。

进一步分析还会发现,不同的经济主体缺乏信息的程度往往还是不一样的。市场经济的一个重要特点是,商品的卖方一般要比商品的买方对商品的质量有更多的了解。例如,出售二手车的卖主要比买主更加了解汽车的缺陷;出售"风险"的投保人要比保险公司更加了解自己所面临风险的大小;出售劳动的工人要比雇主更加了解自己劳动技能的高低。上述种种情况都是所谓"信息不对称"的具体表现,即有些人比其他人拥有更多的相关信息。

在信息不完全和不对称的情况下,市场机制有时并不能很好地起作用。例如,由于缺乏足够的信息,生产者的生产可能会带有一定的盲目性,有些产品生产过多,而另一些产品生产过少;消费者的选择也可能会出现失误,他们会购买一些有损健康的"坏"商品,而错过一些有益健康的"好"商品。更坏的情况是,由于缺乏足够的信息,有些重要的市场甚至可能根本就无法产生,或者即使产生,也难以得到充分的发展。

二、信息调控

信息的不完全会带来许多问题,市场机制本身可以解决其中的一部分。例如,为了利润最

第八章
市场失灵与微观经济政策

大化,生产者必须根据消费者的偏好进行生产,否则,生产出来的商品就可能卖不出去。生产者显然很难知道每个消费者的偏好的具体情况。不过,在市场经济中,这一类信息的不完全并不会影响他们的正确决策,因为他们知道商品的价格。只要知道了商品的价格,就可以由此计算生产该商品的边际收益,从而就能够确定它们的利润最大化产量。

但是,市场的价格机制并不能够解决或者至少是不能够有效地解决所有不完全信息问题。在这种情况下,就需要政府在信息方面进行调控。信息调控的目的主要是保证生产者和消费者能够得到充分的和正确的市场信息,以便他们能够做出正确的选择。例如,就"保护"消费者方面来说,常见的政府措施就包括这样一些规定:发行新股票或新债券的公司必须公布公司的有关情况;产品广告上不得有不合乎实际的夸大之辞;某些产品必须有详细的使用说明书;香烟包装上必须标明"吸烟有害健康"的字样等。

本 章 小 结

一般来说,市场机制本身只能保证资源配置的边际私人收益和边际私人成本相等,而无法保证边际社会收益和边际社会成本相等。当边际社会收益和边际社会成本不相等的时候,对整个社会而言,资源的配置就没有达到最有效率的状态,这就是市场失灵。

有很多原因造成市场失灵。其中,最重要的就是市场的不完全性。市场的不完全性包括很多方面,如产权的不完全、转让的不完全、信息的不完全、竞争的不完全和调节的不完全等。

垄断是市场失灵的一个重要表现。垄断可以带来垄断超额利润。垄断超额利润的存在,说明在该行业中,资源配置太少,生产的产量也太少。垄断超额利润的存在,还造成企业不思进取。最后,也是最重要的,为了追求和维护垄断地位而花费的代价,是一种纯粹的浪费,是社会的净损失。这种非生产性的寻利活动被概括为"寻租"。政府应对垄断的办法包括限制垄断价格和实施反垄断法等。

造成市场机制低效率的另外一个重要原因是外部影响。外部影响有"好"的,即外部经济,也有"坏"的,即外部不经济。从社会的角度来看,私人活动的水平在存在外部经济时往往"太低",而在存在外部不经济时,又往往"过高"。解决外部影响有三个办法:一是使用税收和补贴;二是企业合并;三是明确财产权。第三种办法的根据是"科斯定理":只要财产权是明确的,并且交易成本很小,则无论把财产权赋予谁,市场就总是有效率的。

市场机制主要是在私人物品的场合起作用,而不适用于公共物品。公共物品是不具有消费上的竞争性的物品。由于在公共物品场合存在着"免费乘车"之类的现象,市场机制提供的公共物品数量往往太低。因此,政府有必要承担起提供公共物品的任务。

在现实的经济生活中,信息常常是不完全的。在信息不完全的条件下,市场机制的作用受到了很大的限制。此时,需要政府在信息方面进行调控,以保证生产者和消费者能够得到充分的和正确的信息,以便做出正确的选择。

思 考 与 练 习

一、重要概念

市场失灵　垄断　寻租　外部性　科斯定理　公共物品　不完全信息

二、单项选择题

1. 市场失灵是指（　　）。
   A. 在私人部门和公共部门之间资源配置不均
   B. 不能产生任何有用成果的市场过程
   C. 以市场为基础的对资源的低效率配置
   D. 收入分配不平等

2. 由于垄断会使效率下降,因此任何垄断都是要不得的,这一命题（　　）。
   A. 一定是正确的　　　　　　　B. 并不正确
   C. 可能是正确的　　　　　　　D. 基本上是正确的

3. 如果一个人消费一种物品减少了其他人对该物品的使用,可以说这种物品是（　　）。
   A. 公共物品　　　　　　　　　B. 排他性的
   C. 竞争性的　　　　　　　　　D. 以上都不对

4. 某种经济活动有负的外部影响时,该活动的（　　）。
   A. 私人成本大于社会成本　　　B. 私人成本小于社会成本
   C. 私人收益大于社会收益　　　D. 私人收益小于社会收益

5. 在正的外部影响存在的情况下（　　）。
   A. 私人成本大于社会成本　　　B. 私人成本小于社会成本
   C. 私人收益大于社会收益　　　D. 私人收益小于社会收益

6. 下列物品最有可能是公共物品的是（　　）。
   A. 公海上的一个灯塔　　　　　B. 国家森林公园内树上的果子
   C. 故宫博物院内的国宝　　　　D. 大熊猫

7. 被称作外部经济效果的市场失灵发生在（　　）。
   A. 当市场价格不能反映一项交易的所有成本和收益时
   B. 当竞争建立在自身利益最大化的前提下时
   C. 当厂商追求利润最大化目标时
   D. 当市场不能完全出清时

8. 当正的外部影响存在时,市场决定的产量将会（　　）。
   A. 大于社会理想产量　　　　　B. 小于社会理想产量
   C. 等于社会理想产量　　　　　D. 都可能

9. 如果一个市场上,一种商品相对于社会最优产量来说,处于供给不足时,这说明存在（　　）。
   A. 正外部经济效果　　　　　　B. 信息不完全
   C. 负外部经济效果　　　　　　D. 逆向选择

三、思考题

1. 什么是市场失灵？市场为什么会失灵？
2. 垄断为什么会造成低效率？
3. 什么是外部影响？它有什么坏处？
4. 公共物品与私人物品有什么不同？这种不同有什么后果？
5. 什么是信息的不完全？它对经济效率有什么影响？
6. 你怎样看待科斯定理？它在什么样的情况下有用？

第九章 国民收入核算理论

【学习目标与要求】

宏观经济学的研究对象是国民经济中的总量经济关系。在国民经济的许多总量中,国内生产总值(GDP)是最具有代表性的经济总量;本章首先研究了 GDP 的定义和 GDP 的三种核算方法,然后研究了与 GDP 相关联的概念;本章重点是研究国民收入的循环,得出四部门总供求平衡的基本条件。

从 1929 年开始,资本主义世界爆发了空前的大危机。3 000 多万人失业,三分之一的工厂停产,整个经济倒退到一战前的水平。经济处于混乱之中,传统的经济学遇到了挑战。这时,英国经济学家凯恩斯从一则古老的寓言中得到了启示。这则寓言是说:从前有一群蜜蜂过着挥霍、奢华的生活,整个蜂群兴旺发达,百业昌盛。后来,它们改变了原有的生活习惯,崇尚节俭朴素。结果社会凋敝,经济衰落,最终它们被敌手打败而逃散。

凯恩斯从这则寓言中得出了需求的重要性,建立了以需求为中心的国民收入决定理论,并在此基础上引发了经济学的著名的"凯恩斯革命"。这场革命的结果就是建立了现代宏观经济学。因此,我们对宏观经济学的介绍就从国民收入决定理论开始。而在了解这一理论之前,我们首先必须了解国民收入这个概念及其衡量方法。

第一节 国内生产总值及其核算

一、国内生产总值含义

国内生产总值(GDP)是经济社会(即一国或一地区)在一定时期内运用生产要素所生产的全部最终产品(商品和劳务)的市场价值。在理解这一定义时,我们要注意以下几个问题。

(1) GDP 是一个市场价值的概念。各种最终产品的价值都是用货币加以衡量的。产品的市场价值就是用这些最终产品的单位价格乘以产量得到的。假如某国一年生 10 万件上衣,每件上衣售价 50 美元,则该国一年生产上衣的市场价值为 500 万美元。

(2) GDP 测算的是最终产品的价值,中间产品的价值不计入 GDP,否则会造成重复计算。最终产品是在一定时期内生产并由其最后使用者购买的产品或劳务,而中间产品指在同一时期内生产的并且又在生产其他产品的过程中被消耗掉的产品。在实际经济中,许多产品既可以作为最终产品使用,又可以作为中间产品使用,区分哪些是最终产品,哪些是中间产品是重要的。国内生产总值中的最终产品不仅包括有形的产品,而且包括无形的产品——劳务,即要把旅游、服务、卫生、教育等行业提供的劳务,按其获得的报酬计入国内生产总值中。

(3) GDP 是在一定时期内(往往为一年)所生产而不是所售卖的最终产品的价值。若某企业年生产 100 万美元产品,只卖掉 80 万美元,所剩 20 万美元产品可看成是企业自己买下来的存货投资,同样应计入 GDP。相反,虽然企业生产 100 万美元产品,然而却卖掉了 120 万美元产品,则计入 GDP 的仍是 100 万美元,只是库存减少了 20 万美元而已。

(4) GDP 是在计算期内(如某年)生产的最终产品的价值,因而是流量而不是存量。流量是在一定时期内发生的变量,存量是在一定时点上存在的变量。若某人花了 20 万美元买了一幢旧房,包括 19.8 万美元的旧房价值和 0.2 万美元的经纪人费用,则这 19.8 万美元不能计入 GDP。因为它在生产年份已计算过了,但买卖这幢旧房的 0.2 万美元的经纪人费用可计入 GDP,因为这笔费用是经纪人在买卖旧房过程中提供劳务的报酬。

(5) GDP 是一国范围内生产的最终产品的市场价值,它是一个地域概念。而与此相联系的国民生产总值(GNP)则是一个国民概念,它是指某国国民所拥有的全部生产要素在一定时期内所生产的最终产品的市场价值。因此,一个在日本工作的美国公民的收入要计入美国的 GNP,但不计入美国的 GDP;反之,一个在美国开设公司的日本老板取得的利润是日本的 GNP 的一部分,不是美国 GNP 的一部分,但它是美国 GDP 的一部分。因此,若某国一定时期的 GNP 超过 GDP,则说明该时期该国公民从外国获得的收入超过了外国公民从该国获得的收入,而在 GDP 超过 GNP 时,说明情况正好相反。

(6) GDP 一般仅指市场活动导致的价值。家务劳动、自给自足生产等非市场活动不计入 GDP。

二、国内生产总值的计算方法

1. 支出法

支出法又称为最终产品法,是指通过核算在一定时期内整个社会购买产品的总支出来测定国内生产总值。在现实生活中,商品和劳务的最后使用,主要有居民消费、企业投资、政府购买和出口国外购买。因此,用支出法测定国内生产总值,就是计算经济社会(一个国家或地区)在一定时期内消费(C)、投资(I)、政府购买(G)和净出口(出口 X-进口 M)四个方面支出的总和,用公式表示则为

$$GDP = C + I + G + (X - M)$$

2. 生产法

这种方法首先计算国民经济各部门的总产出,再从总产出中扣除相应部门的中间消耗,求得各部门的增加值,最后汇总所有部门的增加值得出国内生产总值,即

$$国内生产总值 = \sum (部门总产出 - 该部门中间消耗) = 各部门增加值$$

3. 收入法

收入法是指通过把生产要素所有者的收入相加来得到国内生产总值的方法。这些收入换个角度可以看作是国内生产总值生产出来分配给各生产要素所有者的收入,所以收入法也称为分配法。用公式表示则为

国内生产总值＝工资＋租金＋利息＋利润＋间接税＋折旧＋非企业主收入

按收入法和支出法计得的国内生产总值在理论上说是相等的,但在实际核算中常有误差,因而还要加上一个统计误差项来进行调整。

第二节 国民收入核算中的其他总量

在国民收入核算体系中,除了要弄清楚上面说过的国内生产总值和国民生产总值这些概念,还要弄清楚国内生产净值、国民收入、个人收入和个人可支配收入这些概念及其相互关系。

1. 国内生产总值（GDP）

其含义在本章第一节中已说过,它计量一定时期内一个国家的所有生产活动的价值。国内生产总值中的"总"字意指在计算各个生产单位的产出时,未扣除当期的资本耗费即折旧,如果扣除资本耗费,那就是国内生产净值。

2. 国民生产总值（GNP）

国民生产总值是指一个国家（或地区）所有国民在一定时期内新生产的产品的总和。GNP是按国民原则核算,只要是本国（或地区）居民,无论是否在本国境内（或地区内）居住,其生产和经营活动新创造的增加值都应该计算在内。

3. 国内生产净值（NDP）

从GDP中扣除资本折旧,就得到NDP。总投资是在一定时期内的全部投资,即建设的全部厂房设备和住宅等,而净投资是总投资中扣除了资本消耗或者是重置投资的部分。例如,某企业某年购置10台机器,其中2台用来更换报废的旧机器,则总投资为10台机器,净投资为8台机器。

4. 国民收入（NI）

这里的国民收入是指按生产要素报酬计算的国民收入。从国内生产总值中扣除间接税和企业转移支付再加上政府补助金,就得到一国生产要素在一定时期内提供生产性服务所得报酬,即工资、利息、租金和利润的总和意义上的国民收入。间接税和企业转移支付虽构成产品价格,但不成为要素收入。而政府给企业的补助金虽不列入产品价格,但成为要素收入。故前者应扣除,后者应加入。

5. 个人收入（PI）

生产要素报酬意义上的国民收入并不会全部成为个人的收入。例如,一方面,企业因存在

利润向政府缴纳的税收,同时企业为了未来的发展,还要留下一部分利润,只有一部分利润企业会以红利和股息形式分给个人。职工收入中也有一部分要以社会保险费的形式上缴有关机构。另一方面,人们也会以各种形式从政府那里得到转移支付,如退休军人津贴、工人失业救济金、职工养老金、职工困难补助等。因此,个人收入的构成实际上是从国民收入中减去公司未分配利润、公司所得税及社会保险费,加上政府给予个人的转移支付。

6. 个人可支配收入(DPI)

个人收入不能全归个人支配,因为要缴纳个人所得税。税后的个人收入才是个人可支配收入,即人们可用来消费或储蓄的收入。

第三节 国民收入的基本公式

一、两部门经济的收入构成及储蓄-投资恒等式

这里所说的两部门是指一个假设的经济社会,其中只有消费者(家庭)和企业(即厂商),因而就不存在企业间接税。为使分析简化,再撇开折旧,这样,国内生产总值等于国内生产净值和国民收入,都用 Y 表示。

在两部门经济中,没有税收、政府支出及进出口贸易,在这种情况下,国民收入的构成情况将是这样:一方面,从支出的角度看,由于把企业库存的变动作为存货投资,因此,国内生产总值总等于消费加投资,即 $Y=C+I$。另一方面,从收入的角度看,由于把利润看作是最终产品卖价超过工资、利息和租金后的余额,因此,国内生产总值就等于总收入。总收入一部分用作消费,其余部分则用作储蓄。于是,从供给方面看,国民收入的构成为:国民收入＝工资＋利息＋租金＋利润＝消费＋储蓄,即 $Y=C+S$。由于 $C+I=Y=C+S$,因此就得到 $I=S$,这就是储蓄-投资恒等式。

必须明确的是,上述储蓄-投资恒等式是根据储蓄和投资的定义得出的。根据定义,国内生产总值等于消费加投资,国民总收入等于消费加储蓄,国内生产总值又等于总收入。这样才有了储蓄-投资的恒等关系。这种恒等关系就是两部门经济中的总供给 $C+S$ 和总需求 $C+I$ 的恒等关系。只要遵循这些定义,储蓄和投资一定相等,而不管经济是否处于充分就业,是否处于通货膨胀,是否处于均衡状态。然而,这一恒等式决不意味着人们意愿的或者说事前计划的储蓄总会等于企业想要有的或者说事前计划的投资。

在现实经济生活中,储蓄主要是由居民户进行,投资主要是由企业进行。个人储蓄动机和企业投资动机不相同,这就会形成计划储蓄和计划投资的不一致,形成总供给和总需求的不均衡,引起经济的收缩和扩张。分析宏观经济均衡时所说的投资等于储蓄,是指只有在计划投资等于计划储蓄,或者说事前投资等于事前储蓄时,才能形成经济的均衡状态。这和我们这里讲的储蓄和投资恒等不是一回事。这里讲的储蓄和投资恒等,是从国民收入会计角度看,事后的储蓄和投资总是相等的。

还要说明的是,这里所讲的储蓄等于投资,是指对整个经济而言,至于某个人、某个企业或某个部门,则完全可以通过借款或贷款,使投资大于或小于储蓄。

二、三部门经济的收入构成及储蓄-投资恒等式

在三部门经济中,政府部门被引入来。政府的经济活动表现在,一方面有政府收入(主要是向企业和居民征税),另一方面有政府支出(包括政府对商品和劳务的购买,以及政府给居民的转移支付)。这样把政府经济活动考虑进来,国民收入的构成将是这样:

从支出角度看,国内生产总值等于消费、投资和政府购买的总和,可用公式表示为:$Y=C+I+G$。按理说,政府给居民的转移支付同样要形成对产品的需求,从而应列入公式,但这一需求已包括在消费和投资中。因为居民得到了转移支付收入,无非是将其用于消费和投资(主要是消费,因为转移支付是政府给居民的救济性收入和津贴)。因此,公式中的政府支出仅指政府购买。

从收入角度看,国内生产总值仍是所有生产要素获得的收入总和,即工资、利息、租金和利润的总和。总收入除了用于消费和储蓄,还要用于纳税。然而,居民一方面要纳税,另一方面又得到政府的转移支付收入。税金扣除转移支付才是政府的净收入,也就是国民收入中归于政府的部分。假定用T_0表示全部税金收入,用T_r表示政府转移支付,用T表示政府净收入,则$T=T_0-T_r$。这样,从收入角度看国民收入的构成将是:$Y=C+S+T$。

按照前面说过的社会总产出等于总销售(总支出),总产出价值又构成总收入的道理,可以将三部门经济的国民收入构成的基本公式概括为:$C+I+G=Y=C+S+T$,公式两边消去C,得$I+G=S+T$,或$I=S+(T-G)$。在这里,$T-G$可看作是政府储蓄,因为T是政府净收入,G是政府购买性支出,二者差额即政府储蓄,其可以是正值,也可以是负值。这样,$I=S+(T-G)$的公式,也就表示储蓄(私人储蓄和政府储蓄的总和)和投资的恒等。

三、四部门经济的收入构成及储蓄-投资恒等式

在上述三部门经济中加进一个国外部门就成了四部门经济。在四部门经济中,由于有了对外贸易,国民收入的构成从支出角度看就等于消费、投资、政府购买和净出口的总和,用公式表示是:$Y=C+I+G+(X-M)$。

从收入角度看,国民收入构成的公式可写成:$Y=C+S+T+Kr$。这里,$C+S+T$的意义和其在三部门经济中的意义一样,Kr则代表本国居民对外国人的转移支付。例如,本国居民对外国遭受灾害时的救济性捐款,这种转移支付也来自于生产要素的收入。

这样,在四部门经济中国民收入构成的基本公式就是:$C+I+G+(X-M)=Y=C+S+T+Kr$,公式两边消去C,则得到:$I+G+(X-M)=S+T+Kr$。这一等式也可以看成是在四部门经济中的储蓄-投资恒等式,因为这一等式可以转化为以下公式:$I=S+(T-G)+(M-X+Kr)$。这里,S代表私人储蓄,$T-G$代表政府储蓄,而$M-X+Kr$则可代表外国对本国的储蓄。因为从本国的立场看,M(进口)代表其他国家出口的商品,从而是这些国家获得的收入,X(出口)代表其他国家从本国购买的商品和劳务,从而是这些国家需要的支出,Kr也代表其他国家从本国得到的收入。可见,当$(M+Kr)>X$时,外国对本国的收入大于支出,于是就有了储蓄;反之,则有负储蓄。这样,$I=S+(T-G)+(M-X+Kr)$的公式就代表在四部门经济中总储蓄(私人、政府和国外)和投资的恒等关系。

上面我们逐一分析了在两部门、三部门和四部门经济中的国民收入构成的基本公式以及储蓄和投资的恒等关系。在分析时我们把折旧和企业间接税撇开,实际上,即使把它们考虑进去,上述收入构成公式及储蓄和投资的恒等关系也都成立。如果上述 Y 指 GDP,则上述所有等式两边的 I 和 S 分别表示把折旧包括在内的总投资和总储蓄;如果 Y 指 NDP,则等式两边的 I 和 S 分别表示不含折旧的净投资和净储蓄;如果 Y 指 NI,则 C、I、G 是按出厂价计量的,等式两边减少了一个相同的等于间接税的量值。可见,不论 Y 代表哪一种国民收入概念,只要其他变量的意义能和 Y 的概念相一致,储蓄-投资恒等式总是成立的。

第四节 名义 GDP 和实际 GDP

由于 GDP 是用货币来计算的,因此,一国的 GDP 的变动由两个因素造成:一是所生产的商品和劳务的数量的变动;二是商品和劳务的价格的变动。当然,二者也常常会同时变动。为弄清国内生产总值变动究竟是由产量还是由价格变动引起的,需要区分名义国内生产总值和实际国内生产总值。

名义 GDP(或称为货币 GDP)是指用生产商品和劳务的当年价格计算的全部最终产品的市场价值。实际 GDP 是用从前某一年的价格作为基期价格计算的全部最终产品的市场价值。假设某国最终产品以香蕉和服装为代表,两种商品在 2016 年(现期)和 2006 年(基期)的价格和产量分别如表 8-1 所示,则以 2006 年价格计算的 2016 年的实际国内生产总值为 260 万美元。

表 8-1 名义 GDP 和实际 GDP

	2006 年名义 GDP	2016 年名义 GDP	2016 年实际 GDP
香蕉	15 万单位×1 美元=15 万美元	20 万单位×1.5 美元=30 万美元	20 万单位×1 美元=20 万美元
服装	5 万单位×40 美元=200 万美元	6 万单位×50 美元=300 万美元	6 万单位×40 美元=240 万美元
合计	215 万美元	330 万美元	260 万美元

2016 年名义 GDP 和实际 GDP 的差别,可以反映出这一时期和基期相比价格变动的程度。在上例中,330÷260=126.9%,说明从 2006 年到 2016 年该国价格水平上升了 26.9%。在这里,126.9% 称为折算指数。可见,GDP 折算指数是名义 GDP 和实际 GDP 的比率。知道了 GDP 折算指数,就可以将名义的 GDP 折算为实际的 GDP,其公式为:

$$实际\,GDP = \frac{名义\,GDP}{GDP\,折算指数}$$

例如,在上例中,从 2006 年到 2016 年,GDP 名义上(即从货币价值看)从 215 万美元增加到 330 万美元,实际只增加到 260 万美元,即如果扣除物价变动因素,则 GDP 只增长了 20.9%[(260−215)÷215=20.9%],而名义上却增长了 53.5%[(330−215)÷215=53.5%]。

本 章 小 结

国内生产总值是经济社会(即一国或一地区)在一定时期内运用生产要素所生产的全部最终产品(商品和劳务)的市场价值。

第九章
国民收入核算理论

在国民收入核算体系中,除了要弄清楚国内生产总值和国民生产总值这些概念,还要弄清楚国内生产净值、国民收入、个人收入和个人可支配收入这些概念及其相互关系。

国民收入的基本公式可分为两部门经济、三部门经济和四部门经济的收入构成及储蓄-投资恒等式。

名义GDP(或称为货币GDP)是指用生产商品和劳务的当年价格计算的全部最终产品的市场价值。实际GDP是用从前某一年的价格作为基期价格计算的全部最终产品的市场值。

思考与练习

一、重要概念
国内生产总值(GDP) 国民生产总值(GNP) 国内生产净值(NDP) 中间产品
名义国内生产总值(名义GDP)

二、单项选择题
1. 下列说法错误的是( )。
   A. GDP和GNP都是流量概念
   B. GDP是地域概念,GNP是国民概念
   C. GDP和GNP都是以市场交易为基础
   D. GDP和GNP是同一概念,没有区别

2. "面粉是中间产品"这一命题( )。
   A. 一定是不对的   B. 一定是对的
   C. 可能是对的,可能是错的   D. 以上三种说法全对

3. 今年的名义国内生产总值大于去年的名义国内生产总值,说明( )。
   A. 今年价格水平一定比去年高了
   B. 今年生产的物品和劳务总量一定比去年增加了
   C. 今年的价格水平和实物产量水平一定比去年提高了
   D. 以上三种说法都不一定正确

4. 下列哪一项计入GDP?( )
   A. 购买一辆用过的旧自行车   B. 购买普通股票
   C. 汽车制造厂买进10吨钢材   D. 银行向某企业收取一笔贷款利息

5. 经济学上的投资是指( )。
   A. 企业增加一笔存货   B. 建造一座住宅
   C. 企业购买一台计算机   D. 以上都是

6. 在下列项目中,( )不属于政府购买。
   A. 地方政府办三所中学   B. 政府给低收入者提供一笔住房补贴
   C. 政府订购一批军火   D. 政府给公务员增加薪水

7. 当煤炭有多种用途时,作为最终产品的是( )。
   A. 家庭用于做饭与取暖   B. 餐馆用于做饭
   C. 化工厂用作原料   D. 铁路用于火车燃料

8. 在一个由家庭、企业、政府和国外部门构成的四部门经济中,GDP 是(　　)的总和。
   A. 消费、总投资、政府购买和净出口
   B. 消费、净投资、政府购买和净出口
   C. 消费、总投资、政府购买和总出口
   D. 工资、地租、利息、利润和折旧

三、思考题
1. 国内生产总值和国民生产总值有何不同？
2. 简述四部门的国民收入循环模型。
3. 如何用支出法计算四部门经济的 GDP？
4. 公共物品与私人物品有什么不同？这种不同有什么后果？
5. 名义 GDP 和实际 GDP 有何不同？

第十章

国民收入决定理论

【学习目标与要求】

通过对本章的学习,重点把握什么是两部门经济、三部门经济、四部门经济;掌握IS曲线的推导,引起IS曲线移动的因素;掌握LM曲线的推导,引起LM曲线移动的因素;掌握IS-LM模型的基本内容。

第一节 简单的国民收入决定理论

国民收入决定理论是经济学的中心理论之一。它研究的是国民收入和利率的决定,自发总需求的变动对国民收入和利率的影响,货币量的变动对国民收入和利率的影响。它为政策制定者提供了刺激经济的工具,指明宏观经济学中的失业、通货膨胀、经济周期和经济增长等问题都可以利用国民收入利率进行研究和分析。

国民收入决定理论作为经济学中的一大中心理论,它是一个既核心又复杂的理论。为了简化复杂问题,我们的分析将局限在两部门经济的范围内。所谓两部门是指家庭和企业两部分,而省略了政府和对外贸易这两部分。我们知道,在两部门经济中,国民收入(Y)由消费(C)和储蓄(S)两部分构成;总支出(Y)则由消费(C)和投资(I)两部分构成。因此,有下列等式:

$$Y=C+S$$
$$Y=C+I$$

由上式可知,经济达到均衡状态的必要条件是$I=S$,也就是说,储蓄全部向投资转化,使国民收入与总支出相等。家庭储蓄与企业投资取决于不同的因素,其中储蓄取决于收入,而投资取决于未来产出、利率、税收政策及企业信心等因素。这些因素的共同影响使得储蓄与投资经常出现不等现象,因此接下来的分析是非常有必要的。

为了进一步简化分析,我们假设投资(I)是一个外生变量,即在短期内投资可以看成是不受任何因素影响的经济变量。因此,投资曲线是一条平行于横轴的水平线。同时,消费(C)是国民收入的函数,假设$C=a+bY$,那么我们可以得到下面的等式:

$$Y=C+I=(a+bY)+I$$

整理等式可得,$Y=\dfrac{a+I}{1-b}$。此方程反映了总支出与国民产出之间的均衡关系。

如图10-1所示,横轴代表总产出水平Y,纵轴则代表总支出水平$C+I$。由于消费函数$C=a+bY$,消费曲线是一条向右上方倾斜的曲线。而曲线$C+I$代表了总支出(即总需求量)水平。为了使总支出与总收入相等,我们在图中作了一条从原点出发的45°线,使得该线上的任何一点保持其到横轴的垂直距离都与其到纵轴的垂直距离相等,由此满足总支出水平恰好与总产出水平相等的条件。由此可知,总支出曲线 $C+I$ 与45°线的交点 E 就是均衡点。在这一均衡点上,家庭消费(C)加上企业投资(I)恰好等于国民产出(Y),即总需求量等于总产出量。均衡状态的产出水平为图中 Y_0。

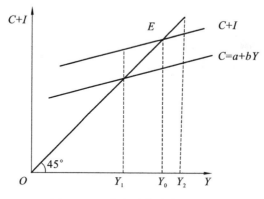

图 10-1　两部门均衡产出的决定

假设经济偏离均衡点 E 时会出现什么情况?首先观察产出水平为 Y_1 的情况,如图 10-1 所示。总支出曲线 $C+I$ 位于45°线以上水平,表明总支出水平大于总产出水平($C+I>Y$),这意味着对商品和劳务的总需求已超出了企业所能生产的数量,偏离了均衡状态。对于上述情况,企业将采取一系列措施扩大生产,使产出扩大,回到原来的均衡状态 E 点。最后观察产出水平为 Y_2 的情况,在图 10-1 中,总支出曲线 $C+I$ 位于45°线以下水平,表明总支出水平小于总产出水平($C+I<Y$),这意味着对商品和劳务的总需求要低于企业所生产的数量,同样偏离了均衡状态。对于上述情况,企业将采取一系列措施减少生产,使总支出和总产出回到原来的均衡状态 E 点。

上述研究是在两部门简单经济模型中进行的,下面加入政府与对外贸易,成为研究四部门经济的国民收入问题。如图 10-2 所示,在两部门经济中,总支出曲线 $C+I$ 与 45°线的交点为均衡点 E_1,均衡产出水平为 Y_1。在三部门经济中,增加了政府部门(G),总支出曲线 $C+I+G$ 与 45°线的交点为均衡点 E_2,均衡产出水平为 Y_2。在四部门经济中,增加了对外贸易这部分(NX),总支出曲线变成了 $C+I+G+\text{NX}$,其与 45°线的交点为均衡点 E_3,均衡产出为 Y_3。

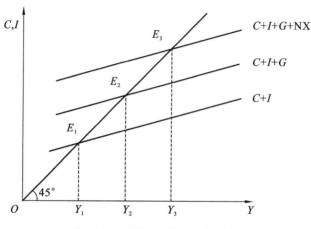

图 10-2　四部门均衡产出的决定

如图 10-2 所示,从两部门经济模型 $Y=C+I$,发展到三部门经济模型 $Y=C+I+G$,再到四部门经济模型 $Y=C+I+G+NX$。在坐标系中它们的均衡点从 E_1 变化到 E_2,再到 E_3。均衡产出从 Y_1 变化到 Y_2,再到 Y_3。由此可知,均衡产出随着均衡点的上升而增加。

第二节 IS 曲 线

【案例导入】

投资支出为什么会用在增加机器设备或厂房之类资本上?因为厂商往往通过借款来购买投资品。当借款的利率非常高时,厂商将来获得的利润就越低,因此会影响厂商借款与投资的积极性;反之,利率较低时,厂商愿意更多地借款,更多地进行投资。

一、IS 曲线与物品市场

IS 曲线描述物品市场处于均衡状态时的收入和利率的各种组合,引入利率作为投资的决定因素。上节我们假设投资(I)是外生变量,本节我们将投资(I)引入模型中,使之成为内生变量,使模型变得更加完整。投资主要依赖于两个因素:销售水平(Y)和利率(i)。西方学者进一步用 IS 曲线来说明物品市场均衡的条件。

投资关系用公式表示为:

$$I=I(Y,i)$$
$$(+,-)$$

其中,Y 下面的正号表示产出增加导致投资增加,利率 i 下面的负号表示利率上升导致投资减少。

所谓物品市场的均衡,是指物品市场上的总需求等于总供给。三部门经济总需求等于总供给是指:$C+I+G=C+S+T$。因此,物品市场的均衡条件为:$Y=C(Y-T)+I(Y,i)+G$,物品供给(左边)必须等于物品需求(右边),该式为扩展的 IS 关系。IS 曲线被称为物品市场均衡曲线或产品市场均衡曲线,代表在商品市场均衡时,利率与产出的各个组合。IS 曲线描述了作为利率函数的均衡产出水平,它是在给定税收和支出水平下做出的。

图 10-3 说明了物品市场的均衡和产出的决定。纵轴表示需求(D),横轴表示产出(Y)。对于给定的利率(i),需求是产出的增函数。原因有两点:产出的增加导致收入即可支配收入的增加,可支配收入的增加导致消费也会增加;产出增加时,投资也会增加。D 曲线具有以下两个特征:一个是线性,这是由方程本身决定的;另一个是其斜率要比 45°线平缓,即产出增加 1 个单位导致需求增加小于 1 个单位,原因在于人们只会把部分收入用于消费,而其余则是用来储蓄。

$Y=C+I+G$,我们知道,在既定的收入水平上,利率增加会带来总需求减少。因为利率越高,投资支出越低。对于一个既定的利率水平,需求曲线 D 与 45°线交于 A 点,得出均衡产量 Y,如图 10-3 所示。

IS 曲线研究的是利率和产出的关系,因此需要了解利率的变化对于产出的影响。如图 10-4

所示,假设利率从初始值 i 上升到 i',在任何给定的产出水平下,投资将会减少,需求曲线 D 向下移动到 D'。给定产出水平,需求水平更低,新的均衡产出为 Y'。从上述分析可知,其传导机制是当利率上升时投资将减少,投资的减少将导致需求水平下降,而需求水平下降,产出减少将进一步降低消费和投资。换而言之,投资的初始减少通过乘数效应导致产出更大程度地减少。最终的结论是利率水平越高,均衡产出水平越低。

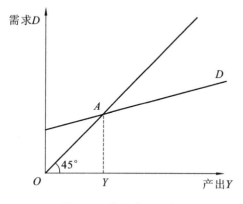

图 10-3　物品市场均衡

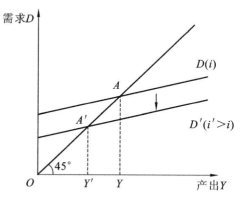

图 10-4　利率上升对产出的影响

二、IS 曲线推导

如图 10-5 所示,上半部分表示的是利率上升对产出的影响,利率为 i 意味着产出水平等于 Y,更高的利率水平 i' 意味着更低的产出水平 Y'。IS 曲线研究的是利率和产出的关系。因此,图 10-5 下半部分中横轴表示均衡产出 Y,纵轴表示利率 i。图 10-5 下半部分中的 A 点对应图 10-5 上半部分中的 A 点,图 10-5 下半部分中的 A' 点对应图 10-5 上半部分中的 A' 点。图的纵轴表示的含义从需求变化为利率,更确切地说,物品市场均衡意味着利率的增长导致产出下降,利率的下降则导致产出增加。这一利率和产出之间的关系由图 10-5 下半部分中向下倾斜的曲线表示,该曲线称为 IS 曲线。由于 IS 曲线向下倾斜,其斜率为负数。

三、IS 曲线的移动

在给定利率水平不变的情况下,任何引起物品需求减少(或者增加)的因素发生变化时都将导致 IS 曲线向左(或者向右)移动。

下面简单分析,当税收增加时怎样引起 IS 曲线移动。如图 10-6 所示,在给定的利率水平 i 下,税收增加,导致消费减少,从而使物品需求减少,并通过乘数效应使均衡产出减少。均衡产出从 Y 减少到 Y',也就是说,IS 曲线向左移动:在任何利率水平下,均衡产出比税收增加前的均衡产出要低。

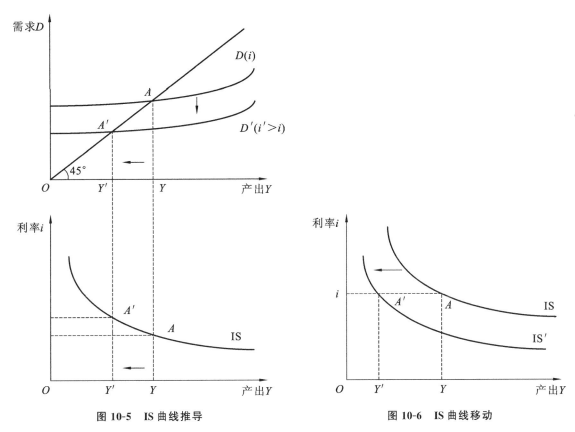

图 10-5　IS 曲线推导　　　　　图 10-6　IS 曲线移动

物品市场均衡意味着利率的增加将导致产出的下降,该关系由向下倾斜的 IS 曲线来表示。在给定的利率水平不变的情况下,任何减少均衡产出的因素,例如,税收的增加、政府支出的减少、消费者信心的下降等都会导致 IS 曲线向左移动;相反,在给定的利率水平不变的情况下,任何增加均衡产出的因素,例如,税收减少、政府支出增加、消费者信心的上升等都将导致 IS 曲线向右移动。

第三节　LM　曲　线

【案例导入】

在利率增加迅速之时,人们会更加仔细地使用他们手中的货币,并且每当其持有现金数量过多时,他们就会将其转化为债券,以便更经济地管理债券。当利率为 2% 时,持有债券和持有现金之间似乎没有区别。但当利率为 1% 时,人们就会设法使持有的货币尽可能转化为债券。

本节我们转向资产市场,特别是我们即将要介绍的货币市场。分析表明,LM 曲线中货币需求取决于利率与收入,并且 LM 曲线表示利率与收入水平的所有组合。需要强调的是,在这些组合中,货币市场是出清的。

1. LM 曲线与货币市场

LM 曲线表明能使货币需求与货币供给相等的所有利率与产出的组合点。我们现在将研究转向货币市场。

利率是由货币市场上的供给和需求均衡所决定的,而货币的供给量是由各国货币当局所决定的。我国的货币供给量是由代表政府的中央银行所控制的。因此,假设它是一个外生变量,在货币供给量一定的情况下,货币市场只能通过对货币需求的调节来实现均衡。

假定实际货币为M,实际收入为Y,利率为i,则货币需求的表达式为:$M=\$YL(i)$。其中,名义收入增加引起货币需求增加,利率上升减少货币需求。因此,货币市场均衡条件为货币供给等于货币需求。如图10-7所示,在收入水平既定时,需求量是利率的递减函数。由等式$M=\$YL(i)$两边同时除以价格$P$,则得到实际货币$\frac{M}{P}=YL(i)$,该式称为LM关系。其均衡条件可表述为实际货币供给等于实际货币需求。在给定名义货币供给、价格水平不变的情况下,货币市场均衡条件表示为产出(即收入)与利率之间的函数关系:收入增加,利率上升。

2. LM曲线的推导

货币市场均衡意味着产出水平越高,货币需求越大,因此均衡利率越高。用向上倾斜的曲线来表示产出和利率之间的关系,称为LM曲线。LM曲线表示利率和收入之间的关系,因此需要研究收入对利率的影响。

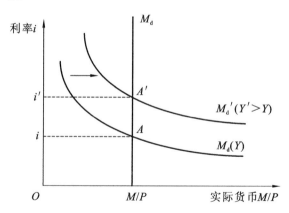

图10-7 收入增加对利率的影响

如图10-7所示,收入从Y增加到Y',导致人们在任何利率水平下都增加他们的货币需求。从收入水平Y开始,显示出与其相应的需求曲线M_d。由上可知,其为利率的递减函数。现有实际供给M_d表示为垂直线,它是既定的,不取决于利率。在利率为i时,均衡点为A是货币市场的均衡点。收入水平从Y增加到Y',使得各个利率水平的货币实际需求增加,需求曲线向右平移。在收入水平提高的情况下,利率增加至i',以保持均衡水平A'。

货币需求曲线向右移动到M_d',新的均衡点为A',利率升高到i',这意味着收入增加导致利率上升。当收入增加时,货币需求增加,但是货币供给是给定的,因此利率的上升必须使两种相反的效应相互抵消:收入增加使人们持有更多的货币,而利率上升使人们愿意少持有货币。在均衡点,货币需求等于不变的货币供给,货币市场重新达到均衡。最终结论是:利率保持不变,收入增加引起货币需求增加;货币供给保持不变,收入增加会引起均衡利率上升。

如图10-8所示,当收入等于Y时,货币需求为M_d,均衡利率为i。当收入为Y'时,货币需求为M_d',均衡率为i'。图10-8右半部分的图形的纵轴表示均衡利率i,横轴表示收入Y,图10-8右半部分中的A点对应图10-8左半部分中的A点,图10-8右半部分中的A'点对应图10-8左

半部分中的 A' 点。更准确地说,货币市场均衡意味着产出水平越高,货币需求越大,因此均衡利率越高。这一产出和利率之间的关系由图 10-8 右半部分中向上倾斜的曲线来表示,利率 i 与收入 Y 是正相关关系,该曲线称为 LM 曲线。

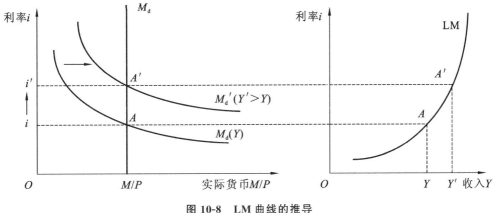

图 10-8　LM 曲线的推导

3. LM 曲线移动

下面简单分析一下,货币供给增加对 LM 曲线的影响,如图 10-9 所示。名义货币供给从 M 增加到 M',当价格水平不变时,实际货币供给就从 M/P 增加到 M'/P。给定收入水平 Y,货币的增加引起均衡利率从 i 下降到 i',从而 LM 曲线向下移动到 LM′。货币市场均衡意味着,给定实际货币供给,收入的增长导致货币需求下降,利率上升。这种关系用向上倾斜的 LM 曲线来表示。在任何收入水平,货币供给增加引起均衡利率下降,LM 曲线向下移动。同样,在任何收入水平,货币供给减少导致均衡利率上升,LM 曲线向上移动。

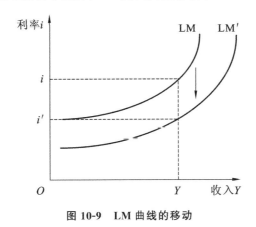

图 10-9　LM 曲线的移动

第四节　IS-LM 分析

在本节中,我们将 IS 与 LM 这两条曲线放在同一坐标系中,以研究如何来确定利率与收入组合点,并分析货币政策和财政政策对产量的需求与利率的效应。

一、IS-LM 模型

IS-LM 模型描述了物品市场和货币市场同时均衡时所必须得到满足的条件,即同时满足两个条件:投资等于储蓄,货币供给等于货币需求,均由收入和利率决定。其数学表达式可表示如下。IS 关系:$Y=C(Y-T)+I(Y,i)+G$(物品市场的均衡条件);LM 关系:$\frac{M}{P}=YL(i)$(货币市场的均衡条件)。

两者关系如图 10-10 所示,向下倾斜的 IS 曲线上的任何一点对应着物品市场的均衡,向上倾斜的 LM 曲线上的任何一点对应着货币市场的均衡。只有在 A 点两个均衡条件都满足,此时的产出 Y_0 和利率 i_0 为均衡点的产出和利率,在该点物品市场和货币市场都达到均衡。

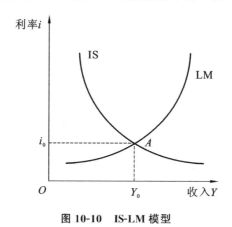

图 10-10　IS-LM 模型

二、财政政策影响

财政政策是政府变动税收和支出以便影响总需求进而影响就业和国民收入的政策。财政政策分为紧缩性财政政策和扩张性财政政策。紧缩性财政政策是指以减少财政赤字为目标的政策,通常称为财政紧缩。财政紧缩具体表现为 $G-T$ 的减少。扩张性财政政策是指在财政支出规模不变的前提下减少税收,或是在财政收入规模不变的前提下扩大政府支出,或是既减税又增加支出的财政政策,通常称为财政扩张。财政扩张的结果是赤字的增加,具体表现为 $G-T$ 的增加。货币政策影响 LM 曲线,财政政策影响 IS 曲线,其中扩张性货币政策使 LM 曲线右移,扩张性财政政策使 IS 曲线右移。增加税收对经济活动和利率的影响如图 10-11 所示。

下面简单分析一下,假定政府税收由 T 增加到 T',由于人们的可支配收入减少了,税收增加减少了消费,而且通过乘数效应减少了产出。因此在同样的利率水平下,产出由 Y 减少到 Y'。一般地,在任何利率水平下,更高的税收导致更低的产出,IS 曲线从 IS 向左移动到 IS'(外生变量的变化会引起曲线的移动),如图 10-11(a)所示。税收 T 并没有出现在 LM 曲线的方程中,因此税收的变化对 LM 曲线不产生影响,如图 10-11(b)所示。税收增加之后,IS 曲线向左移动,从 IS 到 IS',新均衡在 IS'曲线和没有改变的 LM 曲线的交点 A' 达到,如图 10-11(c)所示。产出从

Y 减少到 Y'，利率从 i 下降到 i'。因此，当 IS 曲线移动时，均衡点沿着 LM 曲线从 A 点移动到 A' 点。最终结论为税收增加使得 IS 曲线向左移动，均衡产出减少，均衡利率下降，LM 曲线不发生移动。

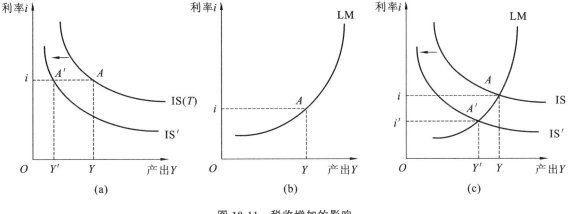

图 10-11 税收增加的影响

三、货币政策影响

货币政策是政府货币当局即中央银行用银行体系变动货币供给量来调节总需求的政策。货币政策分为扩张性货币政策和紧缩性货币政策。扩张性货币政策是指货币供给增加，通常称为货币扩张。紧缩性货币政策是指货币供给减少，通常称为货币紧缩。

如图 10-12 所示，货币供给增加对经济活动和利率的影响是：货币供给增加使得 LM 曲线向右移动至 LM′，货币 M 没有出现在 IS 曲线的方程中，因此货币 M 的变化不引起 IS 曲线的移动。所以，均衡点沿着 IS 曲线从 A 点运动到 A' 点，产出从 Y_0 增加到 Y'，利率从 i_0 下降到 i'。

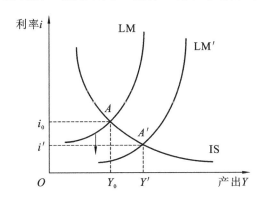

图 10-12 货币扩张政策的影响

货币扩张使利率下降，投资增加；而财政扩张使利率上升，私人投资减少。因此，货币扩张政策比财政扩张政策对投资更有利。在给定收入水平下，货币扩张导致利率下降，更低的利率引起投资增加，并通过乘数效应导致需求和产出增加。

根据表 10-1 可看出，财政政策和货币政策对 IS-LM 模型产生的影响情况。

表 10-1　财政政策和货币政策对 IS-LM 模型的影响

	IS 移动	LM 移动	产出变动	利率变动
税收增加	左	不变	减少	下降
税收减少	右	不变	增加	上升
支出增加	右	不变	增加	上升
支出减少	左	不变	减少	下降
货币增加	不变	右	增加	下降
货币减少	不变	左	减少	上升

本 章 小 结

两部门经济中,国民收入(Y)由消费(C)和储蓄(S)两部分构成;总支出(Y)则由消费(C)和投资(I)两部分构成。有下列等式:

$$Y=C+S$$
$$Y=C+I$$

消费函数指的是消费支出是收入的函数,消费支出随居民收入的变化而变动。

IS-LM 模型是宏观经济分析的一个重要工具,是描述产品市场和货币市场之间相互联系的结构。在产品市场上,国民收入决定于消费、投资、政府支出和净出口加总起来的总支出或总需求水平,而投资需求受到利率影响,利率则由货币市场供求情况决定。换句话说,货币市场影响产品市场。

思 考 与 练 习

一、重要概念

三部门经济　四部门经济　IS 曲线　LM 曲线　IS-LM 模型

二、选择题

1. IS 曲线右上方、LM 曲线右下方的组合表示(　　)。
   A. 产品供大于求,货币供大于求
   B. 产品供大于求,货币求大于供
   C. 产品求大于供,货币供大于求
   D. 产品求大于供,货币求大于供

2. 假定 IS 曲线和 LM 曲线的交点所表示的均衡国民收入低于充分就业的国民收入。根据 IS-LM 模型,如果不让利息率上升,政府应该(　　)。
   A. 增加投资
   B. 在增加投资的同时增加货币供给

C. 减少货币供给量

D. 在减少投资的同时减少货币供给量

3. IS 曲线表示( )。

   A. 产品市场均衡时收入与利率的组合

   B. 产品市场总需求等于总供给时,收入与利率的组合

   C. 产品市场投资等于储蓄时收入与利率的组合

   D. 货币市场均衡时收入与利率的组合

4. 根据简单的国民收入决定模型,引起国民收入减少的原因是( )。

   A. 消费减少　　　　　　　　B. 储蓄减少

   C. 消费增加　　　　　　　　D. 政府支出减少

5. 政府支出是指( )。

   A. 政府购买各种产品与劳务的支出

   B. 政府购买各种产品的支出

   C. 政府购买各种劳务的支出

   D. 政府购买各种产品的支出加政府转移支付

三、思考题

1. 在两部门经济中,均衡的国民收入是如何决定的?
2. 三部门经济条件下的国民收入有哪些影响因素?用图形表明影响因素的影响过程和结果。
3. 什么是 IS 曲线和 LM 曲线?
4. 用图解说明货币市场的均衡过程。

第十一章 经济周期与经济增长

【学习目标与要求】

本章主要研究经济周期与经济增长、失业与通货膨胀理论;明确经济周期的定义及分类,理解经济周期的成因;掌握失业与通货膨胀的类型,理解失业与通货膨胀的关系;理解经济增长的重要源泉,初步了解经济增长的各种模型。

现代宏观经济学把经济周期与经济增长都作为以国民收入为中心的经济活动的波动。经济周期是由于总需求变动引起的国民收入短期波动,而经济增长则是由于总供给变动引起的国民收入长期增长。经济周期与经济增长理论是国民收入决定理论的延伸与发展,也是国民收入决定理论的长期化与动态化。

第一节 经济周期的一般问题

【案例导入】

世界经济在经历了近10年的良好运行后,全球经济增长率在2000年达到了周期性高点。进入新世纪的2001年,世界经济则开局不利,出现全球性经济增速减缓,主要原因在于美国经济形势发生逆转。经济增长幅度下降之快、下跌之猛,超出了许多人的预期。从目前的迹象看,受次贷危机的影响,美国经济尚未走出衰退的阴影。

市场经济发展的历史表明,在经济发展过程中,常常伴随着经济活动的波动。当经济活动处于低谷时,生产锐减、物价暴跌、就业与资本借贷量萎缩;而当经济活动处于繁荣时,生产增加、物价上涨、就业与资本借贷量也同时扩张。从长期来看,经济活动的波动呈现出周期性变动的特点。

一、经济周期的阶段与特征

经济周期也称商业周期,是指经济活动沿着经济发展的总体趋势所经历的有规律的扩张(或恢复)和收缩(或衰退)。经济活动中的通货膨胀、失业和经济增长等主要是通过经济周期联系在一起的。一般把经济周期分为扩张和收缩两大阶段,如果进一步细分则可分为四个阶段:繁荣、衰退、萧条、复苏,如图11-1所示。其中,繁荣和萧条是两个主要的阶段,衰退和复苏是两个过渡性的阶段,这四个阶段各有其特点。

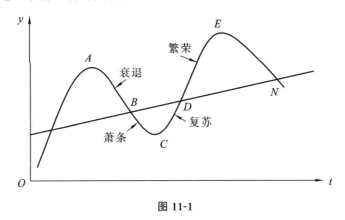

图 11-1

图 11-1 中纵轴 y 代表国民收入,横轴 t 代表时间(年份),向右上方倾斜的直线 N 代表正常的经济活动水平。A 为顶峰,A—B 为衰退,B—C 为萧条,C 为谷底,C—D 为复苏,D—E 为繁荣,E 为顶峰。从 A—E 即为一个周期。

繁荣阶段是指国民收入和经济活动高于正常水平的一个阶段,表现为生产迅速增加、投资活跃、信用扩张、物价水平上涨、就业增长,公众对未来持乐观态度。繁荣的最高点称为顶峰,这时就业和产量水平达到最高,但股票和商品的价格开始下跌,存货水平高,公众的情绪由乐观转为悲观。这是繁荣的极盛时期,也是由繁荣转向衰退的开始。顶峰一般为 1~2 个月。

萧条阶段是指国民收入和经济活动低于正常水平的一个阶段,表现为生产急剧萎缩、投资减少、信用紧缩、物价水平下跌、失业严重,公众对未来持悲观态度。萧条的最低点称为谷底,这时就业和产量跌至最低,但股票和商品的价格开始回升,存货减少,公众的情绪正在由悲观转为乐观。这是萧条的最严重时期,也是由萧条转向复苏的开始。谷底一般为 1~2 个月。

衰退阶段是指从繁荣到萧条的一个过渡阶段,在这一阶段经济从顶峰开始下降,但仍处于正常水平之上。在衰退阶段,生产普遍过剩,就业和产量水平下降,利润减少,这时不但净投资为零,而且连正常的更新投资也不能进行。

复苏阶段是指从萧条到繁荣的一个过渡阶段,在这一阶段经济从最低谷开始回升,但仍未达到正常水平。在复苏阶段,闲置的机器设备得到利用,厂商逐渐增加投资,机器设备开始更新,利润及就业量趋于增加。

在实践中,如何判断经济活动处在周期的哪一阶段,一般可用具有可比性的经济变量指标来判断分析。这些指标包括就业量、物价水平、国民收入量、借贷量和利润水平等,当这些指标在正常水平之下,并有明显的上升趋势时,则表明经济活动处于复苏阶段;反之,经济活动则处于萧条阶段。当这些指标在正常水平之上,并有明显的上升趋势时,则表明经济活动处于繁荣阶段;反之,经济活动则处于衰退阶段。

二、经济周期的分类

西方经济学家根据经济周期的时间长短,把经济周期分为中周期、短周期与长周期。世界上第一次生产过剩性危机在 1825 年发生于英国,以后经济学家大多把危机作为独立的事件来研究。1862年法国经济学家克里门特·朱格拉在他的《论法国、英国和美国的商业危机及其发生周期》一书中提出,危机或恐慌并不是一种独立的现象,而是经济中周期性波动的三个连续阶段(繁荣、危机、清算)中的一个,这三个阶段反复出现形成周期性现象。他对较长时期的工业经济周期进行了研究,并根据生产、就业人数、物价等指标,确定了经济中平均每一个周期为9~10年。这就是中周期,又称为朱格拉周期。美国经济学家A.汉森根据统计资料计算出美国在1795—1937年间共有17个这样的周期,其平均长度为8.35年。

1923年英国经济学家J.基钦在《经济因素中的周期与趋势》中研究了1890—1922年英国和美国的物价、银行结算、利率等指标,认为经济周期实际上有主要周期和次要周期两种。主要周期即中周期,次要周期为3~4年一次的短周期,又称为基钦周期。

1925年俄国经济学家尼古拉·康德拉季耶夫在美国发表的论文《经济生活中的长期波动》中首先提出长周期。他根据对法国、英国和美国的物价、生产和商业活动的统计资料的分析,认为资本主义经济在发展过程中出现过三个在长期繁荣后继之长期萧条的周期,即三个"长波"或"长周期"。第一个是在1789—1849年,在这一阶段中,资本主义经济出现了大约25年的上升期和大约35年的下降期。第二个是在1849—1896年,在这一阶段中,经济处于上升期的时间为24年,处于下降期的时间为23年。第三个是在1896年以后,资本主义经济上升了24年,1920年以后可能转入下降期。康德拉季耶夫认为这种规律性的波动是资本主义本身所固有的,特别与资本积累密切相关。

1930年美国经济学家S.库兹涅茨在《生产和价格的长期运动》中提出了存在一种与房屋建筑业相关的经济周期,这种周期长度在15~25年之间,平均长度为20年左右。这也是一种长周期,被称为库兹涅茨周期,或建筑业周期。

美籍奥地利经济学家J.熊彼特在1939年出版的两大卷《经济周期》中认为,每一个长周期包括六个中周期,每一个中周期包括三个短周期。其中短周期约为40个月,中周期为9~10年,长周期为48~60年。他以重大的创新为标志,划分了三个长周期。第一个长周期从18世纪80年代到1842年,是"产业革命时期";第二个长周期从1842—1897年,是"蒸汽和钢铁时期";第三个长周期从1897年以后,是"电气、化学和汽车时期"。

三、经济周期的理论概述

经济学家并不满足于对经济周期现象的描述和对经济统计资料的整理。他们力图寻找引起周期的原因,建立起一套经济周期理论。自从19世纪中期以来所提出的经济周期理论有几十种之多。我们就其中重要的理论作一些介绍。

(1)纯货币理论。这种理论认为,经济周期是一种纯货币现象。经济中周期性的波动完全是由银行体系交替扩大和紧缩信用所造成的。

(2)投资过度理论。它是一种用生产资料的投资过多来解释经济周期的理论。这种理论认为,无论是什么原因引起了投资的增加,这种增加都会引起经济繁荣。这种繁荣首先表现在对资本品(即生产资料)需求的增加以及资本品价格的上升上,这就更加刺激了对资本品的投资。资本品的生产过度引起了消费品生产的减少,从而导致经济结构的失衡。而资本品生产过多必将引起资本品过剩,于是出现生产过剩危机,经济进入萧条。

(3)创新理论。它是一种用技术创新来解释经济周期的理论,由熊彼特提出,属于外生经济周期理论。创新是指对生产要素的重新组合。创新提高了生产效率,为创新者带来盈利,引起其他企业的仿效,形成创新浪潮。创新浪潮使银行信用扩大,对资本品需求增加,引起经济繁荣。随着创新的普及和盈利机会的消失,银行信用紧缩,对资本品需求减少,这就引起经济衰退。直至另一次创新出现,经济才再次繁荣。

（4）消费不足理论。这种理论认为,经济中出现萧条与危机是因为社会对消费品的需求赶不上消费品的增长,而消费品需求不足又引起对资本品需求不足,进而使整个经济出现生产过剩性危机。消费不足的根源主要是由于国民收入分配不平等所造成的穷人购买力不足和富人储蓄过度。

（5）心理周期理论。这种理论强调心理预期对经济周期各个阶段形成的决定作用。它认为预期对人们的经济行为有决定性的影响,乐观与悲观预期的交替引起了经济周期中繁荣与萧条的交替。

（6）太阳黑子理论。这种理论认为,太阳黑子的活动对农业生产影响很大,而农业生产的状况又会影响工业及整个经济。经济学家用长期中太阳黑子活动周期与经济周期基本吻合的资料来证明这种理论。这种理论把经济周期的根本原因归结为太阳黑子的活动,是典型的外生经济周期理论。

（7）乘数-加速数模型。其代表人物是美国经济学家萨缪尔森。该模型说明乘数和加速数的相互作用如何导致总需求发生有规律的周期波动。

（8）政治周期理论。其代表人物是美国经济学家诺德豪斯。该理论将经济波动归因为政治家为重新当选而对财政政策和货币政策的操纵。

（9）建立在信息障碍条件下的货币周期模型。其代表人物是美国经济学家卢卡斯。该理论的观点是,对价格和工资变动的错觉使人们提供的劳动或者过多或者过少,从而导致产出和就业的周期性波动。

（10）实际经济周期理论。其代表人物是美国经济学家普雷斯科特。该理论认为,经济周期主要是总供给冲击所造成的,某一部门的创新或技术的变动所带来的影响会在经济中传播,进而引起经济的波动。

纵观上面所罗列的各种经济周期理论,可以将西方学者关于经济周期根源的论述划分为两类,即外因论和内因论。外因论是在经济体系之外的某些要素的波动中寻找经济周期的根源,如战争、科技创新甚至太阳黑子和天气等。内因论则是在经济体系内部寻找经济周期的机制和原因。这种理论认为,任何一次扩张都孕育着新的衰退和收缩,任何一次衰退和收缩也都包含着可能的复苏和扩张。

第二节　失业与通货膨胀的关系

【案例导入】

1995年,有的大城市流行一个顺口溜:"最想的是上岗,最怕的是离厂,最倒霉的是老三届,最担心的是物价上涨。"这年冬天两名辽宁的记者这样写道:工厂全都冷冷清清,工人坐在墙角下棋,就像乡下农民坐在屋檐下晒太阳。每一百人中有十二个半"下岗",劳动局安排不了工作,这些人只能被放假,还有的被通知"自谋出路"。那时,舆论界提到失业者,不把他们叫"失业",

而是叫"下岗"。

20世纪80年代初,中国实行改革开放后,取得了举世瞩目的建设成就,但同时,由于经济过热出现了通货膨胀。1984—1987年连续4年社会总需求超过社会总供给,供需差率由1983年的4.7%扩大到16.5%(1984年)、11.25%(1985年)、13.45%(1986年)、13.6%(1987年),为了供应不断膨胀的投资需求和消费需求,货币连年超经济发行,造成严重的通货膨胀。在这4年期间,每年货币量的增长高于经济增长9%～35%。到1987年底,我国的货币流通量已经达到1 454亿元,比1983年增加174%。货币量的增加较大幅度地超过经济的增长,必然带动物价的普遍上升。1987年在没有大的改革措施出台的情况下,全国商品零售物价总水平仍比上年平均水平上升7.3%,其中12月物价水平比上年同月上升9.1%;职工生活费用价格总水平比上年上升8.8%,在一些大城市上升幅度已经突破10%。1987年成为改革开放以来第二个物价上涨高峰年。

失业与通货膨胀是当今世界各国普遍存在的主要问题之一。如何降低失业率,如何遏止通货膨胀成为宏观经济学研究的主要内容。

一、失业理论

1. 失业与充分就业的定义

(1) 失业。凡在劳动年龄范围内愿意工作而没有工作,并且正在寻找工作的人都是失业者。失业是具有劳动能力的人找不到工作的一种社会现象,所有那些未曾受雇以及正在变换工作岗位或没能按当时通行的工资水平找到工作的人,都是失业者。衡量一国失业状况和程度的最基本指标是失业率。失业率是失业人数与劳动力人数之比,即

$$失业率 = \frac{失业人数}{劳动力人数} \times 100\%$$

(2) 充分就业。充分就业是指在现有激励下所有愿意工作的人都能得到工作时的总就业量,或者说是在现有的激励下所有愿意工作的人都参加生产时所达到的就业量。用前面论述的语言表述,所谓充分就业就是劳动市场达到均衡时的就业水平,应注意充分就业不等于全部就业,仍然会有一定的失业。这是因为经济中有些造成失业的原因,如劳动者获取的信息不完全,寻找工作有时会花费较长的时间等,这些因素是难以克服的。换句话说,充分就业并不意味着每个具有劳动能力的人都处于就业状态之中。

2. 失业的分类

宏观经济学通常将失业分为三种类型,即摩擦性失业、结构性失业和周期性失业。

摩擦性失业是指在生产过程中由于难以避免的摩擦而造成的短期、局部性失业。例如,人们离开原来的工作以后,还需要一段时间寻找新的工作;在老年人退休后,青年人由于经验等原因不能马上补充老年人留下的空缺等。所有这些流动都需要时间,从而一部分人将滞留在失业队伍里。一般认为,摩擦性失业在一个经济社会中是不可避免的,但对任何个人或家庭来说,它是过渡性的。因此,摩擦性失业不被认为是严重的经济问题。

结构性失业是指劳动力的供给和需求不匹配所造成的失业,其特点是既有失业,又有职位

空缺,失业者或者没有合适的技能,或者居住地点不当,因此无法填补现有的职位空缺。例如,随着科学技术的发展,有的部门走向衰落,而有的部门正在兴起,但是从旧工业部门排挤出来的工人,不一定能适应新工业部门的技术要求,因而一部分人找不到工作。在某种意义上,结构性失业是长期的摩擦性失业。任何经济结构的变化都伴随着劳动力的重新配置,如果劳动力的配置进行得很快,如劳动者离开原来工作即可找到同样类型的工作,这种情况下发生的失业就是摩擦性失业;如果劳动力的配置进行得很慢,如劳动者需要重新培训以适应新工作的要求,这种情况下发生的失业就是结构性失业。

周期性失业是指在经济周期中的衰退或萧条时因需求下降所造成的失业。这种失业是由整个经济的支出和产出下降所造成的。如果社会总需求不足,生产就会出现过剩,经济将陷入萧条。在这种情况下,厂商会减少生产,解雇工人,从而带来失业人数的增加。资本主义国家在20世纪30年代经济大危机期间所发生的失业就是典型的需求不足所致的周期性失业。

由于摩擦性失业的普遍性和不可避免性,宏观经济学认为,经济社会在任何时期总存在一定比率的失业人口。为此,定义自然失业率为经济社会在正常情况下的失业率,它是劳动市场处于供求稳定状态时的失业率。这里的稳定状态被认为是:既不会造成通货膨胀也不会导致通货紧缩的状态。

3. 失业的成本

失业有两种成本,即经济成本和社会成本。失业的社会成本虽然难以估量,但它最易为人们所感受到。失业威胁着作为社会单位和经济单位的家庭的稳定。没有收入或收入遭受损失,户主就不能起到应有的作用。家庭的要求和需求得不到满足,家庭关系将因此而受到损害。西方学者已经发现,高失业率常常与吸毒、高离婚率以及高犯罪率联系在一起。此外,家庭的人际关系也受到失业的严重影响。失业的经济成本可以用机会成本的概念来理解。当失业率上升时,经济中本可由失业工人生产出来的商品和劳务就损失了。从产出核算的角度来看,失业者的收入总损失等于生产的损失。因此,丧失的产量是计量周期性失业损失的主要尺度,因为它表明经济处于非充分就业状态。

20世纪60年代,美国经济学家阿瑟·奥肯根据美国的数据,提出了经济周期中失业变动与产出变动的经验关系,即奥肯定律。奥肯定律的内容是,失业率每高于自然失业率1%,实际GDP将低于潜在GDP 2%。换一种方式说,相对于潜在GDP,实际GDP每下降2%,实际失业率就会比自然失业率上升1%。西方学者认为,奥肯定律揭示了产品市场和劳动市场之间极为重要的联系。

二、通货膨胀

1. 通货膨胀的衡量

通货膨胀,按字面意思来理解,是指流通中货币数量过大,其结果是物价上涨。因此通货膨胀是指经济处于物价水平普遍而持续的上升的状态。从定义中可以看到,通货膨胀有三层含义:一是通货膨胀不是个别而是所有商品和劳务的价格都上涨;二是这种物价水平的上涨持续时间比较长;三是这种物价水平的上涨幅度比较大。

测量通货膨胀的指标通常用价格指数。所谓价格指数,是指反映不同时期价格总水平的变动趋势和幅度的相对数。宏观经济学中所涉及的价格指数主要有 GDP 折算指数、消费物价指数(CPI)和生产者物价指数(PPI)。关于 GDP 折算指数,本书第九章已做了说明,这里不再重复。下面简要说明一下消费物价指数和生产者物价指数。

消费物价指数告诉人们,对于普通家庭的支出来说,购买具有代表性的一组商品,在今天要比在过去某一时间多花费多少。这一指数的基本意思是,人们有选择地选取一组(相对固定的)商品和劳务,然后比较它们按当期价格购买的花费和按基期价格购买的花费。用公式表示则为:

$$\text{CPI} = \frac{一组固定商品按当期价格计算的价值}{一组固定商品按基期价格计算的价值} \times 100$$

作为衡量生产原材料和中间投入品等的价格平均水平的价格指数,生产者价格指数是对给定的一组商品的成本的度量。它与 CPI 的一个不同之处在于,它包括原材料和中间产品,这使得 PPI 成为表示一般价格水平变化的一个信号。它常被当作经济周期的指示性指标之一,受到政策制定者的密切关注。

通货膨胀的程度通常可以用通货膨胀率来衡量,它是指从一个时期到另一个时期价格水平变动的百分比。用公式表示则为:

$$\pi_t = \frac{P_t - P_{t-1}}{P_{t-1}}$$

其中 π_t 为 t 时期的通货膨胀率,P_t 和 P_{t-1} 分别表示 t 时期(代表报告期)和 $t-1$ 时期(代表基期)的价格水平。

2. 通货膨胀的原因

(1) 货币数量论。该理论强调货币在通货膨胀过程中的重要性,它认为通货膨胀是一种货币现象,即由于货币供给量过大而引起价格水平上涨。货币数量论的起始点是交易方程式 $MV=PQ$。式中 M 为货币供给,V 为货币流通速度或者 1 美元被用来购买商品和劳务的平均次数,P 为价格水平或最终商品和劳务的平均价格,Q 为一年内生产的最终商品和劳务的数量。

等式的左边,即货币供给(M)乘以货币的流通或周转速度(V),表示经济中的货币总支出。等式的右边,即价格水平(P)乘以国民产出(Q),等于国民产出的货币价值或名义收入。等式的两边相等,因为商品和劳务的总支出与商品和劳务的销售总额相同。

货币数量论表明,M 的增加或减少引起 P 和 Q 的增加或减少,该理论假设 V 是相对稳定的。如果进一步假设国民产出固定不变,就会得出 P 与 M 按照同样的速率升降。如果关于产出不是这种极端的假设,在 V 保持稳定或相对稳定的情况下,随着经济扩张并接近充分就业,通货膨胀和货币供给增长率有密切关系。

(2) 需求拉上型通货膨胀。该理论强调过度需求是引起通货膨胀的主要原因。与货币数量论相比,这两种理论在大多数重要方面都是相似的,但在着重点和政策建议上有些不同。总需求法更多地强调经济中的总消费、投资和政府支出,不怎么重视货币供给增长,货币供给基本上被视为适应性变量而不是引发性变量。根据总需求分析,需求拉上型通货膨胀是由总需求的增加引起的,并会随需求的进一步增加自我强化。需求拉上型通货膨胀在经济达到充分就业之前与产出和就业的增加有关。一旦达到充分就业,需求的进一步增加只会提高物价。图 11-2

描述了需求拉上型通货膨胀。以价格水平 P_0 和产出水平 Q_0 为起点,总需求增加至 D_1 意味着在 P 的价格水平上不能满足所有的需求。因此,价格水平上升到 P_1,产出上升到 Q_f。需求上升到 D_2 使价格水平进一步上升到 P_2。只要需求继续增加,这种通货膨胀过程就会继续下去,因为只有在更高的价格水平上才能满足所有的需求。纯粹通货膨胀,即没有产出增加的物价水平上涨,在图中表现为总需求量从 D_1 增加到 D_2。

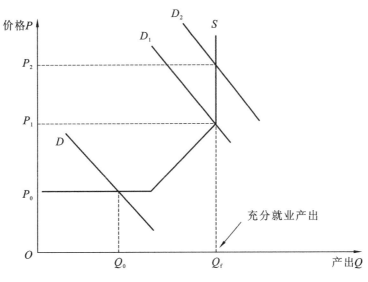

图 11-2　需求拉上型通货膨胀

(3) 成本推动型通货膨胀。在需求拉上型通货膨胀的基础上很难解释 20 世纪六七十年代的一些通货膨胀现象,经济同时经历通货膨胀和衰退,这怎么可能呢?需求拉上型通货膨胀的特点是在达到充分就业之前,物价和产出同时增加。通货膨胀和衰退并存意味着物价上涨,产出下降。经济同时经历通货膨胀和衰退的唯一方式是,由总供给的下降引起通货膨胀。这种类型的通货膨胀称为成本推动型通货膨胀,成本上升使总供给下降,减少了生产出来的商品数量并导致物价上升。

图 11-3 描述了成本推动型通货膨胀。以价格水平 P_0 和产出 Q_f 为初始点,总供给下降到 S_1,现在,在价格水平 P_0 点不能满足所有的需求。也就是说,所满足的总产出要大于所供给的总产出。结果物价水平上升至 P_1。总供给进一步下降到 S_2,同样,由于不能满足所有的需求,价格上升到 P_2。这种通货膨胀过程会一直持续到总供给不再下降为止。因此,成本推动型通货膨胀的特征是物价上升和生产下降。

成本推动型通货膨胀是因为总供给下降而发生。什么原因导致总供给下降?答案是资源价格上涨后生产率没有相应提高。如果一种资源价格上涨,除非这种增加的资源成本被抵消,否则在同样的价格水平上生产同样数量的产出就不会有利可图。再比如,劳动的价格上涨使单位劳动力成本增加,因而使每一价格水平上的供给量下降。

一些西方学者认为,单纯用需求拉动或成本推动都不足以说明一般价格水平的持续上升,而应当同时从需求和供给两个方面以及二者的相互影响来说明通货膨胀。于是又有经济学家提出了从供给和需求两个方面及其相互影响来说明通货膨胀的理论,即混合通货膨胀理论。

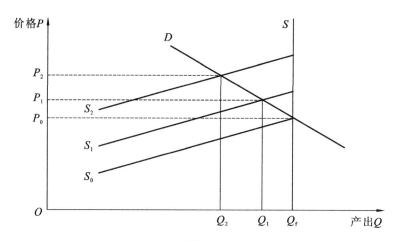

图 11-3 成本推动型通货膨胀

(4) 结构性通货膨胀。西方经济学家认为,在没有需求拉动和成本推动的情况下,只是由于经济结构因素的变动,也会出现一般价格水平的持续上涨。他们把这种价格水平的上涨叫作结构性通货膨胀。结构性通货膨胀理论把通货膨胀的起因归结为经济结构本身所具有的特点。据西方经济学解释,从生产率提高的速度看,社会经济结构的特点是,一些部门生产率提高的速度快,另一些部门生产率提高的速度慢;从经济发展的过程看,社会经济结构的特点是,一些部门正在迅速发展,另一些部门渐趋衰落;从与世界市场的关系看,社会经济结构的特点是,一些部门(开放部门)与世界市场的联系十分密切,另一些部门(非开放部门)与世界市场没有密切联系。现代社会经济部门不容易使生产率提高慢的部门转移到生产率提高快的部门,从渐趋衰落的部门转移到正在迅速发展的部门,从非开放部门转移到开放部门。但是,生产率提高慢的部门、渐趋衰落的部门以及非开放部门在工资和价格问题上要求"公平",要求向生产率快的部门、正在迅速发展的部门以及开放部门"看齐",要求"赶上去",结果导致一般物价水平的上涨。

4. 通货膨胀对经济的影响

通货膨胀对经济的影响主要反映在收入分配、资源配置和国民产出等方面。

(1) 实际收入和实际财富的再分配。

发生通货膨胀时,名义工资增长率都会慢于通货膨胀率,此时,所获得的货币收入会因货币贬值而下降。在通货膨胀过程中,如果货币收入能够随物价上涨而增加,并且增加的幅度不小于通货膨胀导致的物价上涨幅度,其实际收入不仅不会受到影响,甚至还会上升。因此,货币收入不能随物价上涨而增加的社会阶层和集团,其实际货币收入会因通货膨胀而下降。所以,通货膨胀不利于普通大众,特别是工薪阶层、退休者、贫困者、接受救济者及债权人,而有利于政府、高收入阶层、厂商以及债务人。

(2) 重新配置资源。

许多经济学家认为,通货膨胀扭曲了资源配置格局,导致资源配置低效率。在通货膨胀过程中,价格上升超过成本上升的行业或部门会得到扩张;而价格上升慢于成本上升的行业或部门将会逐渐地萎缩。当价格的上涨是对经济结构和生产率提高以及供求状况的真实反映时,价格的变动和资源配置将趋于合理;反之,当通货膨胀使价格信号扭曲,无法真实反映社会供求状况,从而使价格失去调节经济的作用时,通货膨胀会破坏正常的经济秩序,价格也将失去其核算功能,降低经济运行效率。

(3) 通货膨胀引起国民收入和就业水平的变化。

需求拉动引起的通货膨胀在一定条件下对经济中的产出和就业有激励效果。在通货膨胀过程中,货币工资收入滞后于价格上涨,实际利润收入上升。在更高利润的刺激下,生产者扩大生产并雇用更多的人,导致国民收入上升。而供给下降引起的通货膨胀则只会引起国民收入和就业的下降。

大致来讲,温和的通货膨胀对经济的影响较小,不会给社会带来危害;而急剧的和恶性的通货膨胀对经济的影响较大,给社会造成的危害也大,即弊大于利。

三、失业与通货膨胀的关系

1. 凯恩斯的观点:失业与通货膨胀不会并存

按照凯恩斯主义的理论,失业与通货膨胀是不会并存的。因为在充分就业前,即在资源闲置的情况下,总需求的增加只会使国民收入增加,而不会引起价格水平上升。这也就是说,在未实现充分就业的情况下,不会发生通货膨胀。在充分就业得以实现,即在资源得到充分利用之后,总需求的增加无法使国民收入增加,而只会引起价格上升。这也就是说,在发生通货膨胀时,一定已经实现了充分就业。这种通货膨胀是由于总需求过度而引起的,即需求拉动的通货膨胀。凯恩斯对失业与通货膨胀关系的这种论述,适用于20世纪30年代大萧条时的情况,但并不符合战后各国的实际情况。这样,经济学家就试图对这一关系做出新的解释。

2. 菲利浦斯曲线:失业与通货膨胀之间的交替关系

菲利浦斯曲线是用来表示失业与通货膨胀之间的交替关系的曲线,由新西兰经济学家W.菲利浦斯提出。1958年,菲利浦斯根据英国1861—1957年失业和货币工资变动率的经验统计资料,提出了一条用以表示失业率和货币工资率之间交替关系的曲线。这条曲线表明:当失业率较低时,货币工资增长率较高;反之,当失业率较高时,货币工资增长率较低,甚至为负数。根据成本推动的通货膨胀理论,货币工资增长率可以表示通货膨胀率。因此,这条曲线就可以表示失业率与通货膨胀率之间的交替关系,即失业率高,则通货膨胀率低;失业率低,则通货膨胀率高。这就是说,失业率高表明经济处于萧条阶段,这时工资与物价水平都较低,从而通货膨胀率也就低;反之,失业率低表明经济处于繁荣阶段,这时工资与物价都较高,从而通货膨胀率也就高。失业率与通货膨胀率之间存在反方向变动关系,是因为通货膨胀使实际工资下降,从而刺激生产,增加劳动的需求,减少失业。

在图11-4中,横轴OU代表失业率,纵轴OG代表通货膨胀率,向右下方倾斜的曲线PC即为菲利浦斯曲线。这条曲线表明,当失业率高时,通货膨胀率低;当失业率低时,通货膨胀率高。

菲利浦斯曲线所反映的失业与通货膨胀之间的交替关系,基本符合20世纪50—60年代西方国家的实际情况。进入20世纪70年代之后,由于"滞胀"现象的出现,高失业率与高通货膨胀率并存,菲利浦斯曲线存在与否,成为当时经济学界争论的焦点,其中有两个经济学派对菲利浦斯曲线进行了修正。

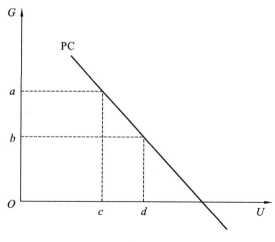

图11-4 菲利浦斯曲线

3. 短期菲利浦斯曲线与长期菲利浦斯曲线：货币主义与理性预期学派的观点

货币主义者在解释菲利浦斯曲线时引入预期的因素。他们所用的预期概念是适应性预期，即人们根据过去的经验来形成并调整对未来的预期。他们根据适应性预期，把菲利浦斯曲线分为短期菲利浦斯曲线与长期菲利浦斯曲线。在短期中，工人来不及调整通货膨胀预期，预期的通货膨胀率可能低于以后实际发生的通货膨胀率。这样，工人所得到的实际工资可以小于先前预期的实际工资，从而使厂商实际利润增加，刺激了投资，增加就业，进而失业率下降。在此前提下，失业率与通货膨胀率之间存在交替关系。短期菲利浦斯曲线正是表明在预期的通货膨胀率低于实际发生的通货膨胀率的短期中，失业率与通货膨胀率之间存在交替关系的曲线。所以，向右下方倾斜的菲利浦斯曲线在短期内是可以成立的。这也说明，在短期中引起通货膨胀率上升的扩张性财政政策与货币政策是可以起到减少失业的作用的。这就是宏观经济政策的短期有效性。

但是，在长期中，工人将根据实际发生的情况不断调整自己的预期。工人预期的通货膨胀率与实际发生的通货膨胀率迟早会一致。这时工人会要求增加名义工资，使实际工资不变，从而通货膨胀就不会起到减少失业的作用。这时菲利浦斯曲线是一条垂线，表明失业率与通货膨胀率之间不存在交替关系。而且，在长期中，经济能实现充分就业，失业率是自然失业率。因此，垂直的菲利浦斯曲线表明，无论通货膨胀率如何变动，失业率总是固定在自然失业率的水平上，以引起通货膨胀为代价的扩张性财政政策与货币政策并不能减少失业。这就是宏观经济政策的长期无效性。

理性预期学派所采用的预期概念不是适应性预期，而是理性预期。理性预期是合乎理性的预期，其特征是预期值与以后发生的实际值是一致的。在这种预期的假设下，短期中也不可能有预期的通货膨胀率低于以后实际发生的通货膨胀率的情况，即无论在短期或长期中，预期的通货膨胀率与实际发生的通货膨胀率总是一致的，从而也就无法以通货膨胀为代价来降低失业率。所以，无论在短期或长期中，菲利浦斯曲线都是一条从自然失业率出发的垂线，即失业率与通货膨胀率之间不存在交替关系。由此得出的推论就是：无论在短期或长期中，宏观经济政策都是无效的。

第三节 经济增长

经济增长是指一国一定时期内总产出的增加。经济增长通常用一国 GDP 的年增长率来衡量。与此密切相关的一个概念是人均实际 GDP 增长率,它表明一国生活水平提高的速度。

无论富裕发达还是贫穷落后,尽管各国的具体发展途径可能有所不同,但是决定其经济增长的机理是相似的。任何一个国家的经济增长都必须建立在以下四个方面:人力资源(L)、自然资源(R)、资本(K)、技术(A)。我们称之为经济增长的四个轮子。如果将产出与这几个因素用函数关系来表达,则总生产函数表达式为

$$Q = Af(K, L, R)$$

式中 A 表示技术,f 表示各投入要素与产出的关系。单位投入的产出称为生产率,它受技术水平的影响。在其他条件不变情况下,技术进步可以使同等数量的要素投入获得更大的产出。

一、人力资源

人力资源包括劳动力的数量和素质两个方面,它在经济增长中扮演着重要的角色。人力资源的素质,包括技能、知识和风纪等,在很大程度上决定了一个国家的经济增长。其道理是显而易见的:一个国家可以向国外采购先进的技术和设备,这些先进的资本品只有掌握在具有一定素质的劳动力手中才会充分发挥作用。因此,旨在提高劳动力素质的人力资本投资可以提高社会生产率,教育和培训部门在这方面起着重要作用。

劳动力素质的技能、知识和风纪三个方面是同等重要的,任何一方面都不能偏废。设想在一个社会中,即使每个劳动力个体都受到较高程度的教育和培训,掌握一定的技能和知识,但是如果他们不具备一定的风纪,其技能和知识将难以转换成产出增长。所以,劳动力的"德、智、体"综合标准是具有现实意义的。

二、自然资源

自然资源既包括土地和水域所蕴藏的各种资源,例如耕地、森林、水和矿产资源等,还包括自然气候和环境质量。北美和澳大利亚因为其广袤肥沃的土地而成为谷物生产出口大国;伊拉克等 OPEC 国家则依靠石油产出作为其收入的主要来源。但是,自然资源拥有量本身并不能决定经济发展。有些国家如日本,在自然资源贫乏的情况下,依靠发展资本和劳动密集型产业而获得经济繁荣。

三、资本

资本包括私人部门资本和社会基础资本两个部分。私人部门资本包括工厂、机器设备等企

业生产或运营设施;社会基础资本为整个社会所共同使用,它是经济和贸易的基础性设施,例如公路、水利、公共卫生保健事业等。由于这些资本品的整体性和不可分割性,而且它们具有很强的外部性,使得市场机制一般不能有效提供,因此政府经常成为这些设施的提供者。

四、技术

技术变革表现为工艺流程、产品和材料等方面的改进。蒸汽机的发明引发了一场工业革命,此外如发电机、内燃机、电话机、传真机、电视机、程控交换机、计算机等,每一次发明和创造无不对经济产生革命性的冲击。除了这些具有划时代意义的重大技术变革,那些渐进式的技术进步也在悄无声息地改变着社会生产方式,提高产品质量和数量。

并不是所有社会都能使技术变革最终转换为生产力,它不仅需要企业家才能,即将技术发明和创造转换为商业运用的能力,还需要企业家精神,它的形成受社会整体文化和政治气候的影响。在同等条件下,一个具有开放和自由精神的社会将更有利于创新精神的培养。

第四节 经济增长模型

对于经济增长过程的解释,经济学说史上有过不同的理论。其中有代表性的理论有:斯密和马尔萨斯的古典模型;索罗的新古典模型;罗默的新经济增长理论。

一、古典经济增长模型

古典经济增长模型形成于18世纪。透过斯密的《国富论》,人们可以想象这么一个时代:土地资源相对于人口数量显得广袤无垠,人们可以自由开发使用。由于没有资本,决定产出的唯一因素是人口数量,当人口增长一倍时,产出也可以翻一番。而且,由于没有租金和资本利息,工资构成了全部国民收入。由于产出和人口扩张是同步的,所以实际平均工资长期保持稳定。该时代称为斯密的"黄金时代"。

这样的时代迟早会因为人口的增加而难以为继。随着人口的持续增加,土地开始变得相对稀缺,当所有可耕土地均被开发后,人口增加所带来的产出增长速度将放缓。由于人均耕地面积下降,所以劳动的边际产出开始递减,总产出增长速度慢于人口增长速度,实际工资率也相应地下降。这种趋势持续发展下去会如何呢?马尔萨斯的预测是:随着工资率的降低,在它接近最低生产线以前,人口仍将继续增长;当工资率降低到最低生存线以下时,人口会因为缺衣、短食和少药而使死亡率上升,总人口减少,工资率开始回升;但是,只要工资率高于最低生存线,又会重复以上的过程,只有在最低生存工资率水平上,人口数量才趋于稳定。马尔萨斯将以上情景称为劳工阶级注定的命运。相对于斯密的"黄金时代",马氏理论显得悲观而令人沮丧。

与马尔萨斯的土地制约经济增长理论相似,20世纪下叶,有些人开始担忧自然资源和环境问题将成为制约经济增长的另外两个因素。自19世纪以来,土地和矿产资源的质量和数量开始令人担忧,石油储藏量急剧下降,可耕土地面积减少,空气和水域污染日益严重,在这种情况下,人们必须在产出与环境和资源耗损之间进行选择,高产出必定要以低环境质量和高资源耗损为代价。

二、新古典经济增长模型

以诺贝尔经济学奖获得者索罗为代表开创的新古典经济增长模型,将人们从古典增长模型的悲观情绪中解放出来。新古典经济增长模型假定经济使用劳动和资本两种投入要素,生产一种同质产品,劳动是不受经济影响的外生变量,经济是完全竞争和充分就业的。生产函数因此可以表示为:$Q=f(K,L)$。我们将资本与劳动的比率(K/L)随着时间而增长的过程定义为资本深化,它表示人均资本拥有量随着时间而增长。

随着资本深化,若技术因素不变,资本的收益率将会递减。相对于资本的增加,劳动变得相对稀缺,使人均产出增加,从而使工资率递增。这种趋势将一直持续到资本深化因资本收益率过低而停止时,实际工资增长才会停滞。新古典增长模型表明,如果经济增长单纯依靠资本在当前技术水平下的简单数量积累,人们生活水平的提高终究会停滞。

如果将技术进步因素考虑在内,情况又会怎样呢?在整个20世纪的西方世界里,实际工资的增长并没有停滞,其中原因只能从技术变革中寻找。按照其对效率的改进方式,技术变革可以分为劳动节约型、资本节约型、中性技术型等三类。例如,播种机和收割机的发明使传统畜力耕作方式被机器取代,从而降低了劳动需求和增加了资本需求,其为劳动节约型技术进步,它使利润以高于工资的速度增长。再如,流水作业和工作轮班制的结合使劳动需求相对于资本需求增加了,其为资本节约型技术进步,它使工资相对于利润增加了。中性技术进步则介于劳动节约型和资本节约型之间。中国改革开放以来的多数技术进步表现为劳动节约型。

三、新增长理论

新增长理论着重研究技术变革的源泉,试图提示市场机制、公共选择和其他制度如何导致不同的技术变革模式,其中一个重要的观点是将技术变革视为经济体系自身的一个产出,而不是外生变量。该理论的代表人物是美国经济学家保罗·罗默。

"技术"也是市场失灵的重灾区,尤其在基础研究领域。技术具有不同程度的非排他性和非抗争性,一项发明可能耗费巨额研究费与开发投入,但其成果却可能不费成本地被复制。由于技术具有公共产品属性,使研究与开发的投入者难以获得合理回报,从而使研究与开发的社会总投入可能小于有效率的水平。而且,与企业的应用性研发不同,基础性研究的产出通常只是对人类知识库的贡献,其成果可以很快通过知识传播媒介被别人近似免费地获得,因而在这方面其市场失灵情况最为严重。政府在鼓励科学研究活动方面责无旁贷,例如加强对知识产权的保护,为基础性研究提供资助,推动企业与大学科研合作,对民间科研活动给予税收减免等方面政策的支持等。

本 章 小 结

经济周期是经济活动沿着经济发展的总体趋势所经历的有规律的扩张(或恢复)和收缩(或

衰退),其可细分为四个阶段:繁荣、衰退、萧条、复苏。熊彼特的创新理论把经济周期分为长周期、中周期、短周期。

失业与通货膨胀是当今世界各国普遍存在的主要问题之一。失业按其原因分为摩擦性失业、结构性失业和周期性失业。通货膨胀是指经济中的价格水平持续而普遍地上涨的现象,通常用价格指数测量通货膨胀的指标。通货膨胀对经济的影响主要反映在收入分配、资源配置和国民产出等方面。

思考与练习

一、重点概念
经济周期 充分就业 失业率 通货膨胀 价格指数 经济增长

二、单项选择题
1. 失业率是指( )。
   A. 失业人数占劳动力人数的百分比
   B. 失业人数占整个国家人口的百分比
   C. 失业人数占就业人数的百分比
   D. 失业人数占就业人数和失业人数之和的百分比

2. 下列情况中,属于通货膨胀的是( )。
   A. 物价总水平的上升持续了一个星期之后又下降了
   B. 物价总水平上升而且持续了一年
   C. 一种物品或几种物品的价格水平上升而且持续了一年
   D. 物价总水平下降而且持续了一年

3. 需求拉动的通货膨胀是( )。
   A. 通常用于描述某种供给因素而引起的价格波动
   B. 通常用于描述某种总需求的增长而引起的价格波动
   C. 货币发行量超过流通中商品的价值量
   D. 以上均不是

4. 在下列引起通货膨胀的原因中,( )最可能是成本推进的通货膨胀。
   A. 银行存款增加   B. 预算赤字
   C. 世界性商品价格的上涨   D. 投资增加

5. 由于经济萧条而形成的失业属于( )。
   A. 摩擦性失业   B. 结构性失业
   C. 周期性失业   D. 永久性失业

6. 如果某人刚刚进入劳动力队伍尚未找到工作,这种失业属于( )。
   A. 摩擦性失业   B. 结构性失业
   C. 周期性失业   D. 永久性失业

7. 菲利普斯曲线说明( )。
   A. 通货膨胀导致失业

B. 通货膨胀是由行业工会引起的
C. 通货膨胀率与失业率之间呈负相关
D. 通货膨胀率与失业率之间呈正相关

8. 经济周期的四个阶段依次是（　　）。
   A. 繁荣　衰退　萧条　复苏
   B. 萧条　繁荣　衰退　复苏
   C. 衰退　繁荣　萧条　复苏
   D. 以上各项均对

9. 朱格拉周期是一种（　　）。
   A. 短周期　　　　　　　　　B. 中周期
   C. 长周期　　　　　　　　　D. 不能确定

10. 经济周期的中心（　　）。
    A. 利率波动　　　　　　　　B. 通胀率波动
    C. 国民收入波动　　　　　　D. 就业率波动

11. 经济增长的标志是（　　）。
    A. 城市化步伐的加快　　　　B. 社会福利水平的提高
    C. 工资水平的提高　　　　　D. 社会生产能力的不断提高

三、问答题

1. 什么是经济周期？经济周期各阶段有什么特点？
2. 讨论失业的不同类型。
3. 下列两种说法是属于需求拉上型通货膨胀还是成本推动型通货膨胀。
   （1）工资、水电费以及汽油费都上升了，我只得提高你的房租；
   （2）这些汽车可以提价出售，别愁卖不了，店门口争购的人多着哩。
4. 简述导致通货膨胀发生的原因。
5. 简述经济增长的模型。

第十二章 宏观经济政策

【学习目标与要求】

掌握宏观经济政策的目标;掌握财政政策和货币政策的概念、主体、目标和类型;了解财政政策、货币政策的传导机制和效应;明确财政政策和货币政策相互配合的必要性和组合。

宏观经济学的任务是要说明国家为什么必须干预经济,以及应该如何干预,即要为国家干预经济提供理论依据与政策指导。因此,经济政策问题在宏观经济学中占有十分重要的地位。

第一节　宏观经济政策目标与工具

【案例导入】

1998年7月,国务院决定增发1 000亿元的国债用于基础设施建设,由此启动了以扩大内需为目标的积极财政政策。此后,积极财政政策的力度加大,1999年政府继续发行1 100亿元长期建设国债用于基础设施投资和国有企业的技术改造,2000年、2001年、2002年国债发行数字增加到1 500亿元。正是这6 600亿元的长期国债为我们带来了西气东输、西电东送、南水北调、青藏铁路这些令世人瞩目的巨大工程,也为我们带来了"退耕还草""退耕还林"的豪情和壮举。政府在扩大投资的同时,也在努力提高居民的收入水平以刺激消费:增加国家公务员工资;确保国有企业下岗职工基本生活费的按时足额发放;确保企业离退休人员基本养老金按时足额发放;向城市家庭收入低于一定标准的居民提供最基本的生活保障;减轻农民负担,加大农村扶贫力度,等等。积极的财政政策在通货紧缩时期的我国真可谓被用到了极致。

一、宏观经济政策目标

宏观经济政策可以表述为,政府为了增进整体经济福利,改善整体经济运行状况,以达到一定的政策目标而对宏观经济领域进行有意识的干预。在宏观经济中,宏观经济政策的目标有四种,即:充分就业、价格稳定、经济持续均衡增长和国际收支平衡。宏观经济政策就是为了达到这些目标而制定的手段和措施。

充分就业是宏观经济政策的第一目标。它在广泛意义上是指一切生产要素(包含劳动)都有机会以合适的报酬参加生产的状态,但通常它是指劳动这一要素的充分就业。由于测定其他

第十二章
宏观经济政策

要素的利用状态非常困难,因此,西方经济学家通常以劳动要素的利用状态作为衡量充分就业与否的尺度。失业率是指失业者人数对劳动力人数的比率。失业会给失业者本人和家庭及社会带来损失。它不仅给失业者本人及其家庭在物质生活和精神生活上带来莫大痛苦,也使社会损失了本来应当可以得到的产出量。因此,降低失业率,实现充分就业,就常常成为西方宏观经济政策首要的或重要的目标。

价格稳定是宏观经济政策的第二个目标。价格稳定是指价格总水平的稳定,它是一个宏观经济概念。由于各种商品价格变化繁杂、统计困难,西方学者一般用价格指数来表示价格水平的变化。

宏观经济政策的第三个目标是经济持续均衡增长。经济增长是指在一个特定时期内社会所生产的人均产量和人均收入的持续增长,通常用一定时期内实际国内生产总值年均增长率来衡量。经济增长和失业常常是相互关联的。如何维持较高的增长率以实现充分就业,是西方国家宏观经济政策追求的目标之一。

随着国际经济交往的密切,如何平衡国际收支也成为一国宏观经济政策的重要目标之一,因为国际收支平衡对现代开放型经济的国家是至关重要的。

西方学者认为,要实现既定的经济政策目标,首先,政府运用的各种政策手段,必须相互配合、协调一致。如果财政当局和货币当局的政策手段与目标发生冲突,那么就达不到理想的经济效果,甚至可能偏离政策目标。其次,政府在制定目标时,不能追求单一目标,而应综合考虑,否则会带来经济上和政治上的副作用。因为经济政策目标相互之间不但存在互补性,也存在一定的冲突,如充分就业与价格稳定之间就存在两难选择。

二、宏观经济政策工具

宏观经济政策工具是用来达到政策目标的手段。一般来说,政策工具是多种多样的,不同的政策工具都有自己的作用,但也往往可以达到相同的政策目标。政策工具的选择与运用是一门艺术,在宏观经济政策工具中,常用的有需求管理、供给管理和对外经济管理政策。

1. 需求管理

需求管理是通过调节总需求来达到一定政策目标的宏观经济政策工具,这也是凯恩斯主义所重视的政策工具。它是要通过对总需求的调节,实现总需求等于总供给,达到既无失业又无通货膨胀的目标。在总需求小于总供给时,经济中会存在由于总需求不足而产生的失业,这时就需要运用扩张性的政策工具来刺激总需求。在总需求大于总供给时,经济中会存在由于需求过度而引起的通货膨胀,这时就需要运用紧缩性的政策工具来抑制总需求。需求管理包括财政政策与货币政策。

2. 供给管理

供给管理是要通过对总供给的调节,来达到一定政策目标的宏观经济政策工具。供给即生产。在短期内影响供给的主要因素是生产成本,特别是生产成本中的工资成本。在长期内影响供给的主要因素是生产能力,即经济潜力的增长。因此,供给管理包括控制工资与物价的收入政策,改善劳动力市场状况的人力政策,以及促进经济增长的增长政策等。

3. 对外经济管理政策

对外经济管理政策是对国际关系的调节。现实中每一个国家的经济都是开放的,各国之间存在着日益密切的往来与相互影响。一国的宏观经济政策目标中有国际经济关系的内容(即国际收支平衡),其他目标的实现不仅依赖于国内经济政策,而且也依赖于国际经济政策。因此,在客观经济政策中工具中也应包括对外经济管理政策。

第二节 财 政 政 策

一、财政政策的含义

所谓财政政策,通常指政府根据宏观经济规律的要求,为达到一定目标而制定的指导财政工作的基本措施、方针和准则。财政政策属于上层建筑,它是根据人们对财政经济规律的认识,在一定的理论指导下制定的。

财政政策是经济政策的重要组成部分。经济政策涉及的范围十分广泛。国外从事经济政策研究的学者们起初将经济政策按行业划分为工业政策、农业政策、贸易政策等,财政政策和货币政策未被作为经济政策的重要组成内容。随着经济的发展变化和经济理论研究的深化,特别是在1929—1933年资本主义经济危机发生以后,具有现代意义的财政政策和货币政策才为人们所认识,并成为经济政策体系中的重要组成部分。

二、财政政策的构成要素

财政政策一般由三个要素构成:一是财政政策目标;二是财政政策主体;三是财政政策工具。

财政政策目标是指通过财政政策实现所要达到的目的或要产生的效果。它构成财政政策的核心内容,具体如经济增长、物价稳定、充分就业、公平分配等。财政政策目标是随着经济发展和社会政治状况的改变而不断进行选择和确定的。广大发展中国家为了加快发展步伐,纷纷实行政府主导型发展战略,经济增长成为财政政策的首要目标。从各国财政政策目标演进的过程看,目标的选择受社会、政治、经济、文化等要素的影响和制约。在现代社会里,财政政策目标是多元的,而不是单一的,在不同的国家、不同的时期、不同的发展阶段里,财政政策的目标选择也不尽相同。

财政政策主体是指财政政策的制定者和执行者。财政政策主体行为的规范、正确与否,对财政政策的制定和执行具有决定性作用,并直接影响财政政策效应的好坏、大小。

财政政策工具是指财政政策主体所选择的用以达到政策目标的手段和方法。财政政策工具主要包括税收、购买性支出、转移性支出、国债和预算等。

(1)税收。税收既是政府组织收入的基本手段,又是调节经济的重要杠杆。税收作为一种财政收入形式,将民间的一部分资源转移到政府部门,由政府进行重新配置,以弥补市场机制的缺陷。

税收作为一种调节手段,一方面可以有力地调节社会总需求和总供给;另一方面通过所得税和财产税,调节个人收入和财富,实现公平分配。

第十二章
宏观经济政策

税收调节总供求的关系,主要通过自动稳定政策和相机抉择政策发挥作用。在经济繁荣时,国民收入增加,以国民收入为源泉的税收收入也会随之自动增加,相应减少个人可支配的收入,在一定程度上减轻需求过旺的压力。此时,如总需求仍然大于总供给,政府则采取相机抉择的税收政策,或扩大税基,或提高税率,或减少税收优惠等。相反,在经济萧条时,税收收入会自动减少,相应地增加个人可支配的收入,在一定程度上缓解有效需求不足的矛盾,有利于经济恢复。此时,如果经济仍然不景气,政策可进一步采取缩小税基、降低税率或增加税收优惠等措施。

税收调节收入分配,主要通过累进所得税和财产税制实现。经济学家认为,收入再分配最直接的办法是推行高额累进税和高比例财产税,即对那些高收入者和拥有较多财产的家庭征收更多的税。这样,一方面减少了高收入者和富有者的收入与财富,另一方面还可以为低收入者或其家庭提供补助。

(2)购买性支出。购买性支出是政府利用国家资金购买商品和劳务的支出,这种支出对国民收入的形式和增加具有重要影响。增加购买性支出将直接增加个人收入,而个人收入增加的一部分将用于消费,使消费总量增加,消费的增加又引起国民收入的增加;反之亦然。也就是说,政府购买性支出的增减,将引起国民收入倍数的增减,这个倍数就是支出乘数。乘数大小由边际消费倾向决定,边际消费倾向越大,乘数就越大;边际消费倾向越小,乘数就越小。购买性支出是进行需求管理的有效办法。当社会总需求明显超过总供给,通货膨胀压力加大时,政府削减购买性支出,可直接减少需求;当社会总供给大大高于总需求,资源不能充分利用时,政府扩大购买性支出,进行大规模采购,可直接增加需求。

政府的购买性支出,从最终用途上看,可分为政府消费和政府投资两大部分。政府消费是为了保证政府履行管理职能花费的开支,如用于国防、外交、治安、行政管理以及文化、科学、教育、卫生等社会事业的财政支出。政府投资是由政府利用来源于税收或国债的资金,对市场机制难以有效进行资源配置的基础设施建设和事关国计民生的一些投资项目进行的投资。

(3)转移性支出。转移性支出又称转移支付,这种做法是政府不直接到市场上进行购买,而是把财政资金转移到社会保障和财政补贴等方面,由接受转移资金的企业和个人去市场上购买商品和劳务。社会保障支付是将高收入阶层的一部分收入转移给低收入阶层。在发达资本主义国家的预算中,社会保障预算是一个非常重要的组成部分,发挥着社会"安全阀"和"减震器"的作用。在经济萧条时,失业人口增加,政府相应增加社会保障支出,从而增加他们的收入,增加社会购买力,恢复供求平衡;在经济繁荣时,失业减少,政府相应减少社会保障支出,以免需求过旺。这种转移支付成为实现收入公平分配、反经济周期的主要政策工具。

财政补贴也是一种转移支付。它分为两大类,一类是生产性补贴,另一类是消费性补贴,这两类补贴的政策效应各不相同。消费性补贴主要是对人民日常生活用品的价格补贴,直接增加消费者可支配的收入,鼓励消费者增加消费需求。生产性补贴主要是对生产者的特定生产投资活动的补贴,如生产资料价格补贴、投资补贴、利息补贴等,其等同于为生产者减税,直接增加生产者的收入,从而提高生产者的投资和供给能力。

(4)国债。国债作为国家利用信用方式筹集财政收入的一种形式,对经济的影响主要体现为两种效应:流动性效应和利息率效应。所谓国债的流动性效应,是指通过调整国债期限结构和发行对象来改变国债的流动性程度,进而影响整个社会资金流动总量。一般来说,长期国债流动性低,短期国债流动性高。国债由金融机构认购,会通过扩大信贷规模而增加货币供应量;

国债由非金融机构认购,只会引起资金使用权的转移,不会引起货币供应量的增加。因此,在经济萧条时,政府发行短期国债或针对金融机构发行国债,可扩大资金流通量,刺激投资和消费需求;在经济繁荣时,政府发行长期国债或针对社会公众发行国债,可减少资金流通量,减轻通货膨胀的压力。

所谓国债的利息率效应,是指通过调整国债的利率水平和供求状况来影响金融市场利率变化,从而对经济产生扩张或抑制作用。国债的利率水平是资金市场的基准利率。在经济繁荣时,政府或直接调高国债利率,或抛售国债,使国债价格下跌,从而使利率水平上升,产生紧缩性效应;在经济萧条时,政府或直接调低国债利率,或大量买进国债,使国债价格上升,从而使利率水平降低,产生扩张性效应。

(5)预算。预算是国家财政收入与支出的年度计划,它包括中央预算和地方预算。预算作为一种政策工具,主要指中央预算。预算工具是通过年度财政收支计划的制定和调整来实现调节功能,预算的调节功能主要体现在财政收支差额上。从总规模上讲,既定的财政收支规模可以决定民间部门可支配的收入规模,可以决定政府的生产性投资规模和消费总额,可以影响经济运行中的货币流通量,从而对整个社会的总需求和总供给产生重大影响。从差额上看,预算有三种形态,即赤字预算、盈余预算和平衡预算,它们各具不同的调节功能。赤字预算是一种扩张性财政政策,盈余预算是一种紧缩性财政政策,平衡预算通常是一种中性财政政策。在有效需求不足时,赤字预算可以对总需求的增长起到巨大的刺激作用;在总需求膨胀时,盈余预算可以对总需求的膨胀起到抑制作用;在总需求与总供给相适应时,平衡预算可以维持这种状态。预算政策对实现充分就业、稳定物价、促进经济增长等政策目标有重要作用。

三、财政政策的分类

1. 自动稳定财政政策和相机抉择财政政策

根据调节经济周期的作用来划分,财政政策可分为自动稳定的财政政策和相机抉择的财政政策。

自动稳定的财政政策是指某些能够根据经济波动情况自动发生稳定作用的政策,它无须借助外力就可产生调控效果。这种自动稳定性主要表现在两个方面。一是税收的自动稳定性。税收体系,特别是公司所得税和累进的个人所得税,对经济活动和收入水平变化的反应相当敏锐。如果当初预算是平衡的,税率没有变动,而经济活动出现不景气,国民生产就要减少,这时税收收入就会自动下降。如果政府预算支出保持不变,则由于税收收入的减少而使预算发生赤字,这种赤字会"自动"产生一种力量,以抑制国民生产的继续下降。二是财政支出的自动稳定性。如果国民经济出现衰退,就会有一大批居民具备申请失业救济金的资格,政府必须对失业者支付救济金,以保证他们能够进行必要的生活开支,使国民经济中的总需求不致下降过多。同样,如果经济繁荣来临,失业者可能重新获得工作机会,在总需求接近充分就业水平时,政府就可以停止这种救济性支出,使总需求不致过旺。

相机抉择的财政政策是指某些财政政策本身没有自动稳定的作用,需要借助外力才能对经济产生调节作用。一般来说,这种政策是政府根据当时的经济形势,相机采取财政措施,以消除通货膨胀或通货紧缩。它是政府利用国家财力有意识干预经济运行的行为。西方学者汉森提出的汲水政策和补偿政策都是典型的相机抉择财政政策。汲水政策,从字面上看,如同水泵启动时里面缺水,不能抽出地下水,需要注入少许水,以达到抽出地下水的目的。实际上,汲水政策是指在经济萧条时靠财政安排一定的投资以使经济恢复活力的办法。补偿性财政政策,或叫周期性平衡的财政政策,是指政府以繁荣年份的财政盈余补偿萧条年份的财政赤字,财政收支平衡从以年度为目标变为从整个经济周期来考察。汉森与凯恩斯的区别在于,凯恩斯主张用财政赤字解决经济萧条或经济危机问题,但其解决不了繁荣时期的通货膨胀问题,而汉森则强调以财政赤字和财政盈余交替使用解决经济周期问题,减缓经济周期性波动。

2. 扩张性财政政策、紧缩性财政政策和中性财政政策

根据财政政策在调节国民经济总量方面的不同功能,财政政策可分为扩张性财政政策、紧缩性财政政策和中性财政政策。

扩张性财政政策是指通过财政分配活动来增加和刺激社会总需求,在总需求不足时,通过扩张性财政政策能使总需求与总供给的差额缩小以至平衡。扩张性财政政策主要通过减税、增加支出进而扩大赤字的方式实现。紧缩性财政政策是指通过财政分配活动来减少和抑制总需求,在总需求大于总供给时,通过紧缩性财政政策有助于抑制和消除通货膨胀,达到供求平衡。紧缩性财政政策主要通过增税、减少支出进而压缩赤字或增加盈余的方式实现。中性财政政策是指财政的分配活动对社会总需求的影响保持中性,财政的收支活动既不会产生扩张效应,也不会产生紧缩效应。实践中这种情况是很少存在的。有人认为实现财政收支平衡的财政政策就是一种中性财政政策,这是一种简单化、片面化的理解。因为财政的收和支的乘数是不相同的,因此各自产生的效应不能完全抵消。

第三节 货币政策

一、货币政策的特征

货币政策是中央银行为实现特定的经济目标而采取的调节和控制货币供应量的金融措施。一般来说,它具有以下三个特征。

(1) 货币政策是一种宏观经济政策。它针对的是整个国民经济运行中的经济总量与结构、物价稳定、国际收支以及与此相关的货币供给量、信贷规模、金融市场、利率和汇率等方面的问题,一般不直接涉及单个经济组织或个人的金融行为。

(2) 货币政策是一种调控社会总需求的政策。对于任何现实的社会总需求来说,它都是一种有货币支付能力的需求。货币政策通过货币供给量的改变,可以调节社会总需求,从而间接地影响社会总供给,进而促进社会总供求的平衡,实现宏观经济调控目标。

(3) 货币政策是一种间接调控的经济政策。货币政策对整个经济活动的影响是间接的,而不是直接的。即使是对总需求的调节,它也主要是采用经济手段和法律手段,通过调整经济当事人的行为来实现间接控制。但是,这不排除在特定的经济形势下采用一定的直接控制措施。

二、货币政策的内容

1. 货币政策目标

任何经济政策都具有一定的目标。货币政策目标是指导政策工具具体操作的指南,是中央银行在未来时期所要达到的最终目的。中央银行货币政策的实质是正确处理经济发展与稳定货币之间的关系,因此,货币政策目标与国民经济目标相一致。

2. 货币政策工具

货币政策工具是中央银行为了实现货币政策目标而采取的具体措施和手段。从调控对象和效应来看,完善的货币政策工具体系主要由一般性政策工具、选择性政策工具和补充性政策工具所组成。

(1) 一般性货币政策工具。一般性货币政策工具是借助于对货币供给量和信贷规模总量调控,来对国民经济施加普遍性影响的工具。它是中央银行对经济活动进行总量调节的工具,包括法定存款准备率、再贴现率和公开市场业务。

法定存款准备率是指商业银行按照中央银行的规定必须向中央银行交存的存款准备金与存款总额之间的比率。中央银行通过提高或降低法定存款准备率的办法来控制商业银行的信用创造能力,从而影响市场利率和货币供给量。如果中央银行通过预测,认为市场货币供给量偏多,利率过低,有碍于物价稳定等目标实现时,就可以提高法定存款准备率,使商业银行交存中央银行的准备金增加。这样商业银行收缩信贷规模,进而使得货币供给量减少和利率的回升,以保持物价的稳定;反之,如果中央银行认为货币供给量偏少和利率过高,影响经济增长和充分就业目标的实现时,则可以采用降低法定存款准备率的办法来促进目标的实现。由于法定存款准备率的调整,对货币供给量和利率影响的力度更大,所以各国在运用这一工具时,均持谨慎的态度。

再贴现率是中央银行对商业银行贴现或开具的合格票据办理贴现时所采用的利率。中央银行可以通过再贴现率的调整,影响商业银行存款准备金和货币供给量。如果中央银行要实现刺激经济增长和充分就业目标,就可以降低再贴现率。当再贴现率低于市场上一般利率水平时,商业银行通过再贴现获得的资金成本下降,这就必然促使其向中央银行借款或贴现。商业银行的存款准备金增加,相应的商业银行便会扩大对工商客户的贷款,从而引起货币供给量的增加和市场利率的降低,进而刺激有效需求扩大,达到经济增长和充分就业的目的;反之,如果中央银行欲使物价趋于稳定,则可以采用提高再贴现率的办法来促使其目标的实现。

公开市场业务是指中央银行在公开市场上买卖有价证券以控制货币供给量和利率的业务活动。目前,各国中央银行经营公开市场业务,主要是买卖政府债券。一般情况下,当经济停滞或衰退时,各国中央银行就在公开市场上购进有价证券,从而向社会投放一笔基础货币。无论基础货币是流入社会大众手中,还是流入商业银行,都必将使银行系统的存款准备金增加。银行通过对准备金的运用,扩大了信贷规模,增加了货币供给量,相应地也使利率趋于下降,进而刺激经济复苏和失业减少。当经济过热、物价不断上升时,中央银行则在公开市场上出售有价证券,以促使商业银行收缩信贷规模,减少货币供给量,保证社会经济在稳定的价格环境下正常运行。利用公开市场业务干预经济,是现代中央银行最常用、最灵活的一种策略手段,它已成为调节货币供给量的主要工具。

(2) 选择性货币政策工具。选择性货币政策工具则从调整信贷结构入手,通过对某些部门、某些业务活动进行调控,达到调整经济结构的目的。选择性货币政策工具大都带有浓厚的行政色彩,主要是国家授予中央银行权力,对某些特定的部门或领域实行控制的工具。这类政策工具主要有以下四种。

一是不动产信用控制。它是指中央银行就一般的商业银行对客户购买住房或商业用房贷款的限制措施。不动产信用是中长期信用,一般对国民经济运行可能产生较长远的影响,所以,各国中央银行通常都对不动产信用予以特别控制。这种控制主要是中央银行规定了不动产贷款的最高额度和最长的偿还期限。

二是证券市场信用控制。为防止证券投机,中央银行对证券市场信用实行管理。具体措施是规定保证金比率,即证券投资者在购买证券时必须支付现款的比率。这一比率的高低直接影响着证券市场的信用规模。中央银行根据证券市场情况,可以随时调整保证金比率。这个比率越高,意味着证券投资者向商业银行借款的比率越低。

三是消费信用控制。消费信用的发展程度,对商品供应和货币供给量均会产生较大的影响。它一方面会引起商品销售大量增加,刺激经济增长;另一方面它又会导致银行信贷规模扩大,货币供给量增加。因此,在需求过度及通货膨胀时期,中央银行通过提高分期付款比例、缩短分期付款期限等措施,紧缩对消费者所提供的信用规模;反之,在需求不足及经济衰退时期,中央银行可以放宽分期付款的管制,以刺激消费量的增加。

四是贷款额度控制。许多国家规定,中央银行有权对各银行规定最高贷款限额,以此控制信贷规模。这种直接干预,一般多在特殊情况下使用,如战争或金融危机等。

此外,选择性货币政策工具还有利率管制和预缴输入保证金等。

(3) 补充性货币政策工具。补充性货币政策工具只是在上述两种政策工具对国民经济进行调控时,所采取的一些辅助性调控措施。通过补充性货币政策工具对信用进行调节的措施主要有窗口指导、道义劝告和金融检查等。

窗口指导是中央银行根据市场情况、物价变动趋势、金融市场动向、货币政策要求以及前一年度同期贷款的情况等,规定金融机构按季度提出贷款增减计划。在金融紧缩期内设置贷款额增加的上限,并要求各金融机构遵照执行,这种做法并非法律规定,但金融机构如有违反,中央银行便削减直至停止向其发放再贷款。

道义劝告是中央银行采取书面或面谈的方式,向各银行发出通告,表明立场,劝谕其按照中央银行的意图从事业务活动。虽然这种做法不具备法律效力,但由于中央银行的声誉、地位和手中的权力,往往会迫使各银行按其旨意行事。这种工具对控制信贷规模和调节货币流通具有一定的作用。

金融检查是国家赋予中央银行对商业银行等金融机构进行检查的监督权力,这一权力有利于加强中央银行对金融机构的管制。金融检查的内容是多方面的,既可以审查金融机构的合法性,又可以检查金融机构业务活动的合理性。通过检查,中央银行对违犯法令或经营不善的金融机构可以采取必要的处理措施。

3. 货币政策的中介指标

它是指中央银行为了实现货币政策目标而设置的可供观测和调整的指标。在市场经济条件下,中央银行的货币政策不能直接去干预微观主体的生产和投资,以实现货币政策目标。也就是说,从货币政策工具的启用到政策目标的实现还有相当一段距离,这就需要选择一些中间性的或传导性的金融变量,即中介指标作为操作的指示器。中央银行通过观察和控制中介指标,掌握货币政策的实施进度,促进政策目标的实现。

各国中央银行一般以利率、货币供应量、基础货币和超额准备金等变量作为中介指标。

(1) 利率。作为经济的一个内在因素,利率的变动是顺循环的:当经济繁荣时,利率趋于上升;在经济危机时,利率则有下降的趋势。利率的波动能够反映货币信贷的供求状况,它与货币政策目标具有高度的相关性。中央银行根据需要,可以通过再贴现政策以及公开市场业务对市场利率进行调节和引导。因此,各国一般均以利率作为货币政策主要指标之一。

(2) 货币供给量。它的变动也是顺循环的。当经济繁荣时,银行体系扩张信贷,引起货币供给量增加;在经济危机时,银行体系紧缩信贷,导致流通中货币量减少。货币供给量的变动,可以反映国民经济运行状况,从而为中央银行发出正确的信号。中央银行利用调整存款准备率、再贴现率等,都能够迅速有效地影响该指标的增减变化,进而直接影响社会经济活动。所以,无论哪个国家都把货币供给量作为考核货币政策效果的主要指标之一。

(3) 基础货币。它由流通中的现金和商业银行存款准备金两部分构成。基础货币数量是货币供给量伸缩的基础。基础货币数额的变动,经由货币乘数作用,将会引起货币供给量的倍数增加或减少,进而影响利率、价格及整个社会经济活动。如果要控制货币供给量,只需控制住基础货币量,而基础货币是中央银行直接供给的。因此,基础货币就成为中央银行货币政策的一个重要指标。

(4) 超额准备金。商业银行存款准备金超过法定存款准备金的部分,就是超额准备金。商业银行存款准备金的运用,诱导着经济活动的扩张或收缩。它的变动反映了社会经济活动的变化。在现代银行准备金制度下,中央银行可以通过变更法定存款准备率调整超额准备金数,从而调节和控制信贷规模,影响货币供给量。

第四节 财政政策与货币政策的相互关系

【案例导入】

1998—2002 年,我国 GDP 平均增长 7.6%,走出了一条自新中国成立以来从未有过的既稳定又较快的经济增长新轨迹。中国社会科学院经济研究所所长、著名经济学家刘树成认为,我国经济增长之所以走出一条极为平稳的新航道,一个重要原因是:宏观调控着眼于保持国民经济的稳定较快增长,把宏观调控的重点从实行适度从紧的财政政策、适度从紧的货币政策和治理通货膨胀,转向实行扩大内需的方针,实行积极的财政政策和稳健的货币政策。对于积极的财政政策和稳健的货币政策,他说,在各国宏观调控的具体实践中,财政政策和货币政策可有不同的搭配。我国从 1993 年 6 月开始,果断地采取了适度从紧的财政政策、适度从紧的货币政

第十二章
宏观经济政策

策,使我国成功地实现了"软着陆"。面对 1997 年爆发的亚洲金融危机,我国又果断地转换宏观调控的方向,实施了积极的财政政策和稳健的货币政策。实践证明,这些政策无疑是有成效的。

为了实现国民经济宏观调控目标,仅靠财政政策或者仅靠货币政策都是难以奏效的。这需要各种经济政策的相互配合,特别是需要财政政策与货币政策的密切配合。

一、货币政策与财政政策的联系

1. 政策总体目标的一致性

货币政策和财政政策对经济的调控,都是通过对社会资金的分配实现的。社会资金的统一性和社会资金各部门之间的相互流动性,决定了货币政策和财政政策总体目标的一致性,其实质都是正确处理经济增长与稳定物价的关系。如果两大政策目标不统一和不协调,必然造成政策效应的相悖,从而造成宏观经济运行的失控。

2. 两种政策调控都是货币调控

在现代宏观经济管理中,货币政策属于货币调控是毋庸置疑的,即使是财政政策,本质上也是属于货币调控。因为,无论是财政收入的集中,还是财政支出的运用,都是借助于货币的流通进行的,都是货币的集中和货币的转移,都是货币流通带来的效应,只不过财政政策是以政府财政的方式来进行而已。

二、财政政策与货币政策的区别

1. 政策主体不同

货币政策的主体是中央银行,而财政政策的主体是国家,由于中央银行相对独立于政府,因而货币政策受政治的影响一般很小。但是,财政政策就不同,它受政府政治决策和社会政治环境的影响较大。政府在执行政治职能时所采取的态度,必然要直接影响它的财政活动,以至要借助于财政政策实现它的政治目的。

2. 政策调控对象不同

货币政策调控涉及的领域广泛,几乎涉及社会再生产的各个环节,它是通过对货币总量关系的调节来实现总供求平衡的,因而它是对经济活动的全面性调控。财政政策属于分配性调控,一般只涉及社会再生产的分配环节,它是通过对社会纯收入的分配来实现总供给与总需求的平衡。

3. 政策调控中的货币流向不同

货币政策和财政政策的调控都是通过货币的运动来进行的。但在货币政策调控中,货币在供求关系作用下,在各经济主体之间作横向流动,通过这种横向流动改变了货币在各个经济环节中的分布状况。在财政政策调控中,货币运动以纵向为主。政府通过税收形式将部分货币资金自下而上地集中起来,然后再通过各种形式支出,自上而下地使资金流向某些经济部门。因此,财政政策能够有效地决定货币的流动方向。

4. 政策调控机理与时效不同

货币政策对宏观经济调控,主要是依靠货币供给机制来进行。货币供给是借贷资金运动,具有一定的偿还性和交易性。因而,货币政策是以非指令性的间接调控方式,通过一系列的市场活动对宏观经济发生影响作用,其调控的时效长,调节效果显示较慢。财政政策主要是运用财政收入和分配机制对国民经济进行调控。由于政府财政收支直接依靠政权的力量进行,具有一定的强制性和无偿性,从而决定了财政政策是利用行政和法律的手段,直接从利益分配环节入手对经济实施调控。因此,其调控的时效短,对经济的影响直接而迅速。

三、财政政策和货币政策的分工

宏观调控是货币政策和财政政策的综合运用。为了充分发挥两种政策组合调控的效果,应根据它们之间的关系,对宏观调控的一些重要方面进行适当的分工与配合。

1. 货币政策调控总量,财政政策调控结构

宏观经济正常稳定地运行,须以总供求的平衡为条件。总供求的平衡包括总量平衡和结构平衡两个方面,货币政策应以总量调控为主,财政政策则应以结构调控为主。因为货币政策直接决定着货币供给总量,货币供给总量又决定着社会对商品的总需求,而社会商品的供给总量则基本上决定了对货币的需求,说到底,总供求的平衡实际上是货币的均衡。只要能够有效控制货币的供给总量,实现货币的均衡,也就基本上实现了总供求的平衡。对于财政政策,无论是它的收入机制,还是它的分配机制,在调控货币流向上都有很大的自由度。财政政策可以通过自身的收支活动,把一部分货币资金引导到新兴产业和薄弱产业上去,从而达到优化经济的供求结构和产业的技术结构等目的。

2. 货币政策侧重物价稳定,财政政策侧重经济增长

尽管货币政策和财政政策调控的总体目标都是物价的稳定和经济的增长,但是,由于它们在实施过程中的不同特点,决定了它们的调控重点应有所不同。运用货币政策扩大货币供给量,虽然可以刺激有效需求增加和经济增长,但在实践中往往造成物价上涨和通货膨胀的恶果。因此,货币政策应侧重于对物价稳定的调节,给经济增长创造一个良好的环境。财政政策则应更多地侧重于经济增长,这种侧重并不是以赤字财政方式来推动经济增长,而是主要依靠它对经济结构的调节作用,通过使经济结构不断优化、技术结构不断改进来推动经济的增长。

3. 货币政策着重提高经济运行效率,财政政策着重调节经济利益公平分配

虽然财政政策和货币政策调控的都是货币资金,但它们调控的资金性质却不同,因而调控的重点也就不同。货币政策主要调控的是具有偿还性的借贷资金,这就决定了货币政策调控更

为注重提高资金的使用效益,资金使用效益的提高必然使整个经济的运行更富有效率。财政政策调控的主要是无偿性资金,通过对货币资金的无偿集中和使用,调节经济利益在社会各阶层的分配。这种利益公平分配作用是货币政策调控所不具备的。因此,财政政策应更多地注意社会产品的合理分配和利益的公平。

通过货币政策和财政政策的分工配合,才能在保持通货基本稳定的同时,合理调整经济结构,促进经济增长,提高社会经济的运行效率。

四、财政政策与货币政策的组合模式

财政政策与货币政策有多种结合,这种结合的政策效应,有的是事先可预计的,有的则必须根据财政政策与货币政策何者更强有力而定,因而是不确定的。财政政策和货币政策混合使用的政策效应如表12-1所示。

表12-1 财政政策和货币政策混合使用的政策效应

	政策混合	产出	利率
1	扩张性财政政策和紧缩性货币政策	不确定	上升
2	紧缩性财政政策和紧缩性货币政策	减少	不确定
3	紧缩性财政政策和扩张性货币政策	不确定	下降
4	扩张性财政政策和扩张性货币政策	增加	不确定

政府和中央银行可以根据具体情况和不同目标,选择不同的政策组合。例如,当经济萧条但又不太严重时,可采用第一种组合,用扩张性财政政策刺激总需求,又用紧缩性货币政策控制通货膨胀;当经济发生严重通货膨胀时,可采用第二种组合,紧缩性货币政策提高利率,降低总需求水平,又用紧缩性财政政策以防止利率过分提高;当经济中出现通货膨胀又不太严重时,可用第三种组合,用紧缩性财政政策压缩总需求,又用扩张性货币政策降低利率,以免财政过度紧缩而引起衰退;当经济严重萧条时,可用第四种组合,用扩张性财政政策增加总需求,用扩张性货币政策降低利率以克服"挤出"效应。

在考虑如何混合使用两种政策时,不仅要看当时的经济形势,还要考虑政治上的需要。这是因为,虽然扩张性财政政策和货币政策都可增加总需求,但不同政策的后果可以对不同的人群产生不同的影响,也会使GDP的组成比例发生变化。例如,实行扩张性货币政策会使利率下降,投资增加,因而对投资部门尤其是住宅建设部门十分有利。可是,实行减税的扩张性财政政策,则有利于增加个人可支配收入,从而可增加消费支出。而同样是采用扩张性财政政策,如果是增加政府支出,例如兴办教育、防止污染、培训工人等,则人们受益的情况又不同。正因为不同政策措施会对GDP的组成比例(投资、消费和政府购买在GDP中的构成比例)产生不同的影响,进而影响不同人群的利益,因此,政府在做出混合使用各种政策的决策时,必须考虑各行各业、各个阶层的人群的利益如何协调的问题。

本 章 小 结

政府采取的主要宏观经济政策是财政政策和货币政策。本章主要介绍了自动稳定的财政政策和相机抉择的财政政策的分类以及政府常用的财政政策工具：税收、购买性支出、转移性支出、国债和预算；货币当局运用的一般政策工具包括改变法定存款准备率、调整中央银行对商业银行的贴现率和公开市场业务等三种；政府在做出混合使用各种政策的决策时，必须考虑各行各业、各个阶层的人群的利益如何协调的问题。

思考与练习

一、重点概念
财政政策　货币政策　自动稳定器　公开市场业务　法定存款准备金率

二、单项选择题

1. 以下各项不能增加政府财政收入的是（　　）。
   A. 税收　　　　　　　　　　　　B. 公债
   C. 罚没　　　　　　　　　　　　D. 政府转移支付

2. 通常认为，扩张性货币政策是（　　）。
   A. 降低贴现率　　　　　　　　　B. 减少财政支出
   C. 提高法定存款准备金率　　　　D. 中央银行卖出政府债券

3. 当经济中存在失业时，应该采取的财政政策是（　　）。
   A. 增加政府支出　　　　　　　　B. 减少政府支出
   C. 提高个人税收　　　　　　　　D. 减少政府转移支出

4. 属于紧缩性财政政策是（　　）。
   A. 减少政府支出和增加税收　　　B. 减少政府支出和减少税收
   C. 增加政府支出和减少税收　　　D. 增加政府支出和增加税收

5. 制定和运用货币政策调节经济总量的是（　　）。
   A. 专业银行　　　　　　　　　　B. 政策性银行
   C. 商业银行　　　　　　　　　　D. 中央银行

6. 当法定存款准备金率为20%时，某商业银行吸收了100万元的存款，则商业银行体系能创造的最大的货币数量是（　　）万元。
   A. 200　　　　B. 400　　　　C. 500　　　　D. 1000

7. 中央银行在公开市场买卖政府债券的目的是（　　）。
   A. 调节债券价格　　　　　　　　B. 调节价格总水平
   C. 调节国际收支水平　　　　　　D. 调节货币供给量

8. 公开市场业务是指（　　）。
   A. 商业银行的信贷活动
   B. 中央银行在金融市场买卖政府有价证券
   C. 商业银行直接增加或减少商业银行信贷的方法或措施
   D. 财政部所做的社会福利计划
9. 中央银行提高贴现率会导致（　　）。
   A. 货币供给量的增加和利率的下降
   B. 货币供给量的增加和利率的提高
   C. 货币供给量的减少和利率的提高
   D. 货币供给量的减少和利率的下降
10. 运用紧缩性的货币政策会导致（　　）。
    A. 货币供给量的增加和利率的下降
    B. 货币供给量的增加和利率的提高
    C. 货币供给量的减少和利率的提高
    D. 货币供给量的减少和利率的下降

四、问答题

1. 如何根据经济形势的判断运用财政政策？
2. 货币政策的主要工具有哪些？它们是如何调节货币供给量？
3. 如果经济衰退，政府打算用一种会促进长期经济增长的方法来刺激产出，那么政府更喜欢用什么政策工具来刺激经济？

第十三章 开放经济

第一节 国际贸易

【案例导入】

国际贸易并非自古而有,而是在一定的时期产生和发展的。随着经济全球化的不断深入,国际贸易变得至关重要,它极大地影响了一个国家乃至一个地区的经济与生活。假设没有国际贸易,那么世界将会变成什么样子?从进口的方面讲,如果中国不能像现在这样进口1.2亿吨的石油,由于国内石油开采和其他能源的获得有限,本国的能源消耗必然会减少。那么本国的石油和其他能源的生产商会因此而获利,然而对本国的汽车行业和需要使用能源的人来说会造成一定的损失。从进口方面来讲,假设中国的服装只能在中国销售,中国的纺织产品只能在中国销售,中国的大学只能招收中国的学生,在上述几种情况下,贸易的消失会使得一部分人获得收益,却使得更多的人蒙受损失。

一、国际贸易的基本概念

国际贸易也称为世界贸易,是指世界各国之间以货币为媒介的商品、技术和服务交换的活动。它主要包括商品贸易(有形商品贸易)和服务贸易(无形商品贸易)两个方面。国际贸易(世界贸易)是世界经济发展的重要因素,也是国际经济关系的基本形式。

1. 国际贸易额

国际贸易额也称为国际贸易值,是指以同一货币单位来表示的一定时期内各国的出口额的加总。由于当今国际贸易中的主要结算货币和国际储备货币还是以美元为主,所以国际贸易额通常用美元来表示。同时,以美元作为统一的货币单位,便于国际贸易的加总。

2. 国际贸易量

国际贸易额是以不同时期的成交价格计算而得,由于在不同时期的货物与服务价格存在较大的差异,因此在不同时期、不同年度的国际贸易额中存在价格波动这一因素对其进行影响。这便造成了不同时期、不同年度的国际贸易额的数据变动无法反映国际贸易发展的准确情况。

因此,在计算国际贸易量的时候剔除价格波动的影响因素。具体的计算方法是:先算出以固定年份为基期的国际贸易价格指数;再以报告期的国际贸易额除以国际贸易价格指数得出国际贸易量。

$$国际贸易量 = \frac{国际贸易额}{国际贸易价格指数} \times 100$$

$$国际贸易价格指数 = \frac{报告期价格}{基期价格} \times 100$$

3. 对外贸易额

对外贸易额也称为对外贸易值或进出口总额,它是指某国在某一特定时期内从国外进口的商品与劳务总额加上该国在这一时期内向国外出口的商品和劳务总额之和。它是用货币形式表示的某国在该时期内的进出口总规模,是反映某国对外贸易发展状况的重要指标。

4. 对外贸易量

对外贸易量同国际贸易量相类似,与不同时期相比的某国对外贸易额的数据变动也无法准确地反映该国对外贸易状况,所以需要计算出某国不同时期的对外贸易量进行比较。对外贸易量剔除了不同时期价格波动的影响。具体的计算方法是:先按基期价格和报告期价格计算出该国对外贸易指数,再以报告期的对外贸易额除以对外贸易价格指数得出对外贸易量。

$$对外贸易量 = \frac{对外贸易额}{对外贸易价格指数} \times 100$$

$$对外贸易价格指数 = \frac{报告期价格}{基期价格} \times 100$$

5. 进出口贸易

进口与出口是一个国家对外贸易的两个基本组成部分。进口贸易是指一个国家从其他国家输进商品、技术和服务的活动。一国一定时期内某种商品的进口额大于出口额为净进口。出口贸易又称输出贸易,是指本国生产或加工的商品输出到国外市场进行销售。一国一定时期内某种商品的出口额大于进口额为净出口。尽管一部分发达国家都可以制造本国所需的绝大多数商品,但它们仍然保持十分巨大的进口数量,这些商品和劳务是由国外提供在本国国内消费。

6. 有形贸易与无形贸易

按商品的形式,可将国际贸易分为有形贸易和无形贸易。有形贸易是指有实物形态的商品的交换活动。无形贸易是指非实物形态的一种服务和技术的交换活动。其主要包括运输、保险、金融、旅游、技术等方面的交换。有形贸易和无形贸易是相互联系的,有时甚至是难以分割的。例如,一国进口一台计算机,计算机的硬件是有形商品,而软件则是无形商品(技术贸易),并且价格中所包含的运输、保险以及通过银行支付的金融服务费用都是无形商品。

7. 对外贸易依存度

对外贸易依存度也称为对外贸易比例,是指一国经济的发展对于其进出口贸易的依赖程度,通常用一国对外贸易总额在该国国内生产总值中所占的比重来表示。随着国际分工的发

展,各国对外贸易依存度不断提高。对外贸易依存度的公式可表示为:

$$对外贸易依存度 = \frac{进口额 + 出口额}{国内生产总值} \times 100\%$$

加工贸易的快速发展对我国对外贸易依存度的提高具有重要的影响。加工贸易指企业进口原材料和零配件将其加工成制成品出口,包括"来料加工"和"进料加工"。从1981—1999年,加工贸易出口和进口的年均增长率分别高达29.5%和26.9%,使加工贸易在出口与进口总额中的比重也分别从4.8%上升到56.9%和44.4%,加工贸易已经成为我国第一大贸易方式。尽管近年来加工贸易的国内采购率和增值率有所上升,但加工贸易在一定程度上仍存在"大进大出"的特点,与国内经济运行的联系不很密切。因此,运用包含加工贸易在内的对外贸易依存指标,会在相当大程度上夸大我国经济对国际市场的依赖程度。我们需要正确看待我国的对外贸易依存度。

二、国际贸易政策措施

国际贸易政策是一国政府对其进出口贸易进行管理实行的原则和措施的总体,是一国经济政策的重要组成部分,由国际贸易总政策、进出口商品政策和国别贸易政策构成。通过国际分工和自由贸易,各国的福利水平都得到提高。国际贸易政策措施主要包括关税、非关税壁垒、倾销与反倾销和出口补贴政策等。

1. 关税

关税是指进出口商品经过一国关境时,由该国政府所设置的海关向本国相关进出口商课征的以通关货物为征收对象的一种税收。关税是一种间接税,具有强制性、无偿性和固定性。它可以增加国家的财政收入,可以保护国内的产业和市场,可以调节国内经济。许多国家对进口商品一般征收进口税,例如,当美国从国外进口玩具时,美国海关要对玩具征收进口税。同时,国家又会对大多数出口商品免税或者退税,但也有一小部分商品要征收出口税。例如,我国海关要对生丝、山羊绒等初级产品的出口征收出口税。

关税按照商品的征收对象或流向可分为进口关税、出口关税和过境税;按照征税的目的可分为财政关税和保护关税;按照差别待遇和特定的实施情况可分为进口附加税、差价税、特惠税等。这里主要按照关税的征收方法对其进行划分。

(1) 从价税。从价税是根据商品的价格征收一定比例的关税。例如,某种商品的税率为10%,那么一批总价值为90 000元的该种进口商品应缴纳的从价税就等于90 000乘以10%,即9 000元。又如,到2006年我国的汽车关税率为25%,如果一辆进口汽车的价格为40 000美元,关税额就是10 000美元。

(2) 从量税。从量税是根据商品的数量、重量、容量、面积和长度等特定计量单位为标准计征的关税。从量税的计征方法简单方便,它以每单位商品应缴纳的关税税额为税率,用该税率乘以商品总量便得到总共缴纳的关税。例如,对红酒进口征收从量税,普通税率为6.5元/升,优惠税率为3元/升;对石油的进口征收的普通税率为85元/吨,优惠税率为0。

(3) 混合税又称为复合税,即对同种商品同时征收从价税和从量税的一种关税。因此,混合税既有从量税的优点同时又有从价税的优点。例如,假设我国对进口价格高于2 000美元/台的录像机,每台征收20 000元的从量税,再加上10%的从价税。

2. 非关税壁垒

一国用于干预进出口贸易的政策和措施,分为关税和非关税两种基本的措施。非关税壁垒是相对于关税而言,是指一国或地区除关税以外的所有用于干预进出口贸易的限制性手段。这些政策措施包括进口配额、自动出口限制、进口许可制度、外汇管制、政府采购国产品的原则、复杂的外汇管制等。第二次世界大战结束后,经济全球化不断发展,迫使发达国家率先大幅度降低关税税率,关税已变得不能有效地实现其对贸易的保护作用。因此,非关税措施在各发达国家得到了更为广泛的应用,并逐渐取代关税措施成为保护各国国际贸易的主要政策工具。同时,许多发展中国家为了发展和保护本民族的经济,也大量地使用着非关税措施。例如,在制造业领域,非关税壁垒被大量用于保护本国食品、纺织品和服装、鞋类、钢铁以及运输设备的生产者,这些产业在北美和欧洲往往被看作是敏感性产业。

(1) 进口配额政策。进口配额是指一国政府对进口商品的数量或金额在某一时期内给予数量或金额上的限制,超过这一限额的商品便不准进口或需缴纳较高的关税的一种非关税措施。其目的与征税一样,是为了限制进口,保护国内的工业。与关税相比,进口配额用来限制贸易更加有效。因为即使一国对一种商品征收较高关税,这些商品的进口数量仍然很大。但如果该国考虑使用较低的进口配额,那么一旦达到该配额,这些商品的进口将被完全禁止。为此,一些国家以各种不同的方式发放具有法律效力的有限数量的进口许可证,并禁止无证进口。例如,一些发达国家主要针对服装、纺织品、鞋类和农产品采取进口配额的措施。按照我国加入世界贸易组织的承诺,我国已于2005年1月1日前全部取消进口许可证、进出口配额等非关税贸易措施。

(2) 自动出口限制。自动出口限制又称为自动出口配额,是指某种商品的出口国迫于进口国的要求和压力,规定此种商品在一定时期内对该进口国出口的限额。在这一限额内出口国自行安排出口,达到特定限额后,便停止对该进口国出口此种商品。

自动出口限制和进口配额都是进口国为了限制某种商品的进口而采取的非关税措施。它们之间的区别在于进口配额是由进口国执行的,自动出口限制是出口国在形式上自觉采取的。当进口国需要限制某种商品的进口时,会以各种理由要求出口国自觉地控制出口的数量,否则将对其采取更为严厉的报复措施。迫于这种压力,出口国将不得不采取自动出口限制。由此可见,自动出口限制其实非自愿,而是迫于无奈的一种举动。

(3) 进口许可制度。进口许可制度是一种进口审批制度,规定进口国在进口某些商品时必须事先申请领取许可证,经过审核发给许可证后才能办理进关手续,否则海关不准进入国内。进口许可证上规定了进口国别、货物名称、进口数量金额和有效期限,进口国可以通过使用进口许可证这种手段有效地达到限制进口的目的。

进口许可证的目的在于维护进口国正当的权益,但同时也阻碍了国际贸易的正常发展。因此,GATT在东京回合谈判中达成了《进口许可证程序协议》,对进口许可证的使用方式做出了明确的规定。在乌拉圭回合谈判中,该协议得到进一步的完善和补充,成了现行的WTO文件。协议规定,自动进口许可证不得用来限制贸易;进口国应该简化进口许可证使用的管理程序和习惯做法,确保公平、合理地实施。

(4) 绿色壁垒。绿色壁垒是指在国际贸易领域中,一些发达国家凭借其科技优势,以保护环境和人类健康为目的,通过立法制定繁杂的环保公约、法律、法规和标准等对国外商品进行的准入限制。它属于一种新的非关税壁垒形式,已经逐步成为国际贸易政策措施的重要组成部分。顺应"绿色"这股潮流,贸易也出现了所谓的"绿色贸易"之说。随着"绿色贸易"的发展,却使得发达国家假借环保之名,对其他国家特别是发展中国家设置"绿色壁垒",并逐步成为它们在国际贸易中使用的主要技术壁垒。一般来讲,农产品贸易受到"绿色壁垒"影响的程度超过工业制成品,劳动密集型产品贸易受到"绿色壁垒"影响的程度超过技术密集型产品,同时发展中国家对外贸易受到发达国家"绿色壁垒"影响的程度超过发达国家本身。这种情况在一定程度上影响着国际贸易商品结构和地理方向的变化,阻碍和损害发展中国家对外贸易的发展。

除了上面所说的绿色标准之外,"绿色壁垒"还体现在绿色环境标志、绿色卫生检疫制度、绿色补贴和绿色包装制度等方面。

3. 倾销与反倾销

(1)倾销。倾销是指一国出口商品以低于国内价格甚至低于生产成本的出口价格向另一国市场销售,并且给后者某项产业带来和将要带来实质性危害的行为。偶然性倾销是偶然和临时的倾销,其目的不是掠夺海外市场,而是出口商为了销售过季商品或清理库存,加快资金的周转。该倾销持续时间短,对进口国的冲击较小。掠夺性倾销是以打倒竞争对手、占领国外市场和攫取垄断利益为目的而实行的倾销。持续性倾销是指出口商在一个相当长的时期内持续地以低于正常价格的出口价格在国外市场上销售商品,其目的是为国内过剩商品或过剩生产力寻找出路,转嫁经济危机,以保护国内产业和生产者的利益。倾销者无一不是国内市场的垄断者,倾销造成的国际价格歧视,违反了公平竞争的自由贸易原则,它形成了某种形式的贸易壁垒。

(2)反倾销。反倾销是指生产者出于保护自身利益的目的,对任何倾销行为的反对做法。任何进口的增加都会给国内竞争企业带来压力和损失。为了保护国内企业,进口国政府往往采取一些反倾销措施。同时,倾销也经常被企业用来作为争夺国外市场的手段之一。为了占领外国市场,企业不惜降低价格甚至低于成本向国外出口。在这种情况下,倾销变成一种不公平、不正常的竞争而必须加以制止。为此,世界贸易组织在努力降低各国关税壁垒的同时,允许各国对倾销征收关税,即反倾销税。其旨在抵制国际贸易中的不公平行为,维护公平竞争的国际经济秩序,促进国际贸易的健康发展。但随着国际贸易竞争日益激烈,贸易保护主义愈演愈烈,反倾销原则及规定在实践中已被西方发达国家歪曲和滥用,成为各国实行贸易保护主义的重要手段。

4. 出口补贴政策

商品出口可以促进国民经济的发展,许多国家都采取了鼓励出口的国际贸易政策,并相应地制定了一些鼓励出口的措施。因此,许多国家除了利用关税和非关税壁垒限制进口外,还采取多种鼓励出口的措施,最常见的做法是对出口进行补贴。出口补贴政策又称为出口津贴,具体是指政府对该国的出口厂商或潜在的出口厂商给予资助,旨在降低本国厂商的出口成本,增强其在国际市场上的竞争能力,鼓励扩大本国产品的出口。

补贴的方法既可以是直接的现金支付,也可以是间接的资助。直接补贴的方法包括价格补贴和收入补贴。政府按照商品出口的数量或价值给予补贴是一种价格补贴。间接补贴的办法包括低息贷款、出口退税、免费或低费为本国出口产品提供服务等。

第十三章
开放经济

三、世界贸易组织和中国加入世界贸易组织

1. 世界贸易组织的成立

世界贸易组织(WTO)于1995年1月1日正式成立,同关税及贸易总协定(GATT)并存一年进行交接。1996年1月1日 GATT 正式退出历史舞台。GATT 在近半个世纪的发展历程中,为消减和消除贸易壁垒,为协调世界经济关系和交流,为促进国际生产要素的自由流动以及国际贸易规则的制定,做出了巨大贡献。但20世纪80年代以来,随着经济纠纷、贸易摩擦的不断升温,国际贸易秩序受到了严重的干扰。为此,有必要建立一套能够为各国所广泛接受的、有法律约束力的、涵盖面更广的、权利与义务更平衡的争端解决机制来对错综复杂的国际贸易加以调节与仲裁。为了适应以上需要,WTO 登上历史的舞台,该组织拥有健全的机制、具有法律效力、管理范围不断扩大、更加关注发展中国家的利益。其总部设在瑞士日内瓦,所有 GATT 的117个缔约国都是 WTO 的创始成员。

2. 世界贸易组织的宗旨

WTO 的宗旨在于通过建立一个开放、完整、健全和持久的多边贸易体制,以包括关税及贸易总协定贸易自由化的成果和乌拉圭回合多边贸易谈判的所有成果,来促进世界货物贸易和服务贸易的发展,有效合理地利用世界资源以改善生活质量、扩大就业,确保实际收益和有效需求的稳定增长。WTO 的主要目标是推动世界贸易的自由化。

3. 世界贸易组织的地位

WTO 具有法人资格,各成员须赋予 WTO 履行其职责所需要的法律资格。WTO 各成员须赋予 WTO 及其官员和各成员国代表为执行与 WTO 有关的职责所必需的特权和豁免权。其中,WTO 的法人资格体现为可以订立与其职责相关的合同、协议,可以拥有房产与不动产,可以进行诉讼等;特权和豁免权包括财产、房屋、信件等各方面的特权与豁免。

WTO 作为与国际货币基金组织、世界银行相平行的政府间三大国际经济组织之一,其国际法人资格是世界认可的,且不可动摇。它不仅拥有独立的财政预算和财产,而且还可以开展和其职能相关的各种国际活动,并享有国际公法的特权和豁免权。

4. 世界贸易组织的原则

体现 WTO 宗旨的基本原则主要有以下三点:非歧视原则、自由贸易原则和公平竞争原则。

(1) 非歧视原则。非歧视原则又称为无差别待遇原则,是世界贸易组织的基石。这一原则要求各成员国在贸易政策上要一视同仁,对国内外产品一律平等,在非歧视的基础上进行贸易活动。非歧视原则主要通过最惠国待遇条款和国民待遇条款来实现的。

① 最惠国待遇。最惠国待遇是指一国给予任何一国的贸易优惠和特权,该国也必须同时给予各缔约国同样的待遇。例如,中国在与美国的谈判中,同意将从美国进口羊肉的关税降至15%,那么,其他成员国同样也享有这15%的优惠待遇。

在服务贸易方面,一国给予任何一国服务优惠,应自动和无条件地给予其他缔约国相同的

服务优惠。例如,如果中国准许美国银行在中国境内开设人民币业务,那么其他成员国的银行也就自动获得同样待遇。

② 国民待遇。国民待遇是指一国对于从其他缔约国输入的商品,不得在国内税收、销售、运输、分配或使用相关的所有法令、条款和规定方面,使其享受的待遇低于该国国内商品所享受的待遇。这种待遇主要表现在税收、知识产权的保护、市场的开放等方面。例如,中国对本国生产的商品不征收销售税,那么对外国商品在支付了进口关税后也不能征收销售税;如果中国对本国商品进入市场前没有检验和检测,对国外商品也不能进行相关检测。

同样,在服务贸易上,国民待遇主要是指已承诺开放的部门给予外国服务或服务提供者的待遇,不应低于本国同类服务或服务提供者享受的待遇。例如,中国承诺入世五年后开放银行业务,那么五年后外国银行进入中国将享受不低于中国各银行的待遇。

(2) 自由贸易原则。较低贸易壁垒,促进贸易发展是世界贸易组织的基本精神。但基于各国的现实,只能采取逐步和局部降低贸易壁垒的办法。近年来,世界贸易组织框架下的多边贸易谈判已扩大到产品的非关税壁垒、服务和知识产权的保护等新的领域。

(3) 公平贸易原则。公平贸易原则是指为保证公平贸易对反倾销和反补贴所做的规定。世贸组织禁止任何扭曲国际商品市场价格行为,如果出口国确实存在倾销和补贴行为,并给进口国国内工业带来了实质性损害或构成重大威胁,WTO允许进口国在正常关税外加征反倾销税或反补贴税。同时,为了防止假借公平贸易原则之名来实施贸易保护主义,WTO规定反倾销税或反补贴税的税额不得超过倾销幅度或补贴数额。

第二节 国际金融

一、国际收支

1. 国际收支的内涵

国际收支是指一国在一定时期内对外经济往来的系统的货币记录。国际收支反映的是国家间在经济往来中经常发生的债权债务关系。其特征主要表现在以下三个方面。

(1) 国际收支是一个流量概念,反映的是一定时期内所发生的经济交易。这个时期可以是一年,也可以是一个月或一个季度,各国通常以一年为报告期。

(2) 国际收支反映的是居民与非居民之间的交易。居民是一个经济概念,不同于公民,后者是一个法律概念。在本国居住1年以上的个人或在本国从事经济活动的各级政府机构、企业、事业单位和外国企业等,都可视为本国的居民;反之就是非居民。例如美国通用电气公司在新加坡的子公司是新加坡的居民、美国的非居民,子公司与母公司之间的业务往来就是新加坡和美国的国际收支内容。另外,外国常驻在本国的外交使节和军事人员不能算驻在国的居民,而是非居民。国际性机构如联合国、国际货币基金组织、世界贸易组织等是任何国家的非居民。

(3) 国际收支反映的是国家间的所有经济交易,不只包括外汇收入,而且包括不涉及外汇收支的单方无偿援助、补偿贸易等。

2. 国际收支平衡表的账户划分

为了记录国际收支的情况,要把所有的数据都记在一张报表上,由此产生了国际收支平衡表。国际收支平衡表一般分为经常项目、资本项目和净误差与遗漏项。这些项目下又可再细分账户,各国的账户划分不完全一致。

经常项目反映一国与另一国之间真实资源的转移情况。经常项目分为四个部分:货物、服务、收入、经常转移。

资本项目反映的是金融资产在一国与另一国之间的交换行为,同时也包括所有的本国对外金融资产的负债的变动行为。我国称之为"资本和金融项目",其主要分为资本账户和金融账户;资本账户包括资本转移和非生产、非金融资产的收买或出售;金融账户包括直接投资、证券投资、储备资产和其他投资。

净误差与遗漏项。国际收支平衡表的账户中各项统计数据并非出自统一的机构,部分来自海关,部分来自银行或企业,因此出现了数据上的非精确性和非完整性。这样,需要有一个"误差和遗漏项"来轧平国际收支平衡表。这里值得注意的是,在美国的国际收支表中该项目被归为资本项目下,因为许多专家认为,统计误差存在于大量隐蔽资本流动之中。

3. 国际收支平衡表的编制

在一个报告期内,一国居民与非居民之间所发生的国际经济交易是大量的,多种多样的。要系统了解一国国际收支状况及其变化,需要对其进行收集和整理,编制国际收支平衡表。国际收支平衡表是一国根据国际经济交易的内容和范围设置项目和账户,按照复式簿记原理,系统地记录该国在一定时期内各种对外往来所引起的全部国际经济交易的统计报表。

每一笔交易在国际收支平衡表中的记录原则如下:如果是引起外汇流出的项目则记入借方,如果是引起外汇流入的项目则记入贷方。具体而言,本国的商品和劳务出口、对外资产的减少和对外负债的增加记入贷方。

例如,加拿大的出口商向美国出口 90 万美元的纺织品,其带来外汇的收入在加拿大的国际收支平衡表商品进出口项目上记入贷方,并表现为外国人在加拿大银行活期存款(即加拿大的短期负债)的增减上,则其应为:

借:短期负债　　　　90 万美元
贷:出口　　　　　　90 万美元

4. 影响国际收支状况的因素

一国在某一特定时点上国际收支组成可处于均衡、顺差或逆差状态。我们分别对影响经常账户和资本账户的因素进行分析。

(1) 影响经常账户的因素主要包括经济增长、汇率、通货膨胀和贸易管制等。

① 经济增长。如果一个国家的增长率高于其贸易伙伴,则该国对商品和服务的需求,将会比贸易伙伴国对商品和服务的需求上升更快。假设其他因素不变,增长率较高的国家经常账户将会恶化。

② 汇率。汇率对经常账户的影响,主要取决于汇率变动对国内商品和国外商品的价格和需求的影响。假设对进口和出口需求的弹性相当高,那么对出口的需求上升,对进口的需求下降,

这使得经常账户状况得以改善。这说明本国货币贬值可以对国际收支逆差进行纠正。

③ 通货膨胀。当一个国家通货膨胀率高于其贸易伙伴国,则会出现经常账户恶化。原因在于通货膨胀会带来本国商品在外国市场上竞争力的下降,从而降低了该经济体的竞争力。

④ 贸易管制。当实行关税和限额等一系列贸易管制的一个最主要的原因就是国家试图保护经常账户。这些管制带来的影响是减少进口从而达到改善经常账户的目的。

(2) 影响资本账户的因素主要包括关税、资本管制和汇率的预期变化等。

① 关税。征收关税可对金融账户产生负面影响,例如向资本利得和来自红利、利息支出的收入征收关税。因为此时外国投资者发现,投资潜在国家的证券不再具有吸引力。同时,一些政府为了保护国际收支平衡而征收关税,来阻止外国人在本国市场上借款。

② 资本管制。实行资本管制的目的是用来应付国际收支的持续弱势。各个国家经常实行资本管制来控制资本流动。

③ 汇率的预期变化。当投资者认为外国证券的投资收益率比相应的国内投资收益率高时,他们将选择投资外国证券。当某货币被预期升值时,以该货币标价的证券投资的预期收益率就会变得较高,这将吸引资本的流动。这意味着,一国货币被预期升值,那么该国金融账户将得到改善。

二、外汇汇率

【案例导入】

当美国人购买佛罗里达的橘子或加利福尼亚的计算机时,很自然地就会想到用美元支付。同时,种橘子的人和生产计算机的厂商也希望得到美元贷款。所以,国内贸易相对比较简单,很自然地可以用本国货币进行结算。

而现在,如果美国某公司想进口日本的卡车,那么交易就会变得复杂起来。对于日本卡车制造商来说,他们需要得到的货币是日元而不是美元。于是,为了进口日本卡车,美国公司就必须先用美元换取日元,然后再以日元支付给日本的制造商。同理,如果日本人想购买美国的商品,他们也必须先获得美元。可见外汇是国际贸易中不得不考虑的一个问题。

1. 外汇

外汇是国际汇兑的简称,外汇的概念有动态和静态之分。从动态上讲,外汇是把一国货币兑换成另一国货币借以清偿国际债权债务关系的行为。从静态上讲,外汇有广义与狭义之分。广义的外汇是指一切以外国货币表示的资产,在各国的外汇管理法令中所采用的就是这一概念。我国 2008 年 8 月修改通过的《中华人民共和国外汇管理条例》第 3 条对外汇的解释是:外汇是指下列以外币表示的可以用作国际清偿的支付手段和资产:①外国货币,包括纸币、铸币;②外币支付凭证或者支付工具,包括票据、银行存款凭证、银行卡等;③外币有价证券,包括债券、股票等;④特别提款权;⑤其他外汇资产。

狭义的外汇是指以外国货币表示的用以进行国际结算的支付手段。按照这一定义,外汇主要包括以外国货币表示的银行汇款、支票、银行存款等。由于外国货币表示的有价证券不能直接用于国际的支付,故不属于外汇。

2. 汇率

汇率又称为汇价,是指不同货币之间兑换的比率或比价,或者说,是以一种货币表示另一种货币的价格。例如,美元对中国人来说是外汇,人民币对于美国人来说也是外汇。如果一个人用 1 美元可以购买 6 人民币,那么汇率(1 美元＝6 人民币)可以用美元的价格是 6 人民币来表示,或是人民币的价格是 1/6 美元。

确定两种不同货币之间的比价,首先应确定以目的地国家的货币作为标准。由于选择的标准不同,汇率的标价方法也不同。在外汇市场上,有直接标价法和间接标价法两种不同的标价方法。

直接标价法是指以一定单位(如 1 个、100 个或 1 000 个单位)的外国货币作为标准,折算成若干单位的本国货币来表示汇率的方法。在直接标价法下,外国货币的款额固定不变,折合本国货币的数额根据外国货币与本国货币币值对比的变化而变化。汇率越高,表示外国货币所能换取的本国货币越多,说明本国货币的币值越低。例如在我国,2005 年美元的标价为 US $ 1＝RMB 8.11。2015 美元的标价为 US $ 1＝RMB 6.20,这表明以本国货币(RMB)将能兑换更多原定数额的外国货币(US $)。也就是说本国货币币值上升,外国货币对本国货币的币值下降,意味着人民币升值,美元相对人民币贬值。

间接标价法是指以一定单位的本国货币为标准,折算成若干单位的外国货币来表示汇率的方法。在间接标价法下,本国货币的数额固定不变,折合外国货币的数额根据本国货币与外国货币币值对比的变化而变化。汇率越高,表示单位本国货币所能换得的外国货币越多,说明本国货币的币值越高。

无论采取哪一种标价方法,如果某种货币的价值越高,则该货币升值;如果某种货币价值降低,则该货币贬值。例如 US $ 1＝EUR 1.24,对于美国而言其为间接标价。美元与欧元的汇率标价略作变换可得:EUR 1＝US $ 1/1.24≈US $ 0.81。目前,除英国和美国外,世界上绝大多数国家都采用直接标价法,我国也采取直接标价法。

3. 汇率制度

(1) 固定汇率制度。固定汇率制度由官方规定本国货币与其他国家货币之间的汇率,汇率波动只能维持在一定的范围内。

(2) 浮动汇率制度。浮动汇率制度是一国不规定本国货币与其他国家货币之间的汇率和上下波动的幅度,而由外汇市场的供求关系决定。

按照政府是否干预划分,浮动汇率制度可以分为自由浮动和管理浮动。自由浮动又称为清洁浮动,是指两国货币当局对外汇市场不加任何干预,完全听任汇率随市场供求状况的变动而自由涨跌。一般来讲,很少有国家实行自由浮动。管理浮动又称为肮脏浮动,是指一国货币当局或明或暗地对外汇市场进行干预,使市场汇率朝着有利于自己的方向浮动。目前各主要工业国家所实行的都是管理浮动。

按照浮动的形式,浮动汇率制度可以分为单独浮动和联合浮动。单独浮动是指本国货币不与外国任何货币发生固定联系,其汇率根据外汇市场的供求关系独立浮动。目前美国、加拿大、澳大利亚、日本、新西兰等国都采取这种制度。联合浮动是指几个国家为了发展彼此经济关系而达成一种协议,建立稳定的货币区,成员国之间实行固定汇率,允许在规定范围内浮动,超过范围则共同干预,而对货币区以外的国家,则实行联合的自由浮动汇率。联合浮动最典型的例子就是欧洲货币体系。

(3) 盯住汇率制度。盯住汇率制度是指本国货币选择盯住任何一种主要货币,或一篮子货币,本币随着被盯住货币的浮动而浮动。实行盯住汇率制的国家,本国货币与被盯住货币之间保持相对固定的汇率。目前约有60多个国家采取盯住汇率制度。

4. 汇率变动对经济的影响

汇率变动受到多种因素的影响,反过来又对一国的经济产生广泛的影响。

(1) 汇率变动对进出口贸易的影响。在其他条件不变的条件下,一国货币汇率的高低与一国商品贸易的竞争力有着密切的关系。一国货币贬值,有利于扩大本国商品的出口,抑制本国的进口;而一国货币升值,则有利于外国商品的进口,不利于本国商品的出口,从而影响贸易收支。

(2) 汇率变动对资本流动的影响。汇率变动对长期资本流动的影响较小,因为长期资本的流动主要取决于收益和风险因素。汇率变动对短期资本流动的影响表现在两个方面。一是货币升值或贬值后带来的资本的流出或流入。本国货币对外贬值后,1单位外国货币折合更多的本国货币,会促使外国资本流入的增加,国内资本流出的减少。反过来,本国货币对外国货币升值后,1单位外国货币折合更少的本国货币,外国资本流入减少,国内资本流出增加。二是当一国外汇市场上出现本国货币贬值的预期时,就会出现大量抛售本国货币,抢购外汇,形成资本外逃。相反,当出现本国货币升值的预期时,外汇市场上就会出现抛售外汇,抢购本国货币,增加资本流入。

(3) 汇率变动对国内物价的影响。本国货币贬值,则以本国货币表示的进口商品的价格提高,进而带动国内同类商品价格的上升。如果进口商品作为生产资料投入生产,就会引起国内生产成本提高,还会促使其他商品价格的普遍上涨。如果本国货币升值,则进口商品价格下降,进而带动国内同类商品价格的下降。

(4) 汇率变动对经济增长的影响。汇率变动对一国经济增长的影响是不同的。以货币贬值为例,如果货币贬值能够增加一国的出口,就会带动经济增长与国民收入的增加。因为出口收入增加后,就会带动国内消费和储蓄的增加。根据乘数理论,只要增加的出口收入中有部分用于本国产品的消费,那么,出口收入的增加就会引起国民收入成倍的增长。但这种收入的成倍增长是建立在国内必须有闲置资源用来扩大生产的基础上的。

货币贬值也可能对两国经济产生收缩性影响。如果一国是大国,该国汇率变动引起的收入或进口变动都会对其他国家的经济产生影响。若该大国货币贬值导致本国出口增加,进口减少,那么相对于外国而言就是出口减少,按乘数作用这对外国的国民收入会产生收缩性的影响。而外国国民收入下降,进口减少,反过来又会使大国出口受阻,以减少货币贬值对本国国民收入的推动作用。

本 章 小 结

国际贸易是指各国商品与劳务之间的交易。开放经济是指参与国际经济活动的经济。国

第十三章 开放经济

际贸易对开放经济有着重要的影响,经济学家们利用各种不同的理论来解释国际贸易对开放性经济的影响,主要有亚当·斯密的绝对成本理论、大卫·李嘉图的相对成本理论等。实际中,国际贸易经常受到运输成本、不完全竞争及贸易保护政策等各种因素的限制。

狭义的国际收支是指一国在一定时期内(通常为一年)同其他国家清算到期债权债务所发生的外汇收支的总和。广义的国际收支是指在一定时期内(通常为一年)一国与其他国家之间进行的各种经济变易的系统记录。国际收支平衡表是指按复式记账原则建立起来的用以记录一国与其他国家的所有经济往来的国际收支账户。所有影响净出口和资本净流出的因素都会影响国际收支的平衡,这些因素主要有价格、利率、汇率等。

外汇是指外国货币以及用外国货币表示的用于国际结算的支付凭证与信用凭证。外汇汇率是指一个国家的货币折算成另一个国家货币的比率。汇率制度是指各国货币比价确定的原则和方式、货币比价变动的界限和调整手段,以及维持货币比价所采取的措施。汇率制度主要包括固定汇率制度和浮动汇率制度两种类型。

第二次世界大战后发达国家的"增长热"和发展中国家的工业化、城市化进程,急速加剧了耕地、淡水、森林和矿产资源的消耗。到了20世纪60年代,能源危机、环境污染和生态破坏开始引起人们的警惕,片面强调物质财富增长的传统发展观受到挑战,一种新的发展观——可持续发展思想,经过孕育、萌芽和多年的发展,到现在已被世界各国广泛接受并推行。

思考与练习

一、重要概念

国际贸易 对外贸易依存度 关税 非关税壁垒 绿色贸易壁垒 世界贸易组织 外汇 汇率 汇率制度 国际收支平衡表

二、选择题

1. 净出口有时被称为(　　)。
   A. 贸易余额　　　　　　　　B. 贸易顺差
   C. 贸易逆差　　　　　　　　D. 贸易额

2. 一国实际汇率上升,则意味着(　　)。
   A. 本国物价相对于外国物价下降
   B. 本国净出口将减少
   C. 本国进口意愿会下降
   D. 外国商品变得较贵而本国商品变得相对便宜

3. 属于国际收支平衡表中资本项目的是(　　)。
   A. 一国为别国提供保险的收入
   B. 一国对别国劳务出口的收入
   C. 一国在别国发行债券的收入
   D. 一国在别国销售商品的收入

4. 人民币对美元的汇率越低,人们对(　　)。
   A. 美国的商品需求越小　　　　B. 美国的商品需求越大

C. 中国商品的需求越大 　　　　　　D. 其他国家商品的需求量越大
5. 在开放经济中,决定国内生产总值水平的总需求是(　　　)。
　　A. 国内总需求 　　　　　　　　B. 对国内产品的总需求
　　C. 国内支出 　　　　　　　　　D. 消费与投资之和

三、思考题
1. 什么是对外贸易依存度?
2. 当代国际贸易理论包括哪些学说?主要观点是什么?
3. 什么是外汇和汇率?
4. 汇率变动对经济的影响有哪些?
5. 国际收支平衡表的项目包括哪些?
6. 造成国际收支失衡的原因及调节方法有哪些?
7. 世界贸易组织的原则是什么?

参 考 文 献

[1] 平新乔,胡汉辉.斯蒂格利茨《经济学》第二版导读[M].北京:中国人民大学出版社,2001.
[2] 宋承先.现代西方经济学[M].2版.上海:复旦大学出版社,1997.
[3] 王健,高健民.现代经济学基础[M].北京:经济科学出版社,2002.
[4] 梁小民.西方经济学基础教程[M].2版.北京:北京大学出版社,2003.
[5] (美)曼昆.经济学原理[M].梁小民,等,译.6版.北京:北京大学出版社,2012.
[6] 张薪泽,夏成才,刘宏正,周庠怡.经济学简明教程[M].2版.上海:华东理工大学出版社,2006.
[7] 吴志清.经济学基础[M].北京:机械工业出版社,2004.
[8] 冯金华.经济学概论[M].上海:复旦大学出版社,2003.
[9] 秦大河.中国人口资源环境与可持续发展[M].北京:新华出版社,2002.
[10] (美)夏普,雷吉斯特,格兰姆斯.社会问题经济学[M].郭庆旺,译.17版.北京:中国人民大学出版社,2007.
[11] (美)斯蒂格利茨.经济学[M].梁小民,译.2版.北京:中国人民大学出版社,2000.
[12] 魏杰.经济学[M].北京:高等教育出版社,1999.
[13] 余永定.西方经济学[M].北京:经济科学出版社,1997.
[14] 盛洪.中国的过渡经济学[M].上海:上海人民出版社,1994.
[15] 吴光华.经济学原理[M].南昌:江西人民出版社,2004.
[16] 赵凌云.经济学通论[M].北京:北京大学出版社,2005.
[17] 张晓华,王秀繁.经济学基础[M].北京:机械工业出版社,2006.
[18] 方欣,崔海潮.西方经济学[M].北京:科学出版社,2006.
[19] 高鸿业,等.经济学基础[M].北京:中国人民大学出版社,2013.
[20] 高鸿业,等.微观经济学原理[M].北京:中国人民大学出版社,2012.
[21] 高鸿业,等.宏观经济学原理[M].北京:中国人民大学出版社,2012.